453624.
(2100)

Domicellae Aliciae Laughlin,
amicae novae sed probatae
Oscar Waldemar Junek
Novae Eboracis, Maii 4, 1946

# COLLECTION

DE

# DOCUMENTS INÉDITS

SUR L'HISTOIRE DE FRANCE

PUBLIÉS PAR LES SOINS

DU MINISTRE DE L'INSTRUCTION PUBLIQUE.

## TROISIÈME SÉRIE.

## ARCHÉOLOGIE.

INSTRUCTIONS DU COMITÉ HISTORIQUE DES ARTS ET MONUMENTS.

# ARCHITECTURE

## MONASTIQUE,

### PAR M. ALBERT LENOIR,

MEMBRE DU COMITÉ HISTORIQUE DES ARTS ET MONUMENTS, ETC.

### PARIS.

IMPRIMERIE NATIONALE.

M DCCC LII.

# INTRODUCTION.

Vers le règne de Constantin, lorsque les croyances païennes disparaissaient devant la morale du Christ, quelques hommes, guidés par une piété ardente, quittèrent le siècle en fuyant dans les solitudes les plus profondes, pour s'y livrer librement à la vie religieuse; l'austérité de leurs mœurs, les privations rigoureuses qu'ils s'imposaient, l'oubli de tous les biens de ce monde, attirèrent sur eux le respect des populations; ils choisirent d'abord les déserts de l'Égypte, puis les rives de la mer Morte et du Jourdain.

Ces exemples peuplèrent bientôt de solitaires la Thébaïde et l'Asie; l'Europe, non moins agitée que l'Orient, les vit paraître avec le même intérêt; ils s'y multiplièrent sans retard. Les *ascètes* ou *ermites* vivaient complétement seuls, dans des grottes ou dans de misérables cabanes qu'ils construisaient avec des branches d'arbres ou des pierres sèches; d'autres, cédant aux instincts de la sociabilité humaine, rapprochèrent leurs cellules les unes des autres pour se prêter de mutuels secours et se réunir dans la pratique des exercices religieux : à ceux-ci on donna le nom de *moines;* ils pensèrent bientôt à vivre dans une habitation commune, et ce fut l'origine du *cœnobium*.

# INTRODUCTION.

L'institution de la vie monastique, événement qui eut tant d'influence sur la politique d'alors, et contribua si puissamment aux progrès de la religion chrétienne, ne fut pas moins utile à la société moderne, en lui conservant toutes les traditions des connaissances humaines, en étendant la culture, en répandant les sciences et les lettres, les arts et l'industrie. Cette vie inconnue des anciens, basée sur des idées nouvelles, conduisit naturellement les hommes qui s'y livrèrent à créer autour d'eux tout ce qui était nécessaire à sa réalisation : l'architecture fut un de leurs plus pressants besoins, ainsi qu'un moyen sûr d'attirer à eux de nouveaux disciples, en leur offrant un abri contre les misères de cette époque de destruction et de guerres continuelles, de dispersion des fortunes et de ruine des positions sociales. Les édifices variés qui entrèrent dans la construction des monastères et de leurs nombreuses dépendances offrirent une physionomie particulière, des distributions neuves qui ne pouvaient être admises ailleurs, puisqu'elles naissaient de besoins et de services inconnus jusque-là; ce fut donc un art spécial que les moines créèrent, et auquel nous pouvons conséquemment donner le nom d'*architecture monastique*.

Les solitaires de l'Orient furent guidés par saint Macaire, saint Antoine, saint Hilarion; ils durent à saint Pacôme les premières institutions qui donnèrent de l'ensemble à tous les éléments isolés de cette vie nouvelle; puis les innombrables moines qui se répandirent sur toutes les provinces de l'empire oriental acceptèrent, à la fin du IV$^e$ siècle, la règle écrite par saint Basile; elle devint la base de la vie du *cœnobium*, lorsque s'établirent les monastères de l'église grecque; c'est elle qu'on observe encore dans toutes les contrées de l'Orient et du Nord qui suivent le rite de cette église.

L'Occident, qui se couvrit de même de religieux, sous la conduite ou l'influence de saint Athanase, de saint Ambroise, de saint Honorat, de saint Martin, de saint Hilaire, les vit réunis d'abord par les règles de saint Colomban et de saint Ferréol : ceux qui préférèrent la vie érémitique à la communauté eurent plus tard la discipline de Grimlaïc. Au VIe siècle, saint Benoît écrivit sa règle en Italie; elle se répandit rapidement dans tout l'Occident, et devint à peu près la seule qui y fut pratiquée pendant un grand nombre de siècles. Les sciences, les lettres et les arts admis par saint Benoît dans les monastères, contribuèrent puissamment à la prospérité des établissements de cet ordre, et, grâce au zèle des fondateurs et des abbés, les églises monastiques et les principaux édifices des maisons religieuses réunirent bientôt tous les trésors de l'intelligence humaine.

L'Orient marchait dans la même voie, lorsque l'empereur Léon l'Isaurien, au milieu du VIIIe siècle, lança ses édits iconoclastes, sous le prétexte que les images détournaient de leur véritable voie les hommages dus au Créateur; les monastères de l'empire furent alors dépouillés des nombreuses et riches décorations que mutilèrent ces édits barbares, et peut-être doit-on voir ici la cause de la stagnation de l'art en Orient.

L'Occident, plus sage, loin de partager l'erreur des iconoclastes, profita des nombreuses émigrations d'artistes grecs qui en furent la conséquence : nos églises monastiques s'enrichirent de leur pratique des arts, et ce fut alors que se complétèrent en Occident les notions acquises déjà sur l'architecture chrétienne de Byzance. Vers le même temps, Chrodegand, évêque de Metz, fondait les monastères des clercs en soumettant les chanoines à une règle basée en grande partie sur celle de saint Benoît : de ce moment des collégiales, puis des chapitres réguliers s'élevèrent auprès des cathédrales.

Le XIe siècle vit naître les ordres puissants de Cîteaux, de Cluny, les chanoines réguliers de saint Augustin, les Chartreux, les ordres militaires chargés de protéger les innombrables pèlerins qui visitaient les saints lieux, et de défendre le tombeau du Christ contre les sectateurs de Mahomet; ce furent de nouvelles causes de développement pour l'architecture monastique.

Au XIIIe siècle, les ordres religieux s'accrurent: saint François d'Assise créa les Franciscains ou frères mineurs, qui se décomposèrent ensuite en Capucins, Cordeliers, Conventuels, Observantins, Récollets; à saint Dominique on dut les frères prêcheurs, Dominicains ou Jacobins; les Augustins datent aussi de cette époque. Saint Louis ramenant de la terre sainte des religieux du mont Carmel, les Carmes se multiplièrent en Occident; enfin les Minimes, fondés au XVe siècle, complétèrent, avec les quatre précédents ordres, la série des religieux *mendiants*. Le XIIIe siècle dut aussi à Célestin V, les Célestins; à Jean de Matha, les Mathurins ou trinitaires, frères de la rédemption des captifs.

La fin du moyen âge et les temps modernes créèrent

un grand nombre d'autres ordres, nous citerons les principaux : les Passionistes, les Hospitaliers, les Sylvestriens, les Camaldules, les Trappistes, les Barnabites, les Jésuites, les Feuillants, les Oratoriens, les Frères des écoles, les Prémontrés, les Clercs réguliers, les chanoines de Saint-Sauveur, etc. etc.

Les femmes se divisaient en Bénédictines, Augustines, Dominicaines, Carmélites, Capucines, Apostolines, Sœurs de la rédemption, Ursulines, religieuses de Fontevrault, Hospitalières, Feuillantines, Béguines, religieuses du Saint-Sacrement, chanoinesses régulières, etc. etc.

Les innombrables moines qui, en Afrique d'abord, puis en Asie et en Europe, s'établirent en présence de la civilisation antique dégénérée, lui empruntèrent plus d'une forme architecturale; ils approprièrent même souvent à leur usage des temples païens, ainsi qu'on en trouve la preuve sur plus d'un monument sacré de l'Égypte et de la Nubie, de la Grèce et de Rome; mais partout où ces édifices leur firent défaut, ce fut le cas le plus ordinaire, il leur fallut créer des dispositions nouvelles pour leurs églises d'abord, puis pour les habitations communes qui exigeaient des distributions intérieures inconnues encore, puisque la vie qu'on allait mener dans les monastères n'avait aucun analogue dans le passé.

Sans doute les premières maisons religieuses ne furent pas créées d'un seul jet, de manière à offrir tout d'abord les commodités de la vie commune ; commençant par des réunions de cabanes semblables à celles que construisaient avec des branches ou des pierres sèches les ermites et ascètes solitaires, on y adjoignit successivement l'église, les salles de réunion commune, le réfectoire, les promenoirs couverts, etc. Mais tant que la règle et la discipline n'établirent pas une marche méthodique dans la distribution générale des bâtiments, dans leurs attributions respectives, on dut voir une certaine hésitation, une incohérence inévitable dans toute création nouvelle, et l'architecture monastique ne doit dater réellement que du jour où la règle fit cesser toutes les incertitudes sur la direction qu'on devait suivre dans la vie en commun. De ce moment les plans généraux des monastères furent tracés avec ordre; l'église, placée convenablement, domina l'ensemble des bâtiments, toutes les dépendances de la maison religieuse se groupèrent autour de ce centre, de manière à faciliter les divers services, à ne pas nuire à la circulation générale, à rapprocher entre elles les constructions qui s'élevaient dans un but analogue. Ces dispositions diverses varièrent suivant les lieux, suivant les besoins ou les ressources des religieux et des fondateurs; l'architecture monastique s'y plia toujours, puisqu'elle devait satisfaire, dans des conditions convenables, à toutes les exigences de la vie commune, quatorze siècles la virent naître, se développer et décroître; elle fut, en grande partie, le résultat des méditations et des études des moines, qui non-seulement la créèrent et lui donnèrent toutes les formes utiles, mais l'exécutèrent de leurs mains. Cette architecture eut la plus grande influence sur celle qui s'élevait en dehors des monastères, puisque, pendant plus de huit cents ans, les religieux furent à peu près les seuls architectes des monuments sacrés.

L'étendue des constructions d'un monastère dépendant du nombre de ses habitants, et ce chiffre variant selon les lieux et les ressources des fondateurs, selon le zèle religieux qui se développait dans les contrées choisies, il en résulta plusieurs degrés dans les maisons religieuses: chaque genre reçut un nom particulier basé sur son importance matérielle ou sur une prééminence qu'il devait à son ancienneté; la direction des religieux fut confiée à des officiers monastiques plus ou moins élevés dans la hiérarchie, selon que la maison était une abbaye, un prieuré, ou tout autre genre de monastère. La puissance de ces chefs, librement choisis par leurs pairs, était absolue; la délibération tempérait ce pouvoir. S'ils étaient abbés, l'administration spirituelle et temporelle leur était rendue plus légère par les soins d'un prieur, quelquefois d'un sous-prieur et d'un tiers-prieur. L'abbaye tenant le premier rang parmi les monastères, l'abbé avait sous sa direction les prieurés et autres maisons secondaires.

Tous les religieux devaient être utiles à la communauté en remplissant les diverses fonctions administratives ou matérielles auxquelles les appelaient leurs frères. Ces fonctions variées seront successivement indiquées dans le cours de ce travail, aux chapitres concernant les bâtiments et les services qui s'y rattachaient.

Les habitants d'un monastère étaient divisés en trois classes : *les jeunes (juniores)*, qui, jusqu'à la vingt-quatrième année, supportaient toutes les charges relatives au service de l'église, du cloître, du réfectoire, de la cuisine. Dans les seize années suivantes, ils étaient déchargés des devoirs des chantreries, de l'épître, de l'évangile; les autres fonctions leur restaient pour faire aller la maison. De la quarantième à la cinquantième année on les nommait *les anciens* (*seniores*); ils étaient excusés du service du cellier, de l'aumônerie, de la cuisine. A cinquante ans ils devenaient *sempectæ*[1]. On leur donnait une chambre à l'infirmerie, un jeune serviteur, puis un *junior* pour compagnon. Libres de circuler partout dans la maison, on avait pour eux tous les égards dus à l'âge mûr et à la vieillesse.

L'abbé logeait à la maison abbatiale, séparée ordinairement des autres édifices de l'abbaye, et construite quelquefois avec tant de luxe que c'était un véritable palais; un jardin y était toujours annexé. Les enfants et les jeunes religieux étaient logés au noviciat; tous les autres moines, excepté les vieillards et les infirmes, habitaient les lieux réguliers. De nombreux serviteurs, attachés à la maison, avaient leurs chambrées dans les bâtiments de dépendances auprès desquels ils étaient nécessaires pour les travaux pénibles : ainsi, à la boulangerie, à la brasserie, aux ateliers divers, dans les écuries et les étables. Les monastères étant généralement entourés de fortifications pour leur défense, en temps de guerre, on pouvait au besoin loger des hommes d'armes dans l'intérieur de l'enceinte.

Certaines fonctions exigeant des connaissances spéciales, qu'il n'était pas toujours donné à un habitant de la maison religieuse de posséder entièrement, étaient remplies par des laïques : ainsi, bien que la médecine fût étudiée au moyen âge par les moines, on devait avoir quelquefois des

---

[1] « In regula Sancti Benedicti, c. 27, dicuntur seniores sapientes fratres, maxime qui quinquaginta annos in ordine exegerant. » (Ducange.)

médecins non religieux domiciliés dans le monastère; le plan de Saint-Gall fait voir leur maison et leur jardin. A l'abbaye de Saint-Père de Chartres on avait un célerier de la cuisine, *celerarius coquinæ,* qui était laïque et faisait les fonctions de chef d'office[1]. Certaines sciences étaient professées par des laïques.

L'instruction que les moines donnaient à la jeunesse, l'hospitalité qu'ils accordaient indistinctement à tout catholique qui la leur demandait, riche ou pauvre, noble ou roturier, étaient deux causes qui faisaient entrer journellement des laïques dans l'enceinte des monastères; mais les bâtiments qui étaient destinés aux écoles, aux hôtes et aux pèlerins étaient placés, dans le plan général de la maison, de telle manière que les étrangers ne communiquaient point avec les lieux réguliers réservés aux moines. Les mêmes précautions étaient prises à l'occasion de la justice de l'abbé : la salle d'audience était située dans la première cour du monastère, afin de tenir à distance des moines, les accusés, les témoins, les avocats, tous laïques qu'on ne pouvait admettre au centre de la maison. L'église, ordinairement ouverte au public, aux heures de prières, pendant la messe et aux fêtes solennelles, était le lieu où les fidèles se trouvaient en communion avec les religieux; mais là encore le jubé, les clôtures du chœur et des bas-côtés formaient des séparations infranchissables.

Dans les monastères de femmes, les précautions étaient plus rigoureuses encore sur toutes les parties des bâtiments, pour éviter les relations avec le dehors; dans l'église, le

---

[1] *Cartulaire de Saint-Père de Chartres,* p. 390, 393. (M. Guérard.)

chœur était disposé de telle sorte qu'on ne pouvait même entrevoir les religieuses.

La principale occupation des solitaires était le travail manuel : ils faisaient des sandales, des paniers et des nattes, cultivaient un coin de terre pour avoir quelques légumes. Lorsque les cellules se groupèrent de manière à former des hameaux et des villages, origine des monastères, les travaux devinrent plus importants, particulièrement pour la culture, qui, faite en commun, offrait des résultats réels; plus tard les maisons construites pour la vie commune renfermèrent tout ce qui était indispensable pour l'agriculture et l'horticulture. Le travail étant recommandé comme exercice et comme moyen le plus estimable d'assurer la subsistance des frères, l'enceinte des grands monastères contenait tous les métiers nécessaires à la confection des habits, des vases sacrés, des ustensiles de la maison, des constructions monastiques, etc. etc. On allait porter le superflu aux marchés des grandes villes pour subvenir aux besoins de la communauté. La sainteté des ouvriers pouvait augmenter la valeur intrinsèque des ouvrages.

A côté des ateliers des artisans s'élevaient ceux des artistes qui préparaient la régénération de l'art : on y étudiait l'architecture, la peinture, la musique, la sculpture, la ciselure, la mosaïque, la calligraphie, le travail d'ivoire, la monture des pierres précieuses, la reliure, et toutes les branches de l'ornementation. Une grande partie de ces arts entrait dans l'éducation monastique des plus nobles et des plus saints personnages.

Enfin, les travaux littéraires remplissaient dignement la

vie des esprits d'élite, lorsqu'ils avaient satisfait aux devoirs de la religion et de leurs charges, ou qu'ils avaient pris quelque repos par un travail manuel de leur choix. Les archives, les bibliothèques, devenaient alors nécessaires. Pierre le Vénérable s'adresse sur ces travaux à un religieux. Après lui avoir recommandé la prière et de longues méditations, il s'exprime ainsi : « Que le travail des mains accompagne donc ce que je viens de dire, afin que l'intelligence, fatiguée des choses spirituelles, et ramenée par le poids de la chair, des choses les plus hautes aux choses d'en bas, ne se tourne point aux vanités humaines, mais aux exercices corporels les plus salutaires..... Si tu ne peux planter des arbres, arroser des récoltes ou t'occuper d'autres travaux des champs, au lieu de mettre la main à la charrue, prends une plume, au lieu de labourer, grave sur des pages les lettres divines, et sème sur le papier la parole de Dieu. Quand la moisson sera mûre, je veux dire le livre achevé, que les fruits multipliés de la sainte nourriture nourrissent les lecteurs, et que le pain céleste apaise la faim mortelle de l'âme. Ainsi tu pourras devenir le prédicateur muet du verbe divin... » On sait quels immenses travaux sont dus aux Bénédictins, aux Jésuites et à d'autres religieux.

Lorsque la vie monastique fut bien établie, et les bâtiments destinés à la mettre en pratique, distribués avec méthode et de manière à offrir des garanties d'ordre et de discipline, les rois[1], qui avaient déjà porté leur attention sur

---

[1] Childebert visita saint Eusicius, qui vivait dans un ancien dolmen, au delà de la Loire; cinq siècles plus tard, saint Bruno, retiré dans une caverne de l'Apennin, recevait le même honneur de Roger de Sicile. (Bollandistes, *Vie de saint Bruno*, 6 octobre.)

les ascètes, fondèrent de nombreux monastères, les considérant comme de saintes colonies utiles à leurs royaumes ; on en vit même qui ne dédaignèrent pas de figurer en tête de la liste des moines, et de prendre le titre d'abbé : les rois de France étaient abbés de Saint-Hilaire-le-Grand à Poitiers ; en 838, Louis le Débonnaire paraît sur la liste des religieux de Saint-Denis[1] :

*Incipiunt nomina Monachorum de monasterio Sancti Dionysii.*

Hludovicus imperator.
*Item* Hludovicus rex.
*Item* Hilduinus abbas.
*Item* Hludovicus abbas.
Guntherius monachus, etc.

Les plus célèbres maisons de femmes étaient aussi de fondation royale, et depuis sainte Clotilde, des reines furent abbesses, prieures ou simples religieuses de plusieurs monastères. Ainsi la reine sainte Bathilde fit reconstruire l'abbaye de Chelles, fondée par Clotilde, et s'y retira lors de son veuvage. Sonichilde, femme de Charles-Martel, y mourut ; Gisèle, sœur de Charlemagne, en fut abbesse en 855[2]. Sainte Radegonde, fondant le monastère de Sainte-Croix à Poitiers, y mit sa sœur Agnès comme première abbesse, et y mourut en 590.

L'église ne contribua pas moins que les rois à encoura-

---

[1] *Histoire de l'abbaye de Saint-Denis,* par D. Félibien, pièces justificatives, p. 58.
[2] *Histoire du diocèse de Paris,* par l'abbé Lebeuf, tom. VI.

ger la vie monastique : les évêques s'empressèrent d'attirer dans leurs diocèses ceux qui la professaient pour former les écoles célèbres en doctrine et en sainteté, qui devaient fournir des hommes capables de gouverner les églises du royaume. Ces causes de prospérité expliquent le développement que prit en France et en Europe une si grande institution. En Orient les résultats obtenus par l'association placée sous l'égide religieuse furent moins grands que chez nous, en raison, comme le fait observer Montesquieu, de ce que les moines s'y mêlèrent trop aux affaires de l'état, et par de continuelles controverses agitèrent l'empire; nous chercherons cependant jusque dans les monastères de la Grèce et de l'Égypte quelques formes traditionnelles, conservées là plus qu'ailleurs, pour expliquer plusieurs de celles qui furent en usage dans les maisons religieuses des contrées occidentales.

Après les fondations monastiques établies par les saints évêques, après celles que l'on dut à la munificence des premiers rois chrétiens, parurent celles des princes, des prélats, des particuliers mêmes, puis chaque maison religieuse eut la faculté de se multiplier elle-même par des colonies, d'en envoyer dans les pays étrangers, dans les contrées les plus lointaines, et cette activité monastique couvrit le monde chrétien d'édifices nouveaux, de constructions immenses, auxquelles la religion, la charité, les besoins ordinaires de la vie, avaient tour à tour imprimé des caractères variés et distincts qui constituaient un art complet. Ainsi la grandeur et la majesté du temple n'avaient rien de commun avec le style des édifices consacrés à l'habitation; des dispositions ingénieuses, commodes, économiques, avaient été conçues pour cette seconde partie des monastères; la charité n'avait rien épargné pour donner un abri convenable aux hôtes, aux pèlerins et aux pauvres; les infirmeries s'y élevaient vastes et aérées; la jeunesse laïque ainsi que le jeune clergé trouvaient des écoles saines et commodes; l'artiste et l'industriel y eurent des ateliers bien disposés et garnis des ustensiles nécessaires; le médecin, l'agriculteur, virent toutes les plantes utiles se reproduire dans les jardins.

Les Normands et les Sarrasins apportèrent un temps d'arrêt à cette activité créatrice, en renouvelant, sous les successeurs de Charlemagne, les maux causés, durant les premiers siècles de l'église, par les invasions des barbares; la vie des cloîtres devint, comme dans l'origine, un refuge contre ces calamités publiques. Les religieux se multiplièrent plus que jamais, et ce fait peut seul expliquer les innombrables reconstructions de monastères et les fondations non moins fréquentes qui, lorsque la paix fut rendue à l'Europe, donnèrent à la société monastique une vigueur nouvelle et plus de puissance encore que par le passé. L'avenir promettant alors plus de sécurité, on construisit sur des plans beaucoup plus vastes. De nombreux monastères, ainsi que leurs églises, avaient été originairement établis en bois et en matériaux peu durables, on employa la pierre pour éviter les incendies et afin de rendre les restaurations moins fréquentes. Alors s'élevèrent les belles abbayes d'architecture romane dont nous admirons encore les ruines : les ordres de Cîteaux, de Cluny, multiplièrent par centaines leurs maisons secondaires; les belles églises de Jumiéges, de l'Abbaye-aux-Hommes, de l'Abbaye-aux-Dames à Caen, de Cluny, de Saint-Vanne, de Fleury, datent de cette époque de renouvellement; on en garantit la durée par des fortifications.

La période ogivale développa d'une manière plus brillante encore les églises abbatiales, qui, par leur étendue, leur élévation, le luxe de la structure et de la décoration, luttèrent avec plus d'une cathédrale. Les abbayes de Corbie, de Fontenelle, de Saint-Ouen de Rouen, de Saint-Jean-des-Vignes à Soissons, de Saint-Bertin à Saint-Omer, et tant d'autres, ont laissé d'assez belles ruines pour qu'on puisse juger encore de leur importance passée.

Au XVI$^e$ siècle, la réforme arrêta, dans quelques contrées de l'Europe, les grandes constructions monastiques; mais l'Espagne, l'Italie et d'autres pays préservés de son influence, virent encore s'élever de vastes maisons religieuses, dans lesquelles le luxe et l'étendue ne le cédèrent en rien à celles des âges précédents; il suffit de citer la chartreuse de Pavie et l'Escurial. Le calme qui se rétablit plus tard dans l'église permit de continuer les grands travaux interrompus ou d'en créer de nouveaux: Anne d'Autriche fit élever à Paris le Val-de-Grâce, et l'ordre des Jésuites particulièrement construisit, dans un style d'architecture qui lui est propre, de nombreuses maisons, remarquables par la richesse et l'étendue. Ce fut un dernier jet qui se prolongea jusqu'à ce qu'en France la révolution de 1789 eût anéanti l'institution monastique: le coup qui lui fut porté ici retentit dans le monde chrétien, et depuis lors on compte peu de fondations nouvelles de quelque valeur.

Après l'étude de l'ensemble des monastères, puis des détails nombreux qu'ils renfermaient, on trouvera dans ce travail les petits monuments isolés dans les villes et les campagnes, et qui par leur caractère sacré pouvaient présenter quelque relation avec les maisons religieuses. L'examen des monastères des Clercs terminera ces études. Il a semblé naturel d'y rattacher les presbytères, les évêchés et archevêchés et enfin l'habitation des papes, pour indiquer que l'investigation de ces monuments doit s'étendre depuis l'humble cellule du solitaire jusqu'aux palais des princes de l'église et du souverain pontife.

L'architecture monastique, dont nous venons d'indiquer en peu de mots l'origine et le but, passa successivement par toutes les variations de formes qui caractérisent les cinq grandes divisions de l'art chrétien : style latin, style byzantin, style roman, style ogival, et style classique ou de la renaissance. Les emprunts que se firent ces diverses écoles d'architecture établirent aussi sur les édifices des monastères les styles de transition; il y a plus : toujours placés comme des postes avancés de la civilisation, en présence des peuples mahométans ou idolâtres, les monastères se ressentirent du voisinage de ces nations diverses : on voit en Égypte plus d'une trace de l'architecture arabe sur les couvents coptes; ceux du Mont Athos, de l'Asie Mineure et de la Grèce possèdent des kiosques, des dômes ovoïdes et autres constructions en usage chez les Turcs; on reconnaît facilement dans plus d'une maison religieuse de la Sicile et de l'Espagne les souvenirs de la domination des Maures. Nous ne suivrons pas les moines dans tous ces emprunts,

## INTRODUCTION.

qui n'étaient qu'accidentels et ne caractérisaient point leur art véritable; nous devons nous borner à étudier leurs édifices lorsqu'ils les élevèrent au milieu de la chrétienté et loin de ces influences passagères et locales.

De nombreux restes de ces colonies religieuses existent encore sur notre sol; mais il est temps de les étudier et de les décrire, bientôt il serait trop tard pour en retrouver les détails : devenues, pour la plupart, propriétés particulières, la spéculation ou l'ignorance se hâtent de les détruire. Le but que nous nous sommes proposé dans ce travail est de faciliter l'examen de ces ruines, d'aider aux recherches qui pourront y faire découvrir des renseignements utiles à l'histoire des monastères et de la vie qu'on y menait. Nous avons donc essayé de réunir assez de dessins et de notes descriptives pour donner un aperçu des constructions qui entraient dans l'ensemble des maisons religieuses, et en reproduisant, autant que possible, un ou plusieurs exemples de ces nombreux détails, nous avons espéré mettre sur la voie de l'interprétation les laborieux investigateurs qui s'occupent des antiquités monumentales.

Tout ce qui est publié ici a été dessiné ou décrit sur des monuments authentiques : cette base était indispensable.

Le plus ancien et le plus important document dont nous ayons fait usage est le plan géométrique de l'abbaye de Saint-Gall, dessin original du IX$^e$ siècle, conservé dans les archives de cette maison célèbre, reproduit à une petite échelle par dom Mabillon, dans les Annales de l'ordre de Saint-Benoît, et récemment publié en *fac-simile* par M. Ferdinand Keller, avec une notice descriptive. Il a beaucoup aidé dans ces études ; on y trouve une foule de renseignements précieux dont on chercherait vainement le souvenir dans une autre pièce.

Le plan cavalier du prieuré de Cantorbéry, exécuté vers le milieu du XIIe siècle par le moine Eadwin, fournit des détails utiles. La riche collection de planches du *Monasticon Gallicanum*, ouvrage fort rare, commencé par dom Michel Germain, et non terminé, les *Vetusta monumenta*, le *Monasticon Anglicanum*, les publications de Carters et de Pugin présentent plus d'une figure de construction monastique intéressante à étudier pour en expliquer l'usage. Nous devons les autres représentations graphiques à la communication obligeante de dessins originaux et à nos propres travaux exécutés sur les édifices.

Quant aux documents écrits, ils sont nombreux : on les trouve dans la règle de Saint-Benoît, et les commentaires qui en ont été faits à diverses époques, et particulièrement dans ceux de dom Calmet ; dans les *Acta sanctorum ordinis sancti Benedicti*, par dom Mabillon et d'Achéry ; l'Histoire du même ordre par Ziegelbauer, la Chronique de Fontenelle, le *British Monachism* de Fosbroke, le Glossaire de Du Cange, les Histoires de l'abbaye de Saint-Denis par dom Doublet et dom Félibien, l'Histoire de l'abbaye de Saint-Germain-des-Prés, par dom Bouillart ; dans Mathieu Paris, Guillaume de Malmesbury, les Antiquités ecclésiastiques de la Grande-Bretagne, l'*Anglia Sacra*, les Institutions cléricales de Raban Maure, les Us et coutumes de Cluny, de Cîteaux, de Saint-Germain-des-Prés, l'Histoire ecclésiastique de Fleury, le

Voyage littéraire de dom Martenne et Durand, les dissertations de J. B. Thiers, etc. enfin dans les nombreuses monographies qui ont été publiées sur des maisons religieuses, particulièrement depuis que le goût des études archéologiques s'est répandu en Europe.

# INSTRUCTIONS

## DU COMITÉ HISTORIQUE

### DES ARTS ET MONUMENTS[1].

## ARCHITECTURE MONASTIQUE.

### PREMIÈRE PARTIE.

#### ERMITAGES DANS LES ROCHERS.

La vie monastique doit son origine à l'Orient : saint Antoine, abbé, en est considéré comme le fondateur au IV<sup>e</sup> siècle; les persécutions de l'église et l'enthousiasme religieux en furent les causes, et bientôt des chrétiens en grand nombre imitèrent avec ardeur les premiers exemples; ils s'éloignèrent du reste des hommes pour vivre dans les lieux déserts. On les nomma moines (du mot grec μόνος, seul), ascètes, solitaires, ermites (d'ἔρημος, désert, solitude). Ce fut particulièrement en Égypte que la vie érémitique se répandit avec rapidité. De nombreuses grottes antiques, creusées par la nature ou par la main des hommes, servirent de retraite aux solitaires, qui se livraient à la culture et à toute sorte de travaux manuels. Une peinture grecque fort ancienne, publiée par D'Agincourt[2], représente plusieurs pères du désert dans des cavernes, et travaillant à la

---

[1] Les gravures qui accompagnent ces instructions ont été exécutées, comme celles des précédents volumes, sur les dessins de M. A. Lenoir.

[2] D'Agincourt, *Histoire de l'art par les monuments*, peintures, pl. 82.

vannerie, à la serrurerie, etc. etc. L'Occident suivit cet exemple, et de nombreux solitaires y vécurent dans des grottes isolées. En France, à la fin du IVe siècle, saint Honorat, habitant une caverne au cap Roux, voisin de Fréjus, fit bientôt de l'île de Lérins une seconde Thébaïde. En Italie, saint Benoît se retira dans une des cavernes du mont Thalasus, à Subiaco, états de l'Église : on nomme encore *il sagro speco*, la sainte caverne, le lieu où il vécut, ainsi que le monastère que la piété des populations environnantes fit élever en ce lieu peu de temps après sa mort.

En général, ces grottes n'ont plus aujourd'hui leur aspect primitif, parce que des constructions successives les ont plus ou moins dénaturées; nous reproduisons cependant ici l'ermitage de Saint-Aubin, situé à Saint-Germain-la-Rivière, dans le département de la Gironde, publié en 1847 par la commission des monuments historiques, parce qu'il a conservé son aspect ancien.

N° 1. Plan de l'ermitage de Saint-Aubin.

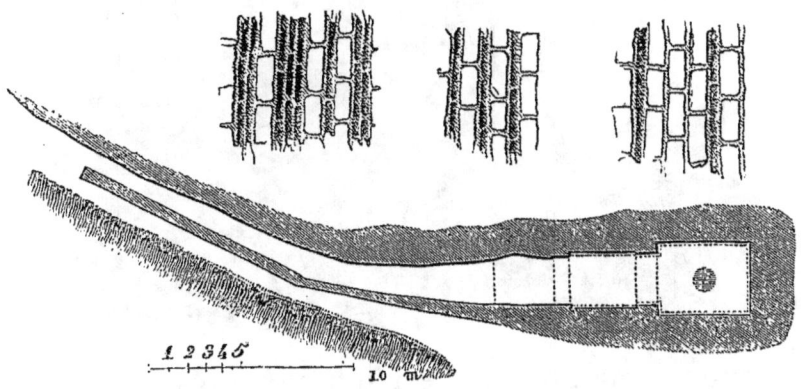

Le plan n° 1 fait voir une grotte profondément creusée par la nature; un couloir de vingt mètres de longueur précède le réduit principal; celui-ci, divisé en trois travées par des arcs-doubleaux, contient dans la voûte des restes de construction de briques mêlées à du moellon, système de maçonnerie des premiers chrétiens; on en voit des détails auprès du plan, et la planche n° 2 les reproduit en indiquant l'aspect intérieur de ce réduit souterrain.

N° 2. Vue de l'ermitage de Saint-Aubin.

Lorsque la nature ou l'exploitation présentèrent en un même lieu plusieurs excavations souterraines, les ermites ne vécurent pas seuls, ils se partagèrent ces grottes voisines, et purent se prêter de mutuels secours. Là déjà on entrevoit l'origine du *cœnobium*, lieu disposé pour la vie commune (de κοινός, commun, et βίος, vie)[1]. Le tableau grec mentionné fait voir une réunion de cavernes et une chapelle dans le voisinage; ce qui indique bien quelle fut l'origine des monastères. Une autre peinture grecque publiée de même par D'Agincourt, et tirée des œuvres de saint Jean Climaque sur la vie érémitique, montre de nombreux pères du désert vivant dans une même caverne[2].

En France, comme en Orient et dans plusieurs contrées de l'Europe, ces grottes ou fissures de rochers, dans lesquelles s'étaient retirés des solitaires, devinrent célèbres au moyen âge, attirèrent d'innombrables pèlerins, et virent s'élever des monastères dont il est intéressant d'étudier les développements successifs. Saint-Antoine de Calamus, dans les Pyrénées-Orientales, la Sainte-Baume, département des Bouches-du-Rhône, en sont des exemples.

N° 3. Saint-Antoine de Calamus.

[1] Par une inversion fâcheuse on nomma *moines* les religieux qui vécurent en commun, et *cénobites* ceux qui vivaient isolés. Ces mots signifient tout le contraire, comme on le voit par leurs racines.

[2] D'Agincourt, peintures, pl. 52.

M. le comte Alexandre de la Borde a publié, dans son Voyage en Espagne, un plan du Mont-Serrat, sur lequel sont tracés tous les ermitages établis dans les rochers autour du monastère; nous reproduisons ici ce plan, afin qu'on puisse juger du grand nombre d'ermites qui pouvaient s'établir dans un espace limité.

N° 4. Plan du Mont-Serrat.

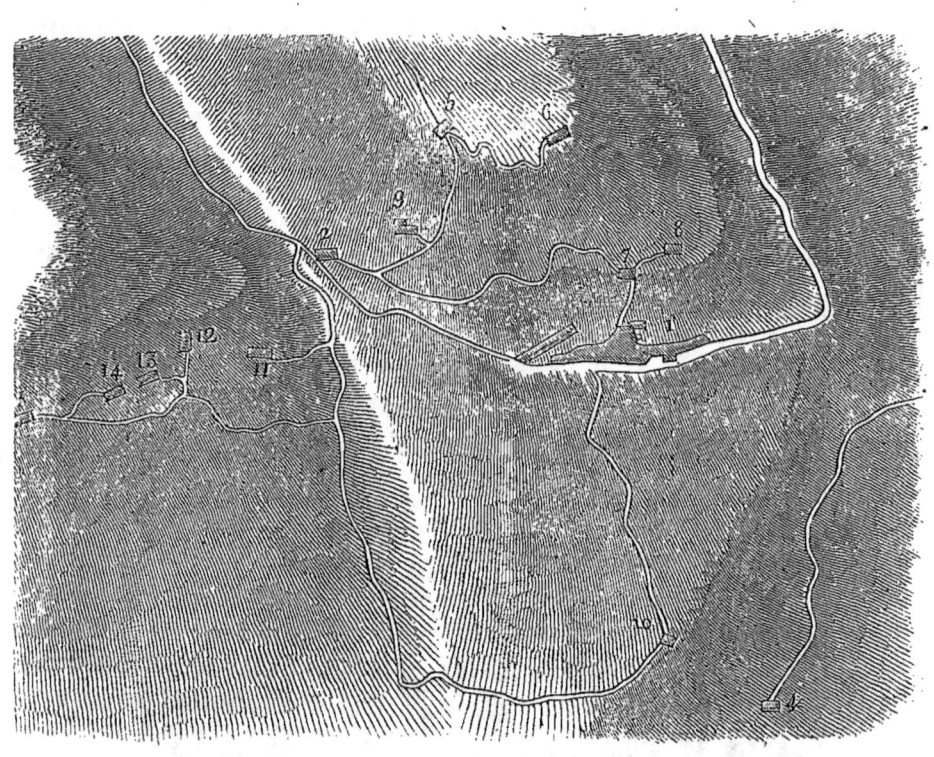

1. Monastère.
2. Ermitage de Sainte-Anne.
3. Ermitage de Sainte-Catherine.
4. Grotte de la Vierge.
5. Ermitage de Saint-Sauveur.
6. Ermitage de la Trinité.
7. Ermitage de la Sainte-Croix.
8. Ermitage de Saint-Dimas.
9. Ermitage de Saint-Benoît.
10. Ermitage de Saint-Michel.
11. Ermitage de Saint-Jacques.
12. Ermitage de Sainte-Magdeleine.
13. Ermitage de Saint-Onufre.
14. Ermitage de Saint-Jean.

Nota. Les ermitages de Saint-Jérôme et de Saint-Antoine, plus éloignés dans la montagne, ont été supprimés ici pour limiter le dessin.

### CELLULES, *CELLÆ*, *CELLULÆ*.

Les lieux déserts n'offrant que rarement des cavernes habitables, les ermites en creusèrent de leurs mains et construisirent des cellules ou cabanes en pierre et en bois, selon les matériaux offerts par la contrée. Le désert de Nitrie en Égypte, auprès des lacs Natron, est dépourvu de végétation, mais il donne des gypses, des pierres calcaires : les solitaires qui s'y retirèrent ont sans doute employé ces matériaux. C'est ce qui se pratiqua partout où les mêmes éléments de construction furent donnés par la nature.

En France, selon la tradition la plus répandue, saint Martin de Tours aurait, sous le règne de Julien, en 356[1], réuni aux environs de Poitiers, au lieu nommé Ligugé, un certain nombre de cénobites, sous d'étroites cellules construites avec des branches d'arbres entrelacées; la sienne n'offrait pas de différence avec les autres. « Ipse eo lignis contextam cellulam habebat, » dit Sulpice Sévère[2]. Saint Martin ayant été élevé plus tard à l'évêché de Tours, son habitation fut encore une cellule voisine de l'église. Lorsque, fatigué du séjour de la ville, il fonda le monastère de Marmoutier (*majus monasterium*), sur les bords de la Loire, les religieux se creusèrent des cellules dans les roches calcaires qui bordent le fleuve, et la sienne y fut pratiquée de même. « Contigua flumini habebamus habitacula[3]. » De Moléon fait connaître que la cellule de saint Martin était si étroite, qu'un homme pouvait à peine s'y tenir debout ou couché[4]. Les grottes de Marmoutier ne sont plus

---

[1] Sulpice Sévère, *Vita beati Martini*.
[2] *Ibid.*
[3] *Ibid.*
[4] De Moléon, *Voyages liturgiques de France*, p. 113.

## ARCHITECTURE MONASTIQUE.

aujourd'hui ce qu'elles étaient autrefois, mais certaines localités en font voir encore de bien conservées : dans le département de l'Indre, auprès du village de Fontgombaud, voisin de la ville du Blanc, existe une suite de grottes creusées par les solitaires qui donnèrent naissance à la belle abbaye de Fontgombaud. On y voit une citerne qui servait à recueillir les eaux d'une fontaine voisine, pour l'usage des ermites[1].

N° 5. Grottes de Fontgombaud. Cellule unique.

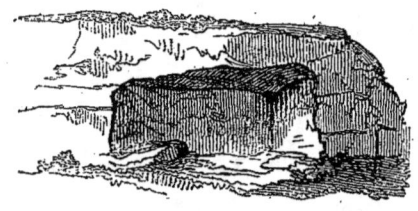

N° 6. Grottes de Fontgombaud. Cellules réunies.

N° 7. Grottes de Fontgombaud.

[1] Nous devons le dessin de ces grottes à M. Pernot, correspondant du Ministère. Dom Martenne décrit ces grottes. *Voy. litt.* t. I, p. 17.

Telle serait l'origine des monastères en France, et quand, à ces premières habitations des pieux cénobites, succédèrent des établissements plus commodes, le nom de *cella* fut souvent conservé aux maisons religieuses qui avaient eu cette humble origine : ainsi, *Cella Maxentii*, Celle Saint-Maixent en Poitou; *Cella sancti Eusicii*, Celle-sur-Cher en Berri; *Cella Mauriaci*, en Auvergne; *Cella Nova*, au territoire de Toulouse, etc.

Les cellules étaient habituellement isolées; l'exemple le plus intéressant que nous puissions donner ici pour faire connaître leur forme ordinaire est la *Portiuncula*, située auprès d'Assise, dans l'état Romain : elle est célèbre par le séjour et la mort de saint François d'Assise en 1226. Elle occupe aujourd'hui le centre de la grande église de Sainte-Marie des Anges, construite par Vignole, pour en assurer la conservation. La cellule de saint Bernard à Clairvaux était une petite construction isolée située dans le cimetière des abbés.

N° 8. La Portiuncula.

Les cellules pouvaient être réunies en petit nombre. Nous donnons ici un plan de l'ermitage situé auprès de l'abbaye de Fontenelle, fondée au VII<sup>e</sup> siècle par saint Wandrille; il était derrière une chapelle consacrée à saint Saturnin, et se composait de deux cellules placées chacune au centre d'un enclos cultivé par l'ermite.

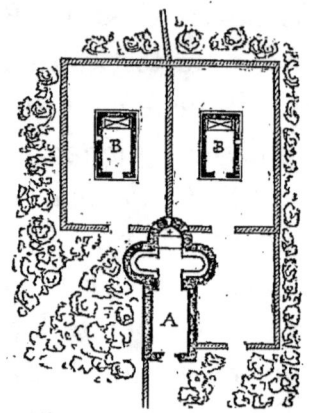

N° 9. Ermitage de Saint-Saturnin.

A. Chapelle.    B. Cellules.

Lorsque les monastères furent tout à fait constitués, on vit encore des cellules de solitaires, non-seulement auprès de leur enceinte, comme celles que nous venons de tracer, mais encore il y en eut *intra muros*. Aux VIIIe et IXe siècles, plus qu'à une autre époque, on voyait, dans les monastères, des religieux qui, poussés du désir d'une haute perfection, se faisaient une solitude plus étroite que celle de leurs frères; ils se construisaient une cellule dans un coin de l'enclos, un petit jardin y était annexé. Vivant là du travail de leurs mains, ils passaient leurs jours uniquement appliqués à Dieu et à eux-mêmes[1]. On les nommait *reclus*. Grimlaïc dressa plus tard pour eux la règle des solitaires. Les annales de France citent au nombre de ces religieux Sigobert, reclus de l'abbaye de Saint-Denis, qui fut

---

[1] Dom Félibien, *Histoire de l'abbaye de Saint-Denis*, p. 38.

choisi par Charles Martel pour une négociation importante auprès du pape Grégoire III, à l'occasion des dévastations que les Lombards exerçaient sur le territoire de saint Pierre.

Des femmes vécurent aussi en solitaires dans l'enceinte de quelques monastères d'hommes; mais cette solitude était plus rigoureuse encore que celle des reclus. On murait la porte de leur cellule; une ouverture pratiquée à une certaine élévation leur donnait de l'air, et permettait de leur faire parvenir de la nourriture. Cette cellule, ordinairement adjacente à l'église, était nommée *reclusoir*. Si une autre femme voulait succéder à la recluse, elle devait attendre sa mort.

Dans l'ancien nécrologe de l'abbaye de Sainte-Geneviève, on lit : « Obiit piæ memoriæ Hildeardis reclusa hujus ecclesiæ. » La plus ancienne de ces femmes qui soit connue se nommait Basilla; son épitaphe était dans l'église de l'abbaye de Saint-Victor, auprès de laquelle elle était recluse, avant le règne de Louis le Gros. En 1268, la dame Asceline, fille de Simon d'Ément, se donna à l'abbaye de Saint-Germain-des-Prés.

On nommait *cellula* une petite église ou un petit monastère. Bertram, évêque du Mans, et disciple de saint Germain, fit bâtir une *cellula* en son honneur. « *Cellulam* in honore sancti « magistri sui domni Germani, Parisiacæ civitatis insignis præ- « sulis, extruxit[1]. »

Plus tard, notamment dans l'ordre de Cluny, le nom de *cella* s'appliqua à tout monastère qui dépendait immédiatement d'un autre.

On donna aussi le nom de *cella* à une petite ferme, à une métairie appartenant à un monastère. Un religieux y résidait pour veiller à la culture, y percevoir les revenus. Quelques-unes de ces *cellæ* devenant considérables par des acquisitions

---

[1] *Analecta*, t. III, p. 109.

ou des legs, on adjoignit plusieurs religieux au cellerier, et ce fut l'origine de plus d'un monastère, lorsque l'assemblée d'Aix-la-Chapelle, tenue en 817, ordonna, par le 26ᵉ article, qu'il y eût au moins six religieux ensemble[1]. Les métairies ou domaines ruraux qui portaient le nom de *cellæ* chez les bénédictins, prirent, dans l'ordre de Cîteaux, celui de *grangiæ* : ces dépendances des monastères étaient anciennement employées comme auberges; le religieux qui les dirigeait se nommait *hospitalis frater grangiæ*. Ces fermes ou *grangiæ* devenaient quelquefois des résidences abbatiales, comme maisons de campagne; alors des parcs y étaient annexés.

Les métairies appartenant aux chevaliers du Temple étaient nommées *præceptoriales*. On y élevait des habitations ainsi que des églises. Des membres de la communauté y étaient envoyés sous le gouvernement d'un des chevaliers dignitaires, *præceptores Templi*, nommés par le grand maître, pour avoir soin des terres et percevoir les rentes sur les lieux mêmes.

De nos jours, autour des riches monastères du mont Athos, sont disséminées des cellules, petites fermes environnées de champs en exploitation. Le moine cellulaire dépend du monastère : il lui achète la cellule et le champ, mais il n'est qu'usufruitier et ne peut aliéner la propriété. Il se choisit un fils adoptif qui hérite de lui; dans le cas contraire, le bien retourne au monastère. Chaque cellule porte un nom de saint.

Ordinairement les cellules sont isolées; mais on en voit aussi qui forment des hameaux de sept ou huit maisons pour exploiter en commun un terrain considérable. D'autres, enfin, sont assez nombreuses pour constituer de véritables villages d'une cinquantaine de cellules; on les nomme *skites*, proba-

---

[1] Fleury, *Histoire ecclésiastique*, liv. XLVI, n° 28.

blement de *Sceté*, partie de l'Égypte habitée et cultivée autrefois par les moines coptes[1].

N° 10. Skite grecque. — Village de religieux au mont Athos.

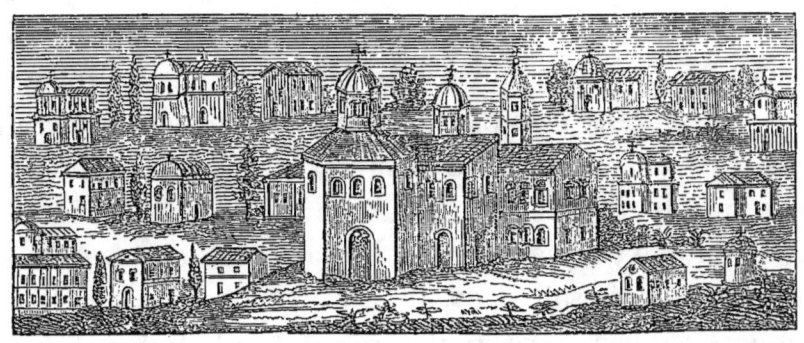

On doit voir dans ces hameaux ou villages composés de cellules de moines, placées sans symétrie, l'origine des laures ou premiers monastères de l'Orient. Ceux de l'Occident eurent d'abord des dispositions analogues.

### LAURE, λαύρα.

L'ordre et la symétrie s'établirent bientôt dans les dispositions relatives des cellules; l'idée de les rapprocher les unes des autres, de les grouper autour d'une place commune, est due à l'Orient : c'est ce que les Grecs nommaient λαύρα, *village*. Toutefois, dans les laures, les religieux vivaient encore en anachorètes, chacun dans une cellule, et ne s'assemblaient que rarement. *Manebant separati, sed junctis cellulis*, dit saint Jérôme[2]. Les Chartreuses eurent plus tard de l'analogie avec les laures.

Saint Gérasime plaça, au milieu de la *laura* qu'il avait fondée dans le désert du Jourdain, un monastère où ceux qui

---

[1] Didron, *Annales archéologiques.* Septembre 1846.
[2] Hieronym. Ep. c. XXII.

se vouaient à la vie monastique priaient, s'exerçaient en commun, et se préparaient ainsi à une plus haute perfection. Quand ils y étaient parvenus, ils entraient dans les cellules séparées de la *laura* et devenaient anachorètes. On n'y admettait que les moines d'un âge très-avancé. Le contraire de ce que nous voyons ici avait lieu au Mont-Serrat en Espagne : le plus jeune solitaire occupait la cellule la plus éloignée du monastère, la plus voisine du sommet de la montagne et des nuages qui le couvrent presque continuellement. Lorsqu'il avançait en âge et que la mort laissait des vacances dans les cellules des autres solitaires, il se rapprochait graduellement du monastère jusqu'à ce qu'il y pût entrer[1]. Les cellules des anachorètes étaient placées de façon à former des rues et des impasses[2].

### MANDRA, ASCETERIA, COENOBIA.

Enfin la vie commune devint la plus ordinaire pour les religieux. L'isolement des solitaires était trop contraire à la nature humaine pour que le besoin de société, la réunion des ressources communes, l'économie, les exigences de la discipline, le gouvernement des âmes, la pompe à donner aux cérémonies, et beaucoup d'autres causes, n'amenassent promptement les religieux à vivre en commun.

En Orient, on nomma *mandra*, bergerie, l'ensemble des constructions dans lesquelles on réunissait tout ce qui était nécessaire à la vie commune; le code Justinien nomme *asceteria* les monastères destinés aux saints exercices de l'esprit. Nous avons dit plus haut que *cœnobium* signifie vie commune; ce nom, donné aux monastères, expliquait donc encore mieux

---

[1] A. de la Borde, *Voyage en Espagne.*
[2] Du Cange, *Laura.*

que les précédents le but qu'on s'était proposé. On a conservé le nom de *Sainte-Laure* au principal monastère du mont Athos, probablement en souvenir de sa disposition première.

N° 11. Plan du monastère de Sainte-Laure au mont Athos.

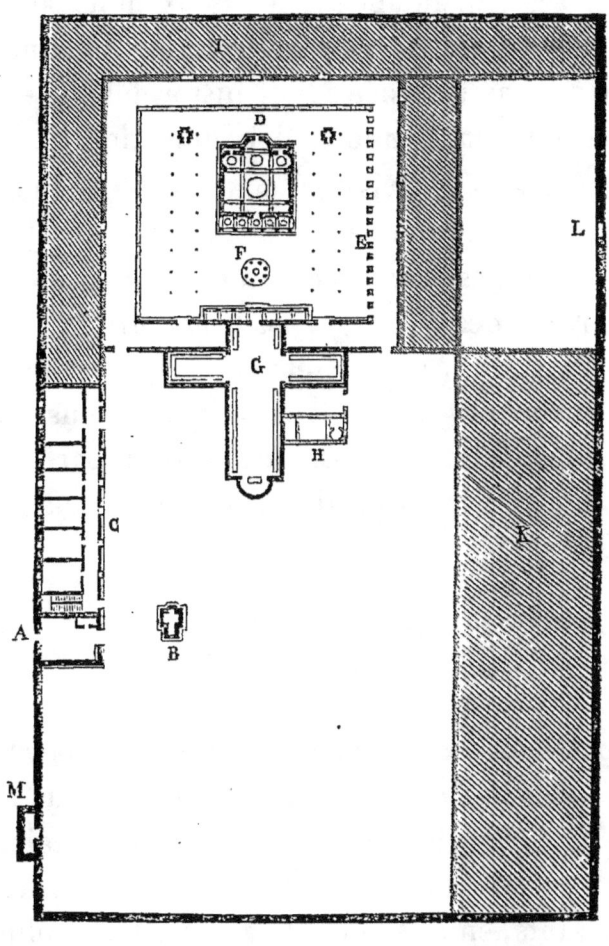

- A. Porte.
- B. Chapelle.
- C. Hôtes.
- D. Catholicon.
- E. Cloître.
- F. Fontaine.
- G. Réfectoire.
- H. Cuisine.
- I. Cellules.
- K. Dépendances.
- L. Poterne.
- M. Tour.

Les moines d'Orient suivent tous la règle de saint Basile.

MONASTÈRE, *COENOBIUM, MONASTERIUM,* MONSTIER, MOUSTIER,
COUVENT, *CONVENTUS.*

1° En Occident, on nomma *cœnobium, monasterium,* la maison religieuse et ses dépendances. Ces deux mots sont employés dans les anciens actes et les inscriptions. Lorsque la langue française se forma, les poëtes, les historiens et les titres traduisirent *monasterium* par monstier, moustier.

2° Les monastères se divisaient en trois classes bien distinctes :
A. Monastères des religieux, *monasteria monachorum.*
B. Monastères des religieuses, *monasteria sanctimonialium.*
C. Monastères des clercs, *monasteria clericorum.*

3° Les couvents, *conventi,* étaient les maisons des ordres mendiants. Leur origine ne remonte pas plus haut que le XIII° siècle. Nous n'en ferons pas une division particulière puisqu'ils pouvaient offrir en partie ce qui constituait les monastères antérieurs.

### A. MONASTÈRES DES RELIGIEUX.
#### *MONASTERIA MONACHORUM.*

Les monastères des religieux, astreints d'abord à la règle de saint Colomban, de saint Ferréol, etc. et plus tard à celle de saint Benoît, qui devint la plus générale, étaient, comme on l'a vu plus haut, de première origine ; on les désigna par les noms suivants, en raison de leur importance plus ou moins grande : abbaye, prieuré, commanderie, obédience.

#### 1° ABBAYE, *ABBATIA.*

Les religieux donnèrent le titre d'*abbé,* père, aux supérieurs des monastères, élus par eux : de là est venu le mot *abbaye* pour désigner les maisons religieuses les plus considérables tant par leur étendue et leurs richesses, que par la prééminence qu'elles avaient sur les autres monastères. Souvent les abbés étaient des princes du sang royal, et même sans cela ils jouissaient des prérogatives des évêques, et avaient la crosse et la mitre. Dans ce cas, ces monastères étaient qualifiés d'*abbayes mitrées*.

Quand une abbaye envoyait une colonie de religieux pour fonder une autre maison dans un fonds qui lui appartenait, cette dernière maison prenait le titre de *fille* de la précédente. Souvent les filles devenaient bien plus importantes que l'abbaye mère. Cluny, chef d'ordre, était fille de Gigny, qui descendit au rang de prieuré. Cette relation était surtout reconnue dans l'ordre de Cîteaux, où les abbayes filles étaient tenues à une certaine subordination à l'égard de leur abbaye mère.

On retrouve encore au IX<sup>e</sup> siècle, dans quelques rares abbayes, les traces des primitives dispositions des monastères en forme de laures; ainsi, en 874, le cloître de l'abbaye de Brioude était composé de petites habitations accompagnées de cours et jardins [1]. En 889, un moine de l'abbaye de Saint-Père de Chartres possédait un terrain aboutissant au cloître de l'abbaye, et obtenait de l'évêque Aimeri la permission de le vendre à un autre religieux [2].

## 2° PRIEURÉ, *PRIORATUS*.

Les prieurés étaient des monastères dépendants d'abbayes, et dont le chef, prieur, était nommé par l'abbé ou par ancienneté, au lieu d'être élu par les moines, ce qui cependant

---

[1] *Rec. des hist. de France*, t. VIII, p. 644.
[2] *Cartul. de Saint-Père de Chartres*, p. 16, pars prima.

pouvait arriver aussi. Certains ordres, celui de Cluny par exemple, ne reconnaissaient qu'une abbaye, celle de Cluny même; il en résultait que les prieurés de cet ordre, comme Saint-Martin-des-Champs à Paris, Souvigny, la Charité-sur-Loire, dépassaient souvent en richesse et en importance la plupart des abbayes ordinaires.

Certains ordres n'avaient point d'abbayes, et c'était le prieuré qui avait la prééminence sur leurs autres monastères : ainsi les *chartreuses*, fondées au XIe siècle, et dans lesquelles on retrouvait les dispositions principales des laures, les religieux vivant tous séparément dans des cellules accompagnées d'un jardin chacune, étaient dirigées par des prieurs. Un cloître ou cour centrale servait de lien commun à toutes les habitations.

Les monastères des chevaliers du *Temple*, de *Rhodes* et de *Malte* se divisaient en *grands prieurés*, ayant sous leur dépendance des *commanderies*.

### 3° COMMANDERIE.

Les commanderies, moins importantes que les prieurés du Temple ou de Malte, étaient dirigées par un commandeur et présentaient la plus grande analogie avec les prieurés des monastères : c'étaient des propriétés de l'ordre, des métairies que faisaient valoir les religieux sous la direction d'un chevalier, qui en avait le bénéfice (*Beneficium equitum*). Les commanderies commencèrent en 1260 sous Huges de Ravel, grand maître.

### 4° OBÉDIENCE, *OBEDIENTIA*.

On appelait obédience, *obedientia*, un monastère peu important, où des religieux se retiraient par ordre de l'abbé; ils y restaient un temps déterminé par lui, quelquefois pour faire pénitence. Le chef de ces maisons avait le titre d'obédiencier, *obedientiarius*; les obédiences pouvaient se réduire à des *cellæ* ou métairies.

### SITUATION.

Les maisons religieuses étaient situées au dedans ou au dehors des cités. Certaines abbayes ayant donné naissance à des villes, celles-ci occupaient quelquefois un des côtés de l'enceinte du monastère qu'un double mur séparait, dans ce cas, des habitations des citoyens, un chemin de ronde étant réservé entre les murs pour le service de la ville : l'abbaye de Moissac offrait originairement cette disposition.

N° 12. Plan de Moissac.

A. Abbaye.  C. Porte Saint-Pierre.  E. Double mur.
B. Clos.    D. Porte Saint-Paul.    F. Ville.

Plus ordinairement, les maisons se groupaient autour de l'enceinte de l'abbaye, les rues se traçaient sans un plan bien arrêté, et les villes prenaient successivement de l'étendue ; ceci avait lieu aussi pour les faubourgs, lorsque l'abbaye était située *extra muros* : c'est ainsi que se formèrent les faubourgs Saint-Germain et Saint-Antoine à Paris.

La plupart des monastères fondés dans les villes, s'établissant loin de la circulation centrale, avaient alors pour limites, sur un ou deux côtés de leur enceinte, les murailles fortifiées destinées à la défense des citoyens : nous citerons les Génovéfins, les Jacobins, les Blancs-Manteaux, etc. à Paris. Ces situations, quelquefois peu commodes, étaient déterminées par la difficulté d'avoir dans une ville des terrains assez vastes pour établir un monastère. Quand une guerre menaçait le pays, ou lorsque déjà elle avait ruiné les monastères voisins d'une ville, on les rétablissait *intra muros* pour éviter à l'avenir les dévastations.

En Occident comme dans les contrées orientales, dans les villes ainsi qu'à la campagne, les monastères s'établirent quelquefois dans des constructions dues à la civilisation antique. Ainsi en Nubie et en Abyssinie on reconnaît sur les ruines des temples de Talmis, de Dekké, de Tefah, d'Essaboua, d'Ibsamboul, les changements qu'y firent les moines pour les convertir en églises, lorsque saint Frumentius, évêque d'Axum, en 330, sous Constantin, eut converti ces contrées au christianisme. Le pronaos du temple de l'île de Philes, dans la Haute-Égypte, présente encore trois inscriptions chrétiennes qui conservent le souvenir de l'abbé Théodore, évêque, auquel on dut la conversion de ce portique en église ; les moines s'étaient sans doute établis dans l'ensemble des constructions égyptiennes de l'île, car une autre inscription indique que le même abbé restaura les murs du quai.

En Grèce et en Asie, les moines agirent de même ; à Rome,

les temples de Mars, de Romulus et Rémus, les Thermes de Dioclétien et beaucoup d'autres monuments, sont aujourd'hui des édifices monastiques. En France, le célèbre temple de Nîmes, la Maison-Carrée, devint l'église des Augustins de cette ville, et celle de l'ancienne abbaye d'Ainay à Lyon présente au sanctuaire quatre colonnes provenant dit-on de l'autel élevé à Auguste : originairement au nombre de deux, ces colonnes auraient été coupées par le milieu pour offrir quatre fûts nécessaires à la construction de l'église, quoiqu'il en soit elles sont antiques.

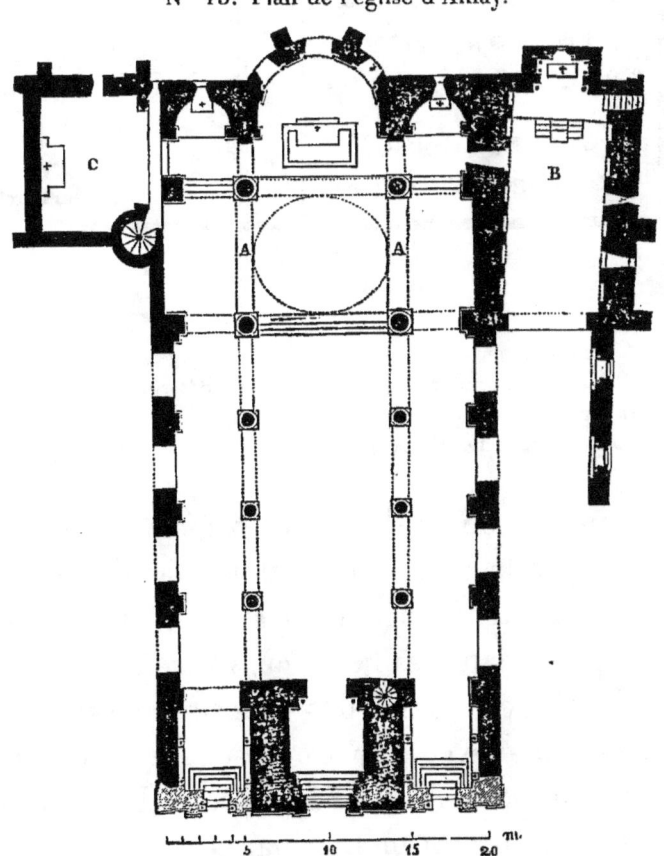

N° 13. Plan de l'église d'Ainay.

A. A. Quatre colonnes antiques.

Le prieuré de Saint-Venant, sur les bords de la Loire, s'établit dans un édifice romain; on verra plus loin que des évêchés, des presbytères, des chapelles isolées, furent construits ainsi sur des ruines d'édifices élevés par le paganisme.

N° 14. Plan du prieuré de Saint-Venant.

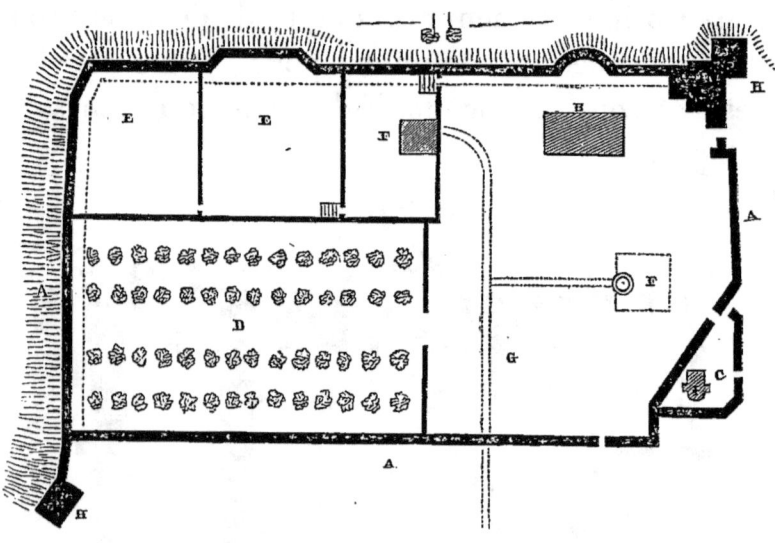

A. Enceinte romaine.
B. Maison du prieuré.
C. Église et cimetière Saint-Venant.
D. Promenade du prieuré.
E. Vergers.
F. Réservoirs romains.
G. Aqueduc romain.
H. Tours romaines.

Loin des cités, le choix de l'emplacement était plus facile, mais il n'était pas là non plus toujours facultatif : ainsi, en Égypte, des monastères furent construits, dès les premiers siècles de l'Église, dans les lieux où s'étaient retirés les solitaires, par conséquent dans des déserts de sable, n'offrant aucune végétation élevée, aucun tracé de chemin, et pas même toujours la possibilité de la culture. En Asie, c'étaient les souvenirs religieux du mont Sinaï et du mont Carmel, des saints lieux et des apôtres qui avaient déterminé les fondateurs. L'Athos en Macédoine, le Serrat en Espagne, le Saint-Mont en France, se couvrirent d'ermitages et de monastères[1]; dans la Thessalie, les religieux placèrent leurs établissements au sommet de rochers inaccessibles, pour éviter les barbares, et ils ne rentrent chez eux qu'au moyen de longues échelles de cordes, battant les flancs de la montagne[2]. Ailleurs, le tombeau d'un saint, le lieu qu'il avait habité, la place où il avait subi le martyre, pouvaient être autant de causes pour déterminer la fondation d'un monastère. Un autre motif était le besoin qu'avaient les pieux cénobites de porter la civilisation et la culture dans des lieux où elles n'avaient pas encore pénétré. Le don d'un terrain fait à un saint personnage, à un prélat, à une maison religieuse précédemment établie, fixait souvent la place d'une nouvelle colonie; enfin, le fondateur choisissait parfois lui-même le site qu'il croyait le plus convenable à sa pieuse entreprise; c'est ainsi que saint Gall, ayant résolu de se retirer dans la solitude et de fonder un établissement consacré au christianisme, chercha sur les flancs de l'Aloptein, couvert de neiges éternelles, auprès du lac de Constance, un lieu qui pût lui convenir. En parcourant le pays, il s'enfonça une épine dans le pied et regarda cet accident comme un avis du ciel; alors il forma une croix de branches de noisetier, y suspendit sa boîte à reliques, qu'il portait toujours avec lui, et consacra la place par des prières. Les bois et les forêts pouvaient être occupés par des monastères : l'abbaye de Livry s'élevait dans la forêt de Bondy, les Camaldules dans la forêt de Senart, les Minimes occupaient le bois de Vincennes. On vit aussi des rochers isolés dans la

---

[1] Voir *Annales archéologiques*, publiées par M. Didron; *Voyage en Espagne*, par M. A. de Laborde.

[2] Voir *Annales archéologiques*.

mer, comme l'île de Lérins et le mont Saint-Michel, se couvrir de constructions monastiques; il en fut de même pour quelques îles sur les grands fleuves: le monastère de Belcinac, dépendant de Fontenelle, situé au milieu de la Seine, auprès de Caudebec, et entièrement entraîné par les flots; Notre-Dame de l'île Barbe sur la Saône, en avant de la ville de Lyon; l'abbaye d'Ainay sur le Rhône, dans la même ville, en sont des exemples. L'île de Thanet, située à l'embouchure de la Tamise, et qui n'a que quatre lieues sur trois, contenait dix-huit monastères. Partout où les religieux purent s'établir d'une manière avantageuse, soit pour la culture, soit pour leur défense ou l'état sanitaire de leur maison, le choix du lieu fut toujours fait avec beaucoup de sagesse : la prospérité future de la colonie en dépendait.

### PROJETS ET DESSINS.

Du jour où les monastères ne furent plus des réunions de cellules construites sans ordre et sans symétrie, comme l'avaient dû faire les premiers fondateurs, qui, dépourvus de grandes ressources, n'avaient pu employer que le bois pour établir l'église ou l'oratoire, ainsi que les habitations isolées des cénobites; de ce jour, disons-nous, l'architecture des maisons religieuses prit une physionomie spéciale; la distribution des diverses parties demanda une étude particulière; des emprunts se firent à la civilisation romaine, et le dessin linéaire vint guider les constructeurs. L'antiquité en avait donné l'exemple : tous ses monuments, si parfaits dans leurs formes, n'avaient pu s'élever que sur des études arrêtées à l'avance par des dessins et des épures[1]. Le moyen âge dut suivre cette

---

[1] On a retrouvé en Égypte des épures tracées d'avance pour épanneler des chapiteaux; on voit sur des bas-reliefs les façades géométrales d'édifices entiers.

route inévitable : aussi trouvons-nous, dès le commencement du IXe siècle, un précieux dessin qui le prouve. Le plan de l'abbaye de Saint-Gall, exécuté vers l'année 820, et que possèdent encore les archives de ce monastère supprimé, est un projet à l'état d'esquisse, un guide pour l'abbé constructeur, car l'exécution exige des dessins autrement développés. Tout y est prévu, distribué avec ordre, selon la règle de saint Benoît, depuis l'église et ses dépendances jusqu'aux détails les plus secondaires des besoins de la vie; des légendes indiquent l'usage de chaque pièce, et comme on en lit quelques-unes écrites au futur, à l'infinitif ou au conditionnel, le dessin est évidemment un projet tracé avant la construction définitive. Une seconde preuve est dans la lettre d'envoi, écrite sur le plan lui-même, à l'abbé Gozbert, par le dessinateur : « Hæc
« tibi, dulcissime fili Gozberte, de positione officinarum paucis
« exemplata direxi, quibus sollertiam exerceas tuam, meam-
« que devotionem utcunque cognoscas, qua tuæ bonæ vo-
« luntati satisfacere me segnem non inveniri confido. Ne sus-
« piceris autem me hæc ideo elaborasse, quod vos putemus
« nostris indigere magisteriis, sed potius ob amorem Dei tibi
« soli perscrutanda pinxisse amicabili fraternitatis intuitu
« crede. Vale in xpo semper memor nostri. Amen. »

N° 15. Plan de l'abbaye de Saint-Gall. (Planche gravée.)

L'auteur de ce plan n'est pas connu; mais il ne pouvait être que dans une position élevée, puisqu'il se sert de l'expression *fili*, en s'adressant à l'abbé Gozbert. D'après saint Augustin[1], un évêque devait se servir de cette expression à l'égard d'un abbé, son inférieur. Mabillon pense que le dessin est l'œuvre de

---

[1] Saint Augustin, traité 27, *in Joanne*.

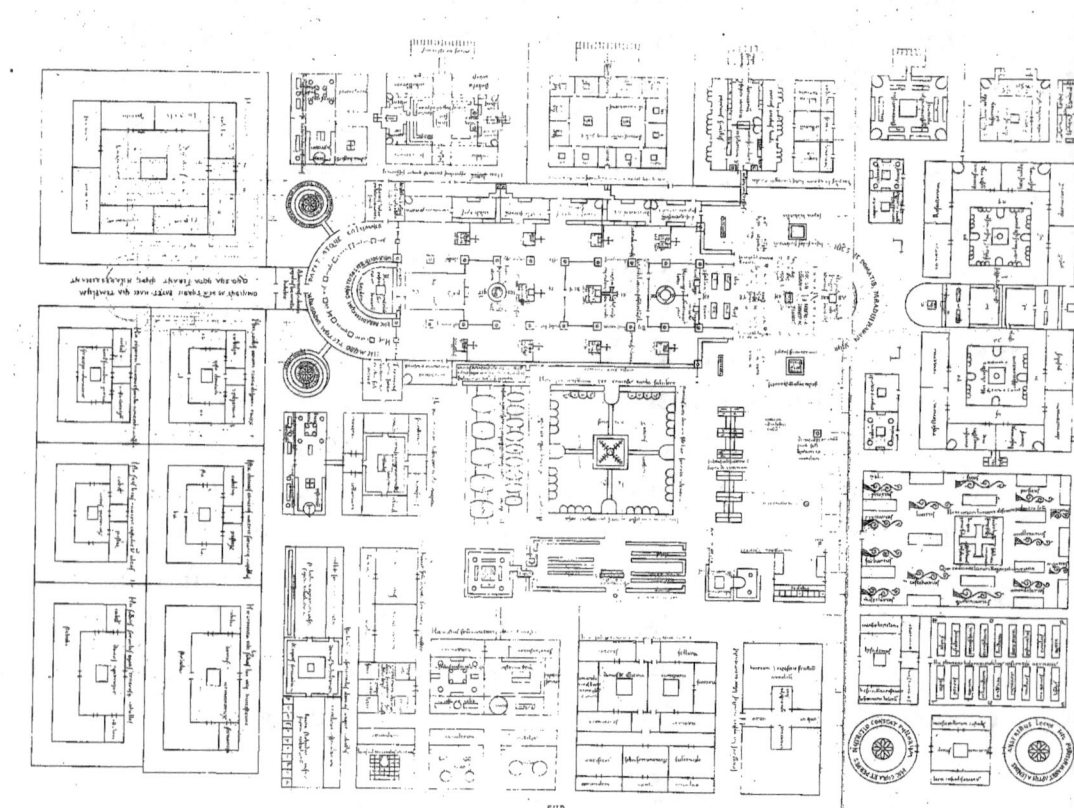

PLAN DE L'ABBAYE DE SAINT GALL.

l'abbé Eginhard, qui dirigeait les bâtiments royaux sous Charlemagne ; il s'appuie sur ce que la relation dit que les architectes royaux terminèrent le palais abbatial (*aula* ou *palatium*) de Grimoalds, second successeur de Gozbert (*aula palatinis perfecta est ista magistris*, etc.[1]). D'autres attribuent le dessin à Gerung, architecte de la cour.

Quel que soit le dessinateur qui a tracé ce plan, les documents qu'il fournit n'en sont pas moins des plus précieux, d'abord à l'égard des détails qui concernent les monastères construits du temps de Charlemagne, puis relativement à l'architecture civile de la même époque, car il est certain que la distribution donnée dans ce plan aux constructions en dehors des besoins communs des moines, comme la maison de l'abbé, ceux des hôtes de distinction, la maison des médecins, et les bâtiments destinés aux animaux domestiques, offrent la plus grande analogie avec l'architecture qui devait être en usage aux VIII$^e$ et IX$^e$ siècles chez les populations laïques.

La grande simplicité des lignes de distribution tracées sur ce plan lui donne la physionomie d'une composition antique, et prouve combien étaient grandes encore les relations entre l'art de la période carlovingienne et celui que les Romains avaient précédemment introduit dans leurs provinces septentrionales ; si de l'ensemble de ce dessin on passe à l'examen de certains détails, on y retrouve, avec plus de certitude encore, la transmission des usages antiques jusqu'au IX$^e$ siècle. Ainsi, dans le grand chauffoir des moines, et dans ceux du noviciat et de l'infirmerie, on reconnaît l'emploi de l'hypocauste des Romains ; au centre de la plupart des bâtiments isolés appropriés à des services spéciaux, le dessinateur a figuré des carrés qui, sauf une exception indiquée par une légende ainsi

---

[1] Biblioth. du couvent de Saint-Gall, cod. 397.

conçue, *locus foci,* place du feu, ne peuvent exprimer qu'un *compluvium,* ouverture ménagée dans le toit pour donner du jour, disposition parfaitement semblable à celle des maisons antiques de Rome et de Pompéia, et confirmée par le dessinateur lui-même par le mot *testudo,* toit, placé au centre de l'Hospitium des pauvres. Si, en raison de la température froide de nos contrées, on suppose cette ouverture close par des vitres, sa disposition sur *l'atrium toscan* n'est pas moins celle de l'antiquité. Dans les bâtiments ruraux on retrouve aussi ce carré figuré au centre; là, plus qu'ailleurs, il peut figurer un *impluvium,* bassin recevant les eaux pluviales par l'ouverture du toit ou *compluvium.*

Nous avons fixé l'attention sur quelques-uns de ces détails pour faire connaître tout ce qu'on peut tirer de notions utiles de ce précieux dessin de Saint-Gall; dans le cours de ce travail, en examinant les diverses parties qu'il présente, nous nous arrêterons d'une manière toute particulière sur les points du tracé les plus intéressants pour l'étude des monastères ainsi que pour l'histoire de l'art.

Nous reproduisons ici la vue perspective des églises et du cloître de l'abbaye de Centula (Saint-Riquier), construits en 799 par saint Angilbert. Contemporain peut-être du précédent dessin, celui-ci complète quelques notions données par le plan de Saint-Gall. Cette vue est copiée sur une gravure que P. Petau fit exécuter en 1612 d'après un dessin original provenant d'un manuscrit, *e scripto codice*[1]; les trois églises figurées dans la vue sont : 1° celle de Saint-Riquier, la plus importante; 2° celle de la Vierge, située au bas du dessin; 3° celle qui était consacrée à saint Benoît.

[1] P. Petau, *de Nithardo illiusque prosapia.* Paris, 1612.

# ARCHITECTURE MONASTIQUE.

N° 16. Vue de l'Abbaye de Centula (Saint-Riquier).

D'autres dessins de maisons religieuses, moins importants que celui de Saint-Gall et tracés dans un autre but, nous ont été conservés. Le plus ancien est celui du prieuré de Cantorbéry, *Cantuariæ*, dessiné par le moine Eadwin, entre les années MCXXX et MCXXXIV. C'est un plan en relief qui n'a pu servir à l'exécution d'aucun bâtiment, et qui n'a dû être fait, au contraire, qu'après la construction générale du prieuré. On y trouve une foule de détails précieux que nous ferons connaître en examinant les différentes parties d'un grand monastère. Le religieux qui a tracé ce plan n'était pas, comme l'auteur de celui de Saint-Gall, un artiste habitué à dessiner des distributions, à mettre de l'ordre et de l'harmonie dans un plan; Eadwin, au contraire, a voulu donner les façades de tous les bâtiments, et, pour y parvenir, il les a projetés dans tous les sens. Nous publions une gravure de ce dessin.

N° 17. Plan de Cantorbéry. (Planche gravée.)

*Légende du plan de Cantorbéry.*

a  Purgatorium calami.
b  Purgatorium fontis.
c  Hic influit in piscinam de fonte cimiterii exterioris.
d  De piscina in fontem prioris.
e  Aqua hic exit in piscinam de eadem ala.
f  Intrat in alam domus infirmorum.
g  Porta cimiterii juxta capellam.
h  Capella infirmorum.
i  Domus infirmorum.
k  Necessarium infirmorum.
l  Coquina infirmorum.
m  Camera prioris vetus.
n  Purgatorium.
o  Via quæ ducit ad domum infirmorum.
p  Puteus.
q  Purgatorium.
r  Columna in quam ductu aqua deficiente, potest hauriri aqua de puteo et administrabitur omnibus officinis.
s  Hostium locutorii.
t  Fenestra ferrea.
u  Puteolus ante hostium locutorii ad quod confluunt aquæ pluviales per canalem qui per circuitum claustri est : a quo puteolo dirigitur ductus per viam quæ ducit ad domum infirmorum et deveniens contra hostium criptæ flectitur extra viam ad dextram.
v  Purgatorium.
w  Hostium ferreum.
x  Dormitorium.
y  Refectorium.
z  Fenestra ubi fercula administrantur.
1. Fenestra per quam ejiciuntur scutellæ ad lavandum.
2. Porta inter domum hospitum et coquinam.
3. Coquina.
4. Camera ubi piscis lavatur.
5. Nova camera prioris.
6. Balneatorium et camera.
7. Granarium.
8. Postica juxta aulam novam.

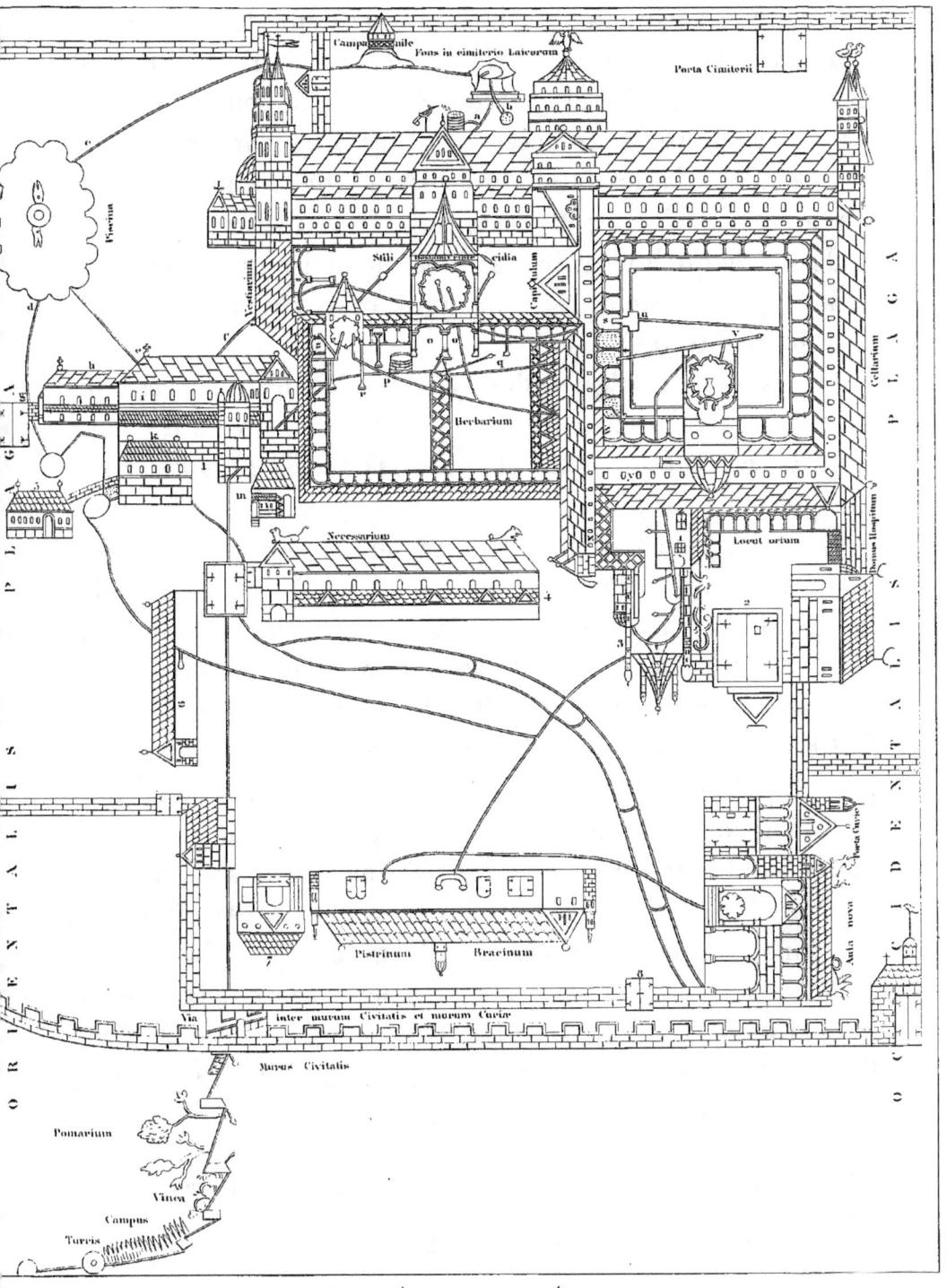

PRIEURÉ DE CANTORBÉRY.

Quelques cartulaires anciens[1] renferment des dessins précieux sur les monastères, mais ils sont infiniment moins développés que celui-ci. Tantôt, c'est l'église seule qui est exprimée avec quelques accessoires, comme dans un manuscrit relatif à la fondation du prieuré de Saint-Martin-des-Champs, à Paris, par le roi Philippe I[er][2]. Ailleurs, on retrouve le dessin de quelque autre partie d'une maison religieuse; une prison, par exemple, est reproduite dans l'histoire du Mont-Cassin, par Gattola.

On connaît quelques dessins du XIIIe siècle représentant des édifices religieux; les palimpsestes de la ville de Reims sont de ce nombre : ils ont été publiés dans les Annales archéologiques en 1847.

Dom Bouillard, dans l'histoire de l'abbaye de Saint-Germain-des-Prés, à Paris, a fait graver un dessin que renfermaient les archives de ce monastère célèbre, et sur lequel était tracée une vue générale de cette maison telle qu'elle était en 1368, après que Charles V eut fait compléter son enceinte fortifiée et les fossés qui l'enveloppaient. On peut tirer de ce précieux dessin un grand nombre de renseignements utiles pour l'histoire du monastère. On y voit comment étaient disposés la porte et le pont-levis, quelle était la distribution des tours et des échauguettes sur les murailles, la place occupée par la porte Papale. (Voir le dessin à la page 30.)

A. Porte; B. Église; C. Chapelle de la Vierge; D. Dortoir; E. Cloître; F. Porte Papale; G. Réfectoire; H. Fossés; I. Pilori. K. Hôtellerie du Chapeau-Rouge; L. Barrière; M. N. O. Chemins autour de l'abbaye; R. Clos.

---

[1] Un Cartulaire de Savigny, Biblioth. nationale n° 125, contient une vue de cette abbaye.

[2] Ce manuscrit est à la bibliothèque de la ville de Paris.

N° 18. Vue de l'Abbaye de Saint-Germain-des-Prés.

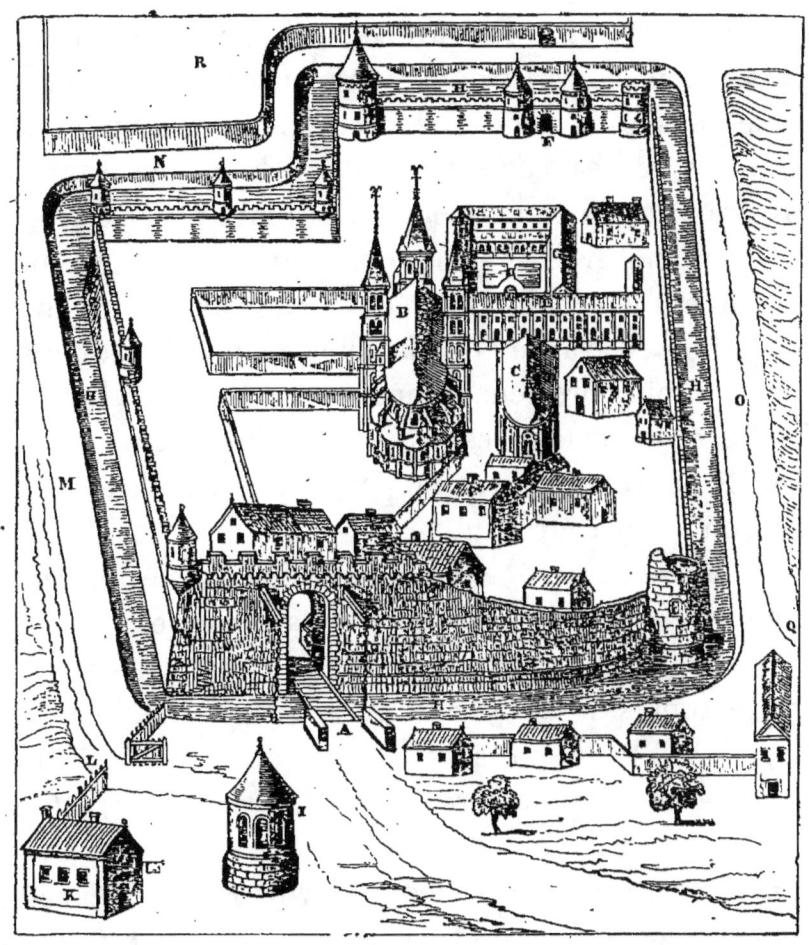

Nous ne devons pas omettre ici de recommander l'étude des tableaux ou peintures murales qui pourraient présenter des documents graphiques sur les monastères; l'abbaye de Saint-Germain-des-Prés fournit un de ces tableaux précieux dans lequel le peintre a figuré l'église, l'enceinte fortifiée, la porte et les ponts-levis de ce monastère tels qu'ils étaient en 1410[1].

---

[1] Voir l'Histoire de l'abbaye de Saint-Germain-des-Prés, par dom Bouillard, et la Statistique de Paris, livrais. 21, Alb. Lenoir, 1848.

C'est à partir du xvᵉ siècle que les dessins originaux exécutés, soit pour tracer les projets, soit pour reproduire les formes des édifices construits, commencent à devenir moins rares que dans les périodes précédentes. Ils sont tous exécutés à la plume avec beaucoup de soin; quelques-uns sont lavés de manière à indiquer les baies et les ombres portées. Dessinés sur parchemin, ils sont pour la plupart tracés géométralement, avec une échelle donnée, et ne peuvent être que des projets établis à l'avance pour la construction des édifices. Ils sont d'autant plus précieux à conserver, que généralement les architectes en exécutant les projets modifient leurs premiers dessins; ils peuvent aussi se rapporter à des édifices détruits ou qui n'ont jamais été faits.

Les dessins d'édifices se nommaient, au xvᵉ siècle, *pourtraiture*. Ce mot est plusieurs fois répété dans un devis descriptif dressé par Clausse, architecte de Metz, chargé, en 1475, de construire auprès de la cathédrale, la chapelle de Victoire ou des Lorrains. « Ledit portal et les coustées d'icellui seront et devront être en telle manière et fasson comme la *pourtraiture* le montre[1]. »

A une époque où le parchemin devint rare, on effaça des dessins pour écrire à leur place, aussi en retrouve-t-on dans quelques manuscrits; c'est ce que l'on nomme des *palimpsestes*. Un angle du plan de Saint-Gall est dans ce cas, un moine ignorant l'a gratté pour écrire une note insignifiante. Il est quelquefois très-difficile de retrouver les contours complets des édifices sous les caractères qui sont venus les remplacer. On doit cependant, lorsqu'on rencontre dans un manuscrit quelque trace de ces dessins, ne rien négliger pour arriver à cet important résultat. Nous indiquons aussi l'étude des

---

[1] *Histoire de la cathédrale de Metz*, par Begin, t. II, 1843.

tapisseries, des peintures sur le verre, le vélin, le bois ou les murs, dans lesquelles on remarque des reproductions plus ou moins fidèles d'édifices religieux, civils ou militaires, et qui peuvent fournir des renseignements précieux relatifs à des monuments connus ou ignorés; lors même que ces représentations sont fictives et n'auraient existé que dans l'imagination des artistes, elles sont encore utiles à recueillir et à consulter, parce qu'elles n'ont été généralement conçues que d'après des souvenirs et des données en partie réelles; enfin, sur des sceaux, des médailles et des jetons, on a figuré des maisons, des abbayes, des châteaux, des forteresses, des fontaines et d'autres monuments précieux pour l'histoire de l'art au moyen âge.

Les chapitres avaient ordinairement un sceau différent de celui de l'abbé; on y a quelquefois représenté le monastère, autant que le permettait la gravure en médailles, qui ne donnait alors, comme aujourd'hui, que l'aspect général des édifices; on peut cependant y voir des détails précieux sur la disposition des enceintes, des tours, de l'église ou des bâtiments principaux.

Durant le xvi$^e$ siècle, l'art du dessin se répandant plus qu'à toute autre époque antérieure, des plans, des vues perspectives furent levés en grand nombre, et plus d'un dépôt public, plus d'une collection particulière, peuvent présenter des dessins de monastères datant de cette période ou du siècle suivant; la vue du prieuré de Saint-Martin-des-Champs que nous publions ici est de ce nombre, ainsi que le plan du même monastère donné à la page 49.

N° 19. Vue du Prieuré de Saint-Martin-des-Champs. (Planche gravée.)

[1] V. la Statistique monumentale de Paris. *Prieuré de Saint-Martin-des-Champs.* A. Lenoir.

PRIEURÉ DE SAINT MARTIN DES CHAMPS.

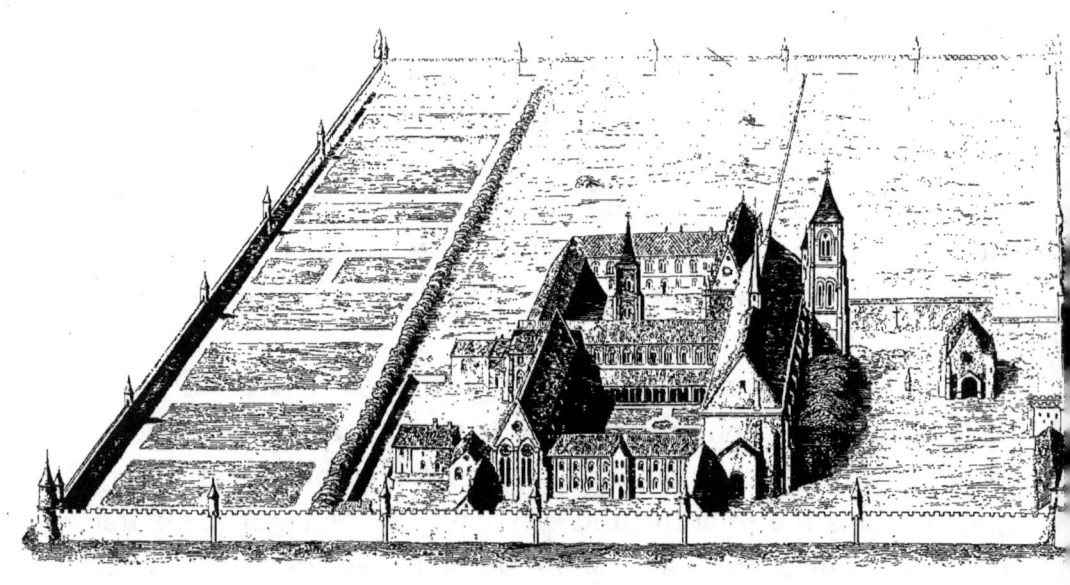

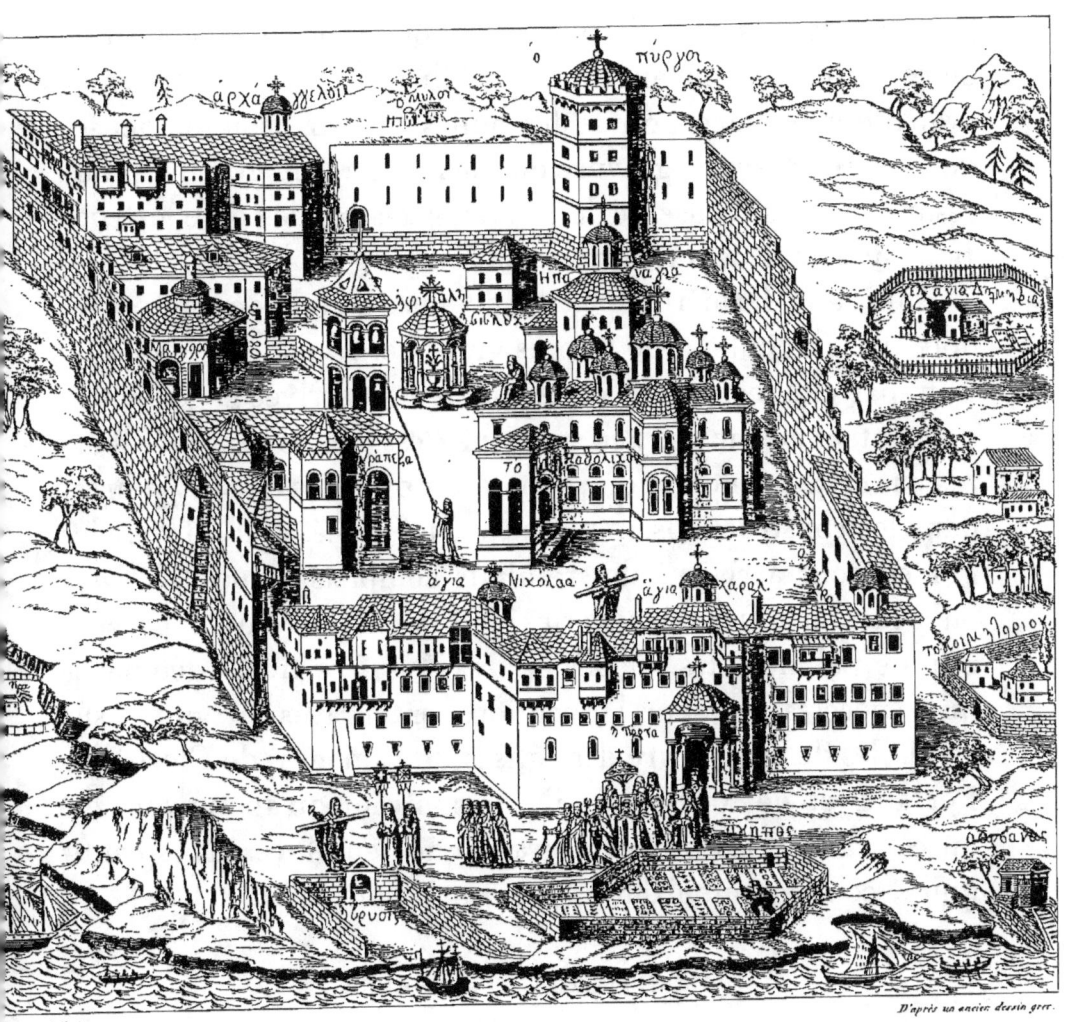

RÔSSICON,
Couvent du Mont Athos, en Macédoine.

Depuis l'invention de la gravure, on a reproduit par ses procédés des plans et des vues de monastères. Nous avons déjà mentionné les collections les plus importantes; de nombreuses planches isolées ont été publiées, nous reproduisons ici une de celles qui se trouvent au mont Athos, n° 20. Il serait utile, avant de commencer l'étude des ruines d'une maison religieuse, de rechercher si une gravure ou même une lithographie pittoresque auraient conservé le souvenir des parties de constructions détruites depuis leur exécution.

Enfin une dernière espèce de dessins, qu'on nomme épures, doit être recueillie avec le plus grand soin, parce qu'on pourrait, par elle, connaître à quel point était arrivée la géométrie descriptive au moyen âge, puisque c'est par les procédés fournis par cette science qu'on prépare aux ouvriers de tous genres, dans les constructions importantes, les tracés qui doivent les guider pour arriver à des résultats complets et positifs. Déjà on a fait quelques découvertes de ces dessins sur le parchemin de palimpsestes, et des épures et autres tracés géométriques nécessaires pour l'exécution sont gravés en grand sur les dalles de couverture des églises de Limoges, de Clermont-Ferrand et de Narbonne; ils démontrent qu'au moyen âge on connaissait les procédés graphiques employés dans l'antiquité, comme aujourd'hui, pour diriger les travaux [1].

### ARCHITECTES ET OUVRIERS.

Les apôtres et les premiers évêques furent les guides naturels des constructeurs appelés à édifier les basiliques dans lesquelles se réunirent d'abord les fidèles, et, lorsqu'ils portèrent la foi dans les provinces de l'empire, eux seuls pouvaient indi-

[1] *Annales archéologiques*, t. VI, mars 1847.

quer ou tracer de leurs propres mains les distributions des édifices nécessaires à l'exercice du nouveau culte. Nous avons vu précédemment saint Martin de Tours dirigeant la construction de l'oratoire du premier monastère des Gaules, à Ligugé, et, plus tard, celui de Marmoutier, auprès de Tours, sur les bords de la Loire. Saint Germain, sous Childebert, conduisait les travaux de l'abbaye de Saint-Vincent, depuis Saint-Germain-des-Prés, à Paris. « Childebertus.... ædifica- « tam *secundum beatissimi Germani dispositionem* basilicam, » dit Aimoin en parlant de la fondation de ce monastère[1]. Perpetuus agit de même à l'égard des églises de Saint-Martin et des apôtres saint Pierre et saint Paul à Tours[2]. Namatius, huitième évêque de Clermont, dirigea au v$^e$ siècle la construction de la cathédrale[3]; un disciple des apôtres envoyés dans les Gaules étant allé à Bourges, y annonça le Seigneur; il enseigna à un petit nombre de convertis, qui furent ordonnés prêtres, à construire une église[4]. Léon, qui fut évêque de Tours sous le règne de Clovis, était un homme distingué et surtout habile dans l'art de construire en bois[5].

Bientôt saint Benoît établit dans sa règle que l'architecture, la peinture, la mosaïque, la sculpture et toutes les branches de l'art seraient étudiées dans les monastères; aussi le premier devoir des abbés, des prieurs, des doyens, était-il de tracer le plan des églises et des constructions secondaires des communautés qu'ils étaient appelés à diriger. Il s'en suivit que, dès les premiers siècles chrétiens jusqu'aux xii$^e$ et xiii$^e$ siècles, l'ar-

---

[1] Aimoin, *Hist.* liv. II, c. xxix.
[2] Grégoire de Tours, liv. II, c. cxiv, p. 177.
[3] *Idem,* liv. II, c. cxvi, p. 179.
[4] *Idem,* liv. I$^{er}$, c. cxxix, p. 63.
[5] *Idem,* liv. III, c. cxvii.

chitecture, science réputée sainte et sacrée, n'était pratiquée que par des religieux; aussi les plus anciens plans qui nous restent, ceux de Saint-Gall et de Cantorbéry, sont-ils tracés, l'un, par l'abbé Eginhard, selon l'opinion de Mabillon; l'autre par le moine Eadwin.

L'abbé Gotzbert, après avoir reçu l'esquisse d'Eginhard, dut nécessairement développer ce projet pour arriver à l'exécution, et fut ainsi le véritable architecte de son monastère.

Dans le siècle suivant, en 973, Anstens, moine de Gorze et abbé de Saint-Arnould de Metz, était renommé dans l'architecture. « Architecturæ non ignobilis ei peritia suberat: ut « quidquid semel disposuisset, in omnibus locorum et ædi- « ficiorum symmetriis vel commensurationibus non facile cu- « jusquam argui posset judicio[1]. »

Les XIe et XIIe siècles sont trop riches en faits de ce genre pour qu'il soit nécessaire de les rappeler ici; durant cette période, toute la chrétienté se couvrit d'édifices admirables dus à l'art et à l'industrie des moines, qui, préparés par les études et l'expérience que leur léguaient les siècles précédents, durent trouver un nouveau stimulant, pendant ce moment de régénération générale, dans l'élan que les rois leur donnèrent pour relever les immenses ruines du IXe siècle. Déjà durant cette période quelques laïques furent chargés de travaux; mais leur emploi comme architectes était assez rare pour qu'on en conservât le souvenir. On voit dans la cathédrale de Wurzbourg, bâtie en 1042, une inscription de 1133 indiquant que l'église ayant besoin de réparations et d'ornements on en confia l'exécution à *Enselimes laycus,* déjà connu par la construction d'un pont remarquable. On cite *Alberon laicus* à Cologne.

[1] *Vita S. Joann Gorz*, c. LXVI in Act. SS. O. B. t. VII, ad annum 973.

Lorsque le style ogival vint remplacer celui des âges antérieurs, l'architecture sacrée passa des mains des religieux dans celles des laïques, comme l'a démontré M. Vitet[1]. Paris nous montre alors les célèbres réfectoires du prieuré de Saint-Martin-des-Champs et de l'abbaye de Saint-Germain-des-Prés, la chapelle de la Vierge, dans cette dernière abbaye, construits par Pierre de Montereau; mais les moines ne renoncèrent pas complétement à l'étude et même à la pratique de l'architecture, qui avait donné précédemment à la vie des cloîtres un reflet si brillant, aussi vit-on jusqu'à la fin du XVIIe siècle quelques religieux artistes contribuer à la décoration des églises abbatiales: nous citerons le frère Jacques Bourlet au monastère de Saint-Germain-des-Prés, en 1673.

Quant à la construction matérielle, la maçonnerie des églises monacales et des dépendances des maisons religieuses, nous la voyons aussi confiée à l'intelligence et au courage des moines, qui exécutaient ces rudes travaux de leurs propres mains et sans le secours d'ouvriers étrangers. Citons ici un passage de l'introduction de l'Histoire de saint Bernard, par M. de Montalembert, auquel nous devrons, dans ce travail, plus d'une note précieuse : « Les moines travaillaient en chantant des psaumes[2], et ne quittaient leurs outils que pour aller à l'autel et au chœur[3]; ils entreprenaient les tâches les plus dures et les plus prolongées, et s'exposaient à toutes les fatigues et à tous les dangers du métier de maçon[4]. Les supé-

---

[1] Notre-Dame de Noyon, partie Ire, c. IX.

[2] Par exemple lors de la construction du Ramsey, au IXe siècle, act. SS. O. B, t. VII, p. 734.

[3] « Henricus in cujus manu semper dolabrum versatur, excepto quando stat ad altaris sacri ministerium. » (*Ermenrici epist.* ap. Mabill. *Analect.* p. 421.)

[4] Lors de la construction du monastère de Pompose, sous l'abbé Guy (1046), « Fratribus operantibus aliquando crates lapidum ruderibus graves, non sine diabolico ins-

rieurs aussi ne se bornaient pas à tracer les plans et à surveiller les travaux, ils donnaient personnellement l'exemple du courage et de l'humilité, et ne reculaient devant aucune corvée. Tandis que de simples moines étaient souvent les architectes en chef des constructions[1], les abbés se réduisaient volontiers au rôle d'ouvriers. On voit au IXe siècle que la communauté de Saint-Gall, ayant en vain travaillé tout un jour pour tirer de la carrière une des énormes colonnes d'un seul bloc qui devait servir à l'église abbatiale, et tous les frères n'en pouvant plus, l'abbé Ratger seul persista à verser ses sueurs jusqu'à ce qu'en invoquant saint Gall il eut le bonheur de voir le bloc se détacher[2]. Lorsque l'église fut achevée, avec toutes ses magnifiques dépendances, ce produit des labeurs monastiques excita une admiration universelle, et leurs voisins disaient : « On voit bien au nid quel genre d'oiseaux y habite[3]. »

« Lors de la construction de l'abbaye du Bec, en 1033, le fondateur et le premier abbé, Herluin, tout grand seigneur normand qu'il était, y travailla comme un simple maçon, portant sur le dos la chaux, le sable et la pierre[4]. Un autre Normand, Hugues, abbé de Selby dans le Yorkshire, en agit de même, lorsqu'en 1096 il rebâtit en pierre tous les édifices de son

tinctu, de superioribus muri ruerunt in terram. In quo casu quidam ex operariis, quia supererant cratibus, delapsi ad ima...... quidam vero dum corruentes muro tignisque aliquibus inhærent..... » (Act. SS. O. B. t. VIII, p. 449.)

[1] La belle église de l'abbaye de Moutierneuf à Poitiers, qui subsiste encore en partie, eut un de ses moines pour *constructor* en 1080. (Mss. Fontenau cité par M. de Chergé, dans les Mém. des antiq. de l'Ouest, 1844, p. 174, 255.)

[2] « *Omnis congregatio* per totum diem laboraverat in una columnarum illarum quæ in basilica ipsa superstant, abbas solus... sed frustra sudabat... *Sancte Galle, finde illam*... immensa moles rupis illius sua sponte inde fissa enituit. » (Fragm. Ermenrici, ubi supra.)

[3] « Bene in nido apparet quales volucres ibi inhabitant : cerne basilicam et cœnobii claustrum, etc. » (Ermenricus.)

[4] Willelm. Gemeticensis, lib. VI, c. IX, dans Duchesne.

monastère, qui était auparavant en bois; revêtu d'une capote d'ouvrier, et mêlé aux autres maçons, il partageait tous leurs labeurs[1]. Les moines les plus illustres par leur naissance se signalaient par leur zèle dans ces travaux. On voyait Hezelon, chanoine de Liége, du chapitre le plus noble de l'Allemagne, et renommé en outre par son érudition et son éloquence, se faire moine à Cluny pour diriger la construction de la grande église fondée par saint Hugues, et échanger ses titres, ses prébendes et sa réputation mondaine contre le surnom de *cimenteur*[2], emprunté à son occupation habituelle. Ailleurs on raconte que, lors des vastes travaux entrepris à Saint-Vanne, vers l'an 1000, Frédéric, comte de Verdun, frère du duc de Lorraine et cousin de l'empereur, qui y était moine, et dont nous avons déjà parlé, creusait lui-même les fondations du nouveau dortoir, et emportait sur le dos la terre qui en provenait[3]. Pendant la construction des tours de l'église abbatiale, comme il n'y avait pas assez de frères pour porter le ciment dans les hottes jusqu'aux étages supérieurs des nouvelles tours, Frédéric exhorta un moine de race très-noble, qui se trouvait là, à prendre sur lui cette corvée; celui-ci rougit, et dit qu'une telle tâche n'était pas faite pour un homme de sa naissance. Alors l'humble Frédéric prit lui-même la hotte remplie de ciment, la chargea sur ses épaules, et monta ainsi chargé jusqu'à la plate-forme où travaillaient les ouvriers. En redescendant, il remit la hotte au jeune réfractaire, en lui rappelant qu'il ne devait plus désormais rougir devant personne d'avoir à

---

[1] « Ipse cucullo indutus operario, lapides, calcem, et alia necessaria propriis humeris cum ceteris operariis ad murum evehere solebat. » (Mabill. *Ann.* t. V, l. LXIX, c. LXXXVI.)

[2] « Cæmentarius. » (Mabill. *Annal.* ad 1109.)

[3] « Vere monachus terræ fossor accessit, et quod effossum est, onere facto, exportavit. » (Hugo Flaviniac. *Chron. Virdun.* p. II, c. VII, ap. Labbæum, *Bibl. nov. mss.*)

faire une corvée dont s'était acquitté en sa présence un comte fils de comte[1]. »

Lorsque les constructions d'un monastère étaient achevées, on devait penser à les entretenir en bon état pour éviter les avaries et la ruine; un religieux était chargé de veiller à cet entretien des bâtiments; il avait le titre de *Magister operis*.

Au XIIIe siècle, quand l'architecture passa dans les mains des laïques, et lorsque les confréries maçonniques remplacèrent les associations monacales, les ateliers de construction durent prendre un tout autre aspect que précédemment; les travaux eux-mêmes, faits par entreprise et résultant de marchés fixés à l'avance, au plus bas prix, présentèrent nécessairement une grande différence avec ceux qu'exécutaient dans leur zèle religieux et désintéressé les escouades de moines. C'est à cette époque aussi qu'une noble émulation entre les artistes conduisit à ouvrir des concours pour la construction de certains monastères, comme on en vit un exemple remarquable à celui de Saint-François d'Assise, dans l'état romain. Cet affranchissement de l'art fut un grand bienfait pour la société en général, parce qu'il développa singulièrement l'industrie, et nous lui devons les nombreux et remarquables monuments que nous admirons aujourd'hui et qui furent produits durant la période ogivale; mais aussi, les moines, en renonçant à leurs études d'architecture si bien commencées, ne préparèrent-ils pas de longue main la décadence de l'art catholique, qu'eux seuls, par leur position exceptionnelle, par leur foi toujours entretenue, par leur science individuelle ou collective, auraient pu soutenir longtemps encore? Sans doute les premiers artistes laïques appelés à les remplacer présentaient avec eux peu de différence quant à la foi et au savoir, mais de généra-

[1] Hugo Flaviniac. *Chron. Virdun.* Voir le texte dans les Annal. arch. t. VI, mars 1847.

tion en génération ces qualités indispensables ne purent que décroître dans la vie séculière, et la chute de l'art sacré en fut la conséquence.

### PREMIÈRE PIERRE.

Lorsque les plans étaient arrêtés définitivement, on procédait à l'exécution. On sait que dans l'antiquité la plus reculée, la construction d'un édifice, et particulièrement d'un temple, fut toujours considérée comme un événement assez important pour que les rois ou leurs représentants assistassent à la pose de la première pierre avec un certain cérémonial. Une inscription tracée sur une feuille de métal et relatant l'époque de la construction, le nom du prince régnant, etc. était placée originairement entre deux assises inférieures de l'édifice. L'Égypte a fourni en 1818 l'exemple d'une feuille d'or contenant une inscription dédicatoire d'un Ptolémée, et peut-être doit-on voir la même pensée dans les inscriptions cunéiformes qu'on retrouve à Ninive et à Babylone sur les lits des pierres et des briques. Au moyen âge, la pose de la première pierre fut entourée, comme dans l'antiquité, de la pompe des cérémonies, et plus d'un monument écrit ou réel nous démontrent qu'on laissait un souvenir de cet événement.

L'abbé Suger, en parlant de la pose de la première pierre de l'église abbatiale de Saint-Denis, dit : « Ipse enim serenis-
« simus Rex, intus descendens, propriis manibus suum impo-
« suit (lapidem), nos quoque et multi alii, tam abbates quam
« religiosi viri, lapides suos imposuerunt. Quidam etiam gem-
« mas ob amorem et reverentiam Jesu Christi, decantantes :
« Lapides pretiosi omnes muri tui, etc.[1] »

---

[1] *Lib. de consecr.* p. 355. *Recueil de l'hist. de France*, t. IV, p. 350.

Landric, troisième abbé de Belleville en Beaujolais, bénit la première pierre de l'église, le 8 juillet 1168, et mit dans cette pierre une belle pièce d'or[1].

En 1812, M. Vaudoyer, architecte du gouvernement et membre de l'Institut, trouva dans les substructions de l'église du couvent des Grands-Carmes de la place Maubert à Paris, une inscription du XIV$^e$ siècle indiquant la fondation et la dédicace du temple. On y lit :

« Ego magister Gerardus de Monte-Acuto, struo hic istum
« primum lapidem in honorem Dei et beate Marie Virginis,
« angelorum totius curie Celestis. »

N° 21. Première pierre de l'église des Grands-Carmes, à Paris.

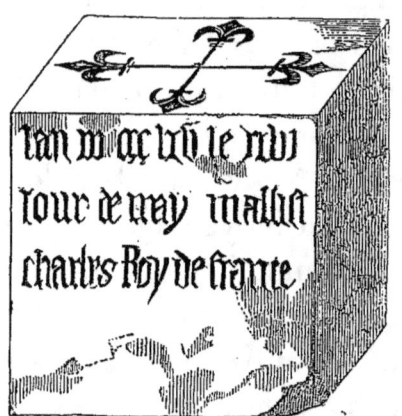

N° 22. Première pierre des Célestins, à Paris.

On a découvert récemment la première pierre de l'église des Célestins à Paris; elle était dans l'axe, sous le mur de l'abside. Sa forme est cubique, une croix dont les branches se terminent par des fleurs de lis occupe la face supérieure; sur celle du devant on lit ces mots : *L'an MCCCLXV le XXVI jour de may m'assist Charles Roy de France.*

---

[1] Paradin, *Mémoire sur l'histoire de Lyon.*

Guillaume Durand[1] et D. Martenne[2] disent qu'au moyen âge on devait graver le signe de la croix sur la première pierre des églises; les deux exemples que nous donnons ici en fournissent la preuve; ils nous suffiront pour engager les explorateurs à suivre avec soin la démolition des édifices, que les causes de destruction, si multipliées, font disparaître journellement du sol. C'était en général à la base d'un des principaux points d'appui des constructions que la première pose avait lieu, comme aujourd'hui. On peut retrouver de ces pierres vers le chœur ou le sanctuaire, parce qu'on a souvent commencé par là les constructions religieuses. Plusieurs églises offrent des inscriptions rappelant la pose de ces premières pierres, et indiquant les personnages qui avaient présidé à la mise en train des travaux de fondation. Nous en reproduisons deux exemples du XIIIe siècle, publiés dans le Bulletin du comité[3], et un troisième de la même époque, mais dont nous donnons un dessin pour fixer l'attention sur ces documents précieux. La dernière inscription se voit dans l'église de Notre-Dame de Montbrison, dans le Forez; nous la devons à M. Auguste Bernard, correspondant des comités, qui a publié une dissertation sur cette pierre intéressante.

On ne doit pas confondre ces monuments commémoratifs avec les premières pierres.

La première inscription est dans l'église de Garches.

    En. lan. de grace. M. CC. IIII. et
    XVII. le venredi. après. re
    miniscere. asist. en. lann
    VR. de Dieu. et de monsingn

---

[1] Guill. Durand, *Rationale divin. offic.* Lyon, 1540.
[2] D. Martenne, *De antiq. eccles. ritibus.* Anvers, 1736, t. II, p. 676.
[3] IIe volume, 5e n°, pag. 348, et 8e n°, pag. 513.

eur. saint. Lois. mestre. Ro
bert. de la marche. clerc
nostre. semsneur. le Ro
i. de france. et Hanri. s
on. valet. la prumiere pie
rre. de l'esglise de Garch
es. et. la fonda. en lan. desus dit.

La seconde inscription est sur les bords de la Kruse, à l'église de Saint-Quirin de Neuss.

ANNO ICARNĀ  EPO. SOPHIA. A  IDĒ. FVNDAME
DNĪ. Mº. CC. VIII.  BBA. MAGISTER.  NTI. HVĪ. TEMP
P¹MO. ĪPERII. AN  WOLBERO. PO  PLI. Ī. DIE. SCĪ. DI
NO. OTTONIS. A  . SVIT. P¹MV̄. LAP  ONISII. MĀR.
DOLFO. COLON.

Nº 23. Inscription de Notre-Dame de Montbrison.

CLEMENTIS:FESTO:LECTOR:SEMP:MEMOR:ES
    ·9·         ·9·          ·9·
TO CUM:SEMEL:M:BIS:C:QVATER:V
                            ·TO·
DNI:FORET:ANNUS⸫ADIECTO:VI:LA
       ·9·  ·9·
PIS:EST:PRIVARI:hVI:ECCLESIE:PO
   60·9·
SITUS:6:V:PARVVL⁹:INFANS:M:MANDATO
    I    AVCT·ECCLE·LVGDVNEÑ·
PATS:COMITIS:POSUISSE:REFERT:hVNC
         ⁀LIBERE· ·OPE·
PATER:IPE:E⁀CV:DEDIT:EXTVLIT:ATQ:DOTAVIT
                      FORO MŌTIBRIS·
DOS:E:MODONIC:DEMA:DEMEMREIRES:Z:LX:LB:M

M. Auguste Bernard traduit ainsi cette inscription : « Lecteur, souviens-toi que le jour de (Saint) Clément mil deux cent vingt-six, la première pierre de cette église fut posée. Guy V, tout petit enfant, est dit l'avoir posée par ordre de son père, comte, avec l'autorisation de l'église de Lyon. Le père donna librement l'emplacement, éleva (l'édifice) à ses frais et le dota; la dot est : (La seigneurie de) Moind, la dîme de Verrières et soixante livres sur le marché de Montbrison. »

Les anciens canons défendaient de commencer la construction d'une église avant que les fondateurs eussent doté le monument[1] : cette inscription le confirme.

### ENSEMBLE DES CONSTRUCTIONS D'UN GRAND MONASTÈRE.

Afin d'éviter les répétitions qui se présenteraient nécessairement par l'étude successive des diverses espèces de monastères qui viennent d'être indiquées, nous prendrons pour type une grande abbaye, complète autant que possible : il sera facile d'en éliminer ce qui ne pouvait être contenu dans un monastère du second ordre. Nous énumérons ici tout ce qu'on doit étudier pour connaître les diverses parties de ce grand ensemble.

1° Plan général.
2° Enceinte fortifiée ou non fortifiée.
3° Église principale.
4° Une ou plusieurs églises secondaires, chapelles, oratoires.
5° Sacristies.

---

[1] Guillaume Durand, *Rationale divin. offic.*

## ARCHITECTURE MONASTIQUE.

6° Trésor.
7° Cloîtres décorés de puits et de fontaines.
8° Salle du chapitre.
9° Parloir.
10° Réfectoire d'été, réfectoire d'hiver.
11° Cuisines.
12° Celliers.
13° Chauffoir.
14° Dortoirs.
15° Vestiaires.
16° Bains.
17° Bibliothèque.
18° Un ou plusieurs *scriptorium* (salle pour copier les manuscrits).
19° Archives et chartriers.
20° Écoles et leurs dépendances.
21° Maison abbatiale avec jardin.
22° Infirmerie et dépendances.
23° Maison de médecins avec jardin de plantes médicinales.
24° Salle pour opérations et potions.
25° Pharmacie.
26° Maison des novices.
27° Maison des hôtes de distinction.
28° Maison des pèlerins et des pauvres.
29° Aumônerie pour distribuer des vivres et de l'argent.
30° Boulangerie générale avec magasin de farine.
31° Moulins.
32° Brasserie et ateliers.
33° Pressoir.
34° Brûloir pour préparer les viandes sèches.
35° *Lardarium* (magasin des viandes sèches).

36° Greniers pour conserver les fruits et les céréales.
37° Réservoirs pour distribuer les eaux.
38° Étables et écuries pour tous les genres d'animaux domestiques.
39° Basse-cour avec volières, maison de gardiens.
40° Colombier.
41° Jardin de plantes potagères, habitation de jardiniers.
42° Jardin fruitier.
43° Promenades renfermant des viviers et piscines.
44° Ateliers pour toutes les industries.
45° Officialité, tribunal de l'abbaye.
46° Prisons.
47° Pilori, échelle et poteau de justice.
48° Asile pour les coupables.
49° Salle des morts avec *lavatorium*.
50° Cimetière avec ou sans charnier.
51° Dispositions exceptionnelles.
52° Biens des monastères en dehors de l'enceinte.
53° Monuments commémoratifs.
54° Chapelles et oratoires sur les routes ou dans la campagne.
55° Fontaines sacrées.
56° Croix isolées ou réunies en calvaire, en allées.

### 1° PLAN GÉNÉRAL.

Les plus anciennes maisons religieuses paraissent avoir été disposées sur un plan carré ou sur un parallélogramme lorsqu'on les établissait en plain terrain, et sans obstacles naturels s'opposant à cette forme. C'est ainsi qu'en Orient sont conçus les plans généraux des monastères primitifs. En Égypte, le couvent Rouge et le couvent Blanc, celui de la

Poulie, situé dans un désert voisin de Narcette, et dont la fondation est attribuée à sainte Hélène, sont carrés; ceux des lacs Natron de même, ainsi que la sainte Laure sur le mont Athos[1], et l'Ecs-Miazin, en Arménie. Les Coptes adoptèrent la même forme, lorsqu'ils succédèrent aux premiers moines de l'Égypte.

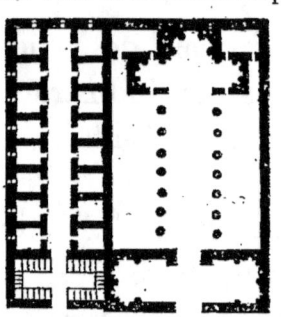

N° 24. Plan de monastère copte.

Plusieurs causes contribuèrent à guider dans cette voie les premiers fondateurs de monastères : la première et la plus puissante fut l'art antique, encore en vigueur partout où s'établirent les religieux, depuis l'Abyssinie et la Nubie jusqu'aux provinces chrétiennes les plus septentrionales. On reconnaît leur présence dans les monuments païens, qui tous étaient construits sur des plans rectilignes. Les anciens monastères de l'Égypte et de l'Arménie rappellent la simplicité des habitations ou colléges de prêtres de l'antiquité. Quelques auteurs ont vu même dans les dispositions données aux monastères un souvenir des portiques et des logements des lévites qui environnaient le temple de Salomon, et l'abbé Fleury, dans son ouvrage intitulé, *Les Mœurs des premiers chrétiens*[2], s'exprime ainsi : « Je m'imagine trouver encore, dans les monastères, des

---

[1] Voir le plan à la page 14.
[2] Pag. 276, édit. de 1777.

vestiges de la disposition des maisons antiques romaines, telles qu'elles sont décrites dans Vitruve et dans Palladio. L'église que l'on trouve toujours la première, afin que l'entrée en soit libre aux séculiers, semble tenir lieu de cette première salle que les Romains appelaient *atrium*. De là on passait dans une cour environnée de galeries couvertes, à laquelle on donnait d'ordinaire le nom grec de *péristyle,* et c'est justement le cloître où l'on entre de l'église, et d'où l'on entre dans les autres pièces, comme le chapitre, qui est l'*exèdre* des anciens, le réfectoire, qui est le *triclinium,* et le jardin est ordinairement derrière tout le reste, comme il était aux maisons antiques. » Quoi qu'il en soit de ces rapprochements, on peut voir la véritable origine dans la réunion des cellules des solitaires rangées autour d'une place commune, comme dans les laures des premiers religieux de l'Orient, et plus tard dans les chartreuses. Les besoins de la vie claustrale firent le reste, en motivant des portiques couverts autour de la place, pour communiquer facilement, puis en y élevant tour à tour, l'église, le réfectoire, la salle capitulaire, etc. etc. enfin tout ce qui devenait indispensable pour de grandes réunions d'hommes ayant fait profession de vivre en frères, et de passer leurs jours dans une entière désappropriation des biens de la fortune; et toutes ces constructions partielles étant nécessairement rectangulaires, elles eurent une grande influence sur l'ensemble et la forme du plan général.

En Occident, c'est aussi sous cet aspect que se présentent les premières dispositions des abbayes de Fontenelle, de Saint-Gall, de Saint-Georges-de-Bocherville, et d'une infinité d'autres. A une époque moins ancienne, le prieuré de Saint-Martin-des-Champs, dont nous donnons le plan, fut tracé de même et indique la persistance de ces formes simples et naturelles.

N° 25. Prieuré de Saint-Martin-des-Champs, à Paris.

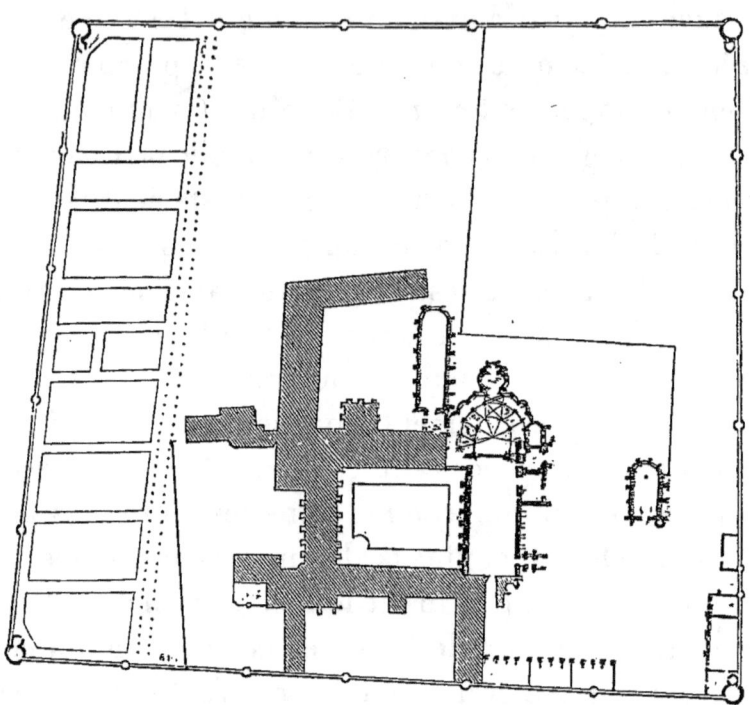

Souvent les enceintes des monastères, s'étendant par des dons ou des acquisitions limitrophes, le plan primitif s'altéra au point de devenir très-informe. Le prieuré de Saint-Martin-des-Champs, en raison peut-être de la stabilité de ses murailles militaires, conserva sa forme première ; il y en a sans doute d'autres exemples en France.

Une disposition beaucoup plus rare, appliquée au plan général des maisons religieuses, est le cercle : on trouve au nombre des gravures du *Monasticon Gallicanum* une vue de l'abbaye de Sainte-Marie-de-Souillac, qui démontre que le mur de circonscription était établi sur un plan parfaitement circulaire. Ici cette forme était symbolique, comme celle de quelques cimetières de l'Italie, qui sont enceints par un cercle, pour rappeler l'éternité[1].

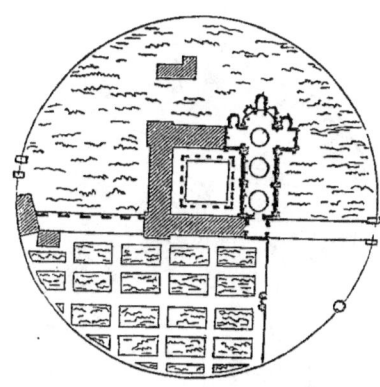

N° 26. Plan du monastère de Souillac.

Saint Angilbert, sous le règne de Charlemagne, fit construire l'abbaye de Centula ou Saint-Riquier, et lui donna la forme triangulaire en l'honneur de la Sainte-Trinité. Le cloître fut disposé de même, et à chaque angle s'élevait une église[2]. Dans chacune d'elles le nombre *trois* avait été adopté pour les autels, les *ciboria*, les ambons. Trois cents moines étaient réunis dans l'abbaye pour desservir par centaine chacune de ces trois églises, et cent jeunes enfants se divisaient en trois chœurs, pour aider les moines dans les chants sacrés[3].

---

[1] Le monastère d'Abington en Angleterre était circulaire dans l'origine : on lit dans le *Monasticon Anglicanum :* « Monasterium Abendoniæ quod struxit Heanæ primus abbas ejusdem loci tale erat : Habebat in longitudine c et xx pedes, et erat rotondum, tam in parte occidentali quam in parte orientali. »

[2] Voir pour plus de développement les Instructions d'Iconographie chrétienne par M. Didron, p. 39, et la vue du cloître de cette abbaye, plus haut à la page 27.

[3] « Claustrum monachorum triangulum factum est. Sicque fit, ut dum hic inde parietes sibi invicem concurrunt, medium spatium sub divo triangulum habeatur. Quia igitur omnis plebs fidelium sanctissimam atque inseparabilem Trinitatem confiteri, venerari et mente colere, firmiterque credere debet, secundum hujus fidei rationem in omnipotentis Dei nomine tres ecclesias principales, cum membris ad se pertinentibus, in hoc sancto loco, Domino cooperante, et prædicto domino Augusto (Charlemagne)

L'enclos des chartreux, à Paris, formait un triangle, mais sans intention symbolique.

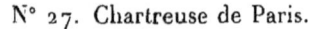

N° 27. Chartreuse de Paris.

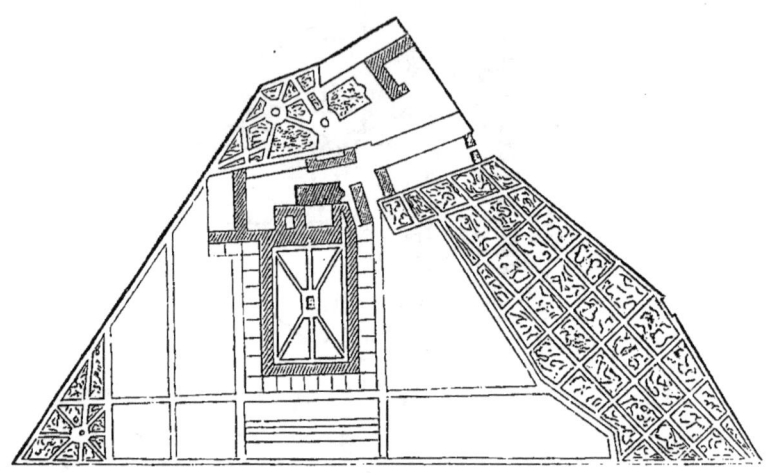

Enfin le polygone, malgré la multiplicité de ses angles, fut quelquefois adopté pour renfermer les constructions et les nombreuses dépendances d'un monastère; on en voyait un exemple remarquable au couvent des Minimes, dans le bois de Vincennes. Nous en reproduisons le plan d'après un dessin original exécuté en 1696. (Voir à la page suivante.)

juvante, fundare studuimus. (C'est Angilbert qui parle.) In ecclesia sancti Benedicti altaria parata tria; in ecclesiis vero sanctorum angelorum Gabrielis, Michaelis et Raphaelis (ces chapelles des anges étaient sans doute dans les clochers, comme à l'abbaye de Saint-Gall), altaria tria, quæ simul fiunt altaria triginta, et ciboria tria, et lectoria tria. Quapropter trecentos monachos in hoc sancto loco regulariter victuros, Deo auxiliante, constituimus. Centum etiam pueros scholis erudiendos sub eodem habitu et victu statuimus, qui fratribus per tres choros divisis in auxilium psallendi et canendi intersint; ita ut chorus Sancti-Salvatoris centenos monachos cum quatuor et triginta pueris habeat; chorus Sancti-Richarii centenos monachos, tresque et triginta pueros jugiter habeat; chorus psallens ante Sanctam-Passionem centenos monachos, triginta tribus adjunctis pueris, similiter habeat. Ea autem ratione chori tres in divinis laudibus personabunt, ut omnes horas canonicas in commune, simul omnes decantent............ »
(Acta SS. Ord. S. Benedicti, IV° siècle bénédictin, 1" partie, Vie de saint Angilbert.)

N° 28. Minimes de Vincennes.

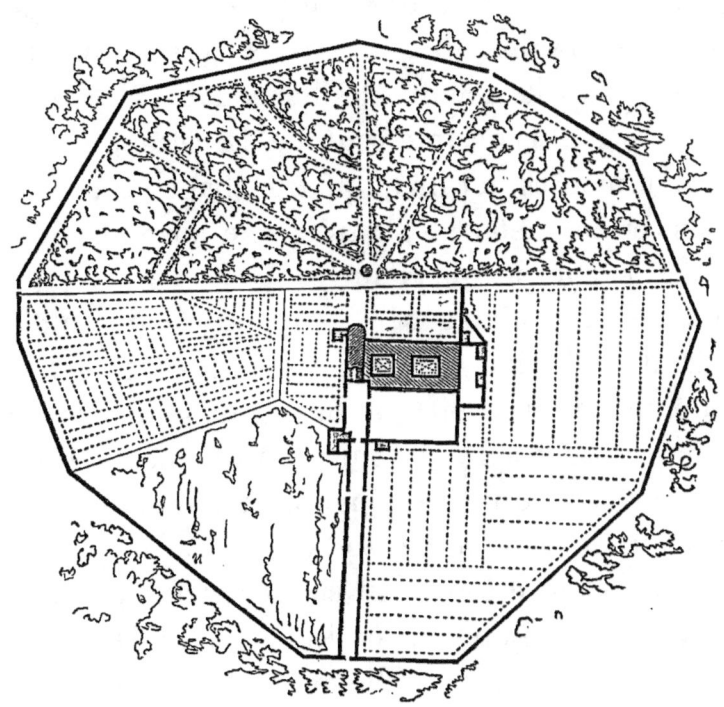

Dans les plans généraux de formes variées et géométriques dessinés ici, les bâtiments réguliers, c'est-à-dire les cloîtres et toutes les grandes constructions environnantes, s'élevaient, suivant la règle des ordres religieux, dans le voisinage de l'église, et occupaient la partie la plus en évidence, et fréquemment le centre de l'enceinte; la maison abbatiale, située vers l'abside de l'église, était accompagnée d'un jardin particulier; le reste du terrain présentait les vergers et les promenades de la communauté.

Certaines abbayes avaient l'aspect et l'étendue de petites villes fortifiées; celle de Saint-Médard de Soissons était de ce nombre. Trois enceintes différentes formées, soit par de simples fossés pleins d'eau courante, soit par des murailles accompagnées de tout l'appareil militaire, en défendaient l'approche. On devait franchir, pour arriver au monastère et à sa principale église, trois bastilles ou portes fortifiées précédées de ponts-levis. L'église abbatiale, trois églises secondaires, de nombreuses chapelles, toutes les dépendances et les lieux réguliers occupaient l'enceinte centrale. La seconde clôture renfermait d'immenses jardins, quatre chapelles, de grandes habitations et des métairies; la troisième formait une île enveloppant, en partie, les deux autres [1].

Fréquemment le plan général, ou plutôt la ligne d'enceinte qui en fixait les limites, ne renfermait pas toutes les dépendances du monastère, soit que des acquisitions ou des dons limitrophes eussent agrandi, sur un même lieu, les domaines de la maison, sans qu'on eût jugé nécessaire de les renfermer dans une muraille commune, soit que, dès l'origine, par économie ou toute autre cause, on eût renoncé à la dépense d'un mur d'enceinte enveloppant toutes les terres. On ne vit guère que les grandes abbayes richement dotées par les rois qui purent renfermer dans leurs murs une grande surface; les prieurés et autres maisons secondaires dépendant d'une abbaye mère, et nés en général d'une métairie, n'avaient communément, comme une ferme, d'autre enceinte extérieure que les limites mêmes des bâtiments réguliers, les moyens de défense s'établissant directement sur ces constructions, comme nous en donnons un exemple plus loin, la Bénissons-Dieu. Dans ces cas particuliers, il n'y avait pas d'autre plan général que l'ensemble formé par l'église et les bâtiments claustraux, les terres libres les environnaient. Si, contrairement à ce que nous venons de dire, les terres appartenant à une abbaye

---

[1] Voir le dessin publié par M. A. Du Sommerard dans son ouvrage intitulé : *Des Arts au moyen âge*, chap. IV.

étaient entourées de murailles et se trouvaient séparées par une route qu'on n'avait pu détourner, un pont couvert, établi par-dessus cette voie, reliait les deux propriétés et permettait de communiquer librement d'un terrain dans l'autre, sans être vu de ceux qui circulaient sur la route; on en voit un exemple à l'abbaye de Maubuisson, auprès de Pontoise; il date du XVIᵉ siècle. Les textes signalent de ces ponts dans les villes par-dessus les rues; il y en avait un en bois à Soissons.

N° 29. Pont à Maubuisson.

N° 30. Pont de l'Abbaye de Notre-Dame, à Soissons.

Tous les plans généraux des monastères donnent lieu à une remarque importante relative à la position de l'église : en général elle était placée de telle sorte, que le public pouvait y entrer facilement sans communiquer, en aucune façon, avec les religieux; la façade et les entrées principales étaient donc, le plus souvent, dans le voisinage de l'enceinte extérieure du monastère, si elles n'étaient sur le même alignement, ce qui n'eut lieu qu'aux époques très-rapprochées de nous, et lorsqu'on renonça à toute espèce d'enceintes fortifiées. Quand, par une cause particulière à la localité, on ne pouvait placer la façade de l'église au fond d'un *atrium* ou parvis voisin de la porte principale de l'abbaye, comme à Saint-Denis, à Cluny, et dans la plupart des maisons religieuses, on facilitait l'accès du temple par un couloir, une rue prolongée à travers les constructions, de manière à guider le public jusqu'au parvis ou au porche, sans qu'il pût dévier dans sa route et communiquer avec les habitants du monastère. Le plan de l'abbaye de Saint-Gall présente cette disposition particulière; on lit ces mots dans le chemin qui conduit à l'église :

> Omnibus ad scm turbis patet hæc via templum
> quo sua vota ferant unde hilares redeant.

Nous en voyons d'autres exemples à Souillac, aux Chartreux de Paris, dont les plans généraux sont reproduits plus haut; il arrivait quelquefois aussi que l'église n'avait pas sa façade vers l'entrée du monastère, et qu'elle se présentait par le côté ou par l'abside. Saint-Germain-des-Prés (voir à la page 30), Notre-Dame-de-Livry, et quelques autres étaient dans ce cas particulier.

Quant à la place occupée par le cloître et les lieux réguliers, relativement à l'église, elle ne paraît pas avoir été fixée par une règle absolue : ces constructions occupent tantôt le nord tantôt le midi du temple; le choix restait probablement à la volonté du fondateur, qui se déterminait par quelque raison locale. Au couvent de Saint-François-d'Assise, le cloître des religieux est placé derrière l'abside de l'église, ce qui est fort rare.

## 2° ENCEINTE.

L'enceinte présentait :

A. Les fossés, les murailles, les tours et échauguettes, les travaux avancés.

B. Les portes non fortifiées.

C. Les portes fortifiées.

### A. FOSSÉS, MURS, TOURS, ÉCHAUGUETTES, TRAVAUX AVANCÉS.

Les monastères de l'Égypte furent construits, dès l'origine, de manière à offrir au besoin des moyens de défense comme de petites forteresses. Les murs extérieurs du couvent Blanc sont en glacis, à l'instar de ceux des édifices antiques de cette contrée; M. Denon, en le décrivant, dit qu'avec un machicoulis sur les portes et quelques pièces de canon sur les murailles on s'y défendrait très-bien [1]. Sur les bords du lac de Natron, les monastères présentent des murailles sans ouvertures; au dedans de l'enceinte s'élève une espèce de petit fort entouré de fossés, avec un pont-levis: c'est là que les moines se retirent quand les Arabes parviennent à forcer la première muraille [2]. Sur le mont Athos, les monastères grecs ressemblent aussi à des châteaux forts : ils sont entourés de murailles crénelées et de tours; on n'y entre qu'après avoir franchi plusieurs défilés coupés en zigzag. Au point le moins accessible s'élève une tour plus haute que les autres, qu'on appelle *la grande tour*, c'est le donjon [3]. Indépendamment de leurs fortifications, les religieux de l'Athos possèdent, en dehors de l'enceinte des monastères, un arsenal où ils renferment les armes et les agrès de leurs petits navires [4].

En Occident, les fondateurs paraissent avoir négligé originairement et durant toute la période mérovingienne, les moyens de défense employés d'abord par les Orientaux. Toutes les anciennes maisons religieuses de l'Italie présentent de simples murailles sans fortifications; il en fut de même en France

---

[1] Denon, *Voyage dans la basse et haute Égypte.*
[2] Sonnini, *Voyage dans la basse et haute Égypte.*
[3] Didron, *Voyage au mont Athos.— Annales,* 1846, p. 138.
[4] Voir le dessin du Rossicon, n° 20.

et dans le Nord : le peu de résistance que les Normands trouvèrent à la porte de nos monastères et le plan de l'abbaye de Saint-Gall le prouvent suffisamment. Ce ne fut donc qu'après la retraite de ces dévastateurs qu'on songea sérieusement à se fortifier.

De ce moment, lorsque les limites d'un monastère étaient déterminées, on creusait un fossé dans toute leur étendue, si la maison religieuse était située de manière à être exposée à des attaques; les murailles s'élevaient au delà. Il y a des exemples de fossés établis longtemps après la fondation de la maison religieuse, et pour se préparer contre des événements imprévus d'abord : c'est ce qui arriva à l'égard de l'abbaye de Saint-Germain-des-Prés, dont Charles V fit fortifier l'enceinte par de nouvelles constructions et par des fossés plus étendus, lorsqu'il se disposait à faire la guerre aux Anglais, en 1368. L'abbaye était située, à cette époque, en dehors de l'enceinte de ville élevée sous Philippe-Auguste. On trouvera, dans les Instructions du comité des arts et monuments relatives à l'architecture militaire, quelles étaient les diverses conditions que devaient présenter les fossés de défense pendant le moyen âge.

Les murailles fortifiées qui s'élevaient autour des monastères, ne présentant pas la même importance militaire que les enceintes des villes ou des châteaux forts, étaient d'une épaisseur beaucoup moindre, qu'elles fussent ou non précédées d'un fossé; ce n'était généralement qu'un bon mur en pierres surmonté de créneaux; de nombreux contre-forts en consolidaient la construction, soit en dedans, soit en dehors de l'enceinte. Nous donnons ici le dessin d'une partie de la muraille septentrionale du monastère de Maubuisson, situé auprès de Pontoise; elle est soutenue par des contre-forts.

N° 31. Enceinte de Maubuisson.

Quelques tours principales, généralement cylindriques, et situées aux angles saillants ou rentrants, pouvaient recevoir des hommes d'armes en cas d'attaque; des tournelles ou échauguettes étaient distribuées sur l'étendue des murailles. Les tours situées aux angles de l'enceinte de Maubuisson et dont nous donnons ici des dessins font voir comment on pouvait s'y placer pour la défense, ou pour faire le guet. La porte d'entrée, pratiquée dans l'angle rentrant des deux murs, donne accès à un escalier à vis conduisant à une plate-forme disposée de manière à permettre d'approcher des ouvertures percées au sommet de la tour. Deux de ces baies sont dirigées dans le sens des murailles, pour que l'œil puisse en parcourir toute l'étendue; la troisième est ouverte sur la campagne.

N° 32. Tour de l'enceinte de Maubuisson.

On voit encore à Sept-Fonds, en Bourbonnais, abbaye cistercienne du xiiᵉ siècle, un mur d'enceinte assez complet, quoique modernisé. Il présente des tournelles situées à des distances irrégulières. Au xiiiᵉ siècle ce système de fortifications était en usage; Mathieu de Vendôme, abbé de Saint-Denis, fit faire une enceinte composée de bonnes murailles portant de petites tournelles, en 1281[1]. Dans les fortifications des monastères, comme dans celles des villes, les tours prirent toutes les formes nécessitées par la défense : on en voit dont le plan est un carré, un polygone, ou toute autre figure géométrique. Nous renvoyons au volume des Instructions militaires précédemment publiées par le comité des arts.

Le plan du prieuré de Saint-Martin-des-Champs, à Paris, dont nous donnons la gravure page 49, présente de nombreuses tours rondes situées sur l'étendue des murailles. A chacun des quatre angles s'élève une tour plus grosse que les autres, et accompagnée d'une tournelle contenant un escalier qui servait à monter aux courtines. On voit encore rue Saint-Martin une de ces constructions protégeant les angles de l'enceinte; à l'est de cette tour, une des tournelles qui étaient distribuées dans la longueur de la muraille septentrionale s'élève au fond d'une propriété de la rue du Vert-Bois, et se présente du côté intérieur de la muraille du prieuré, devenu le Conservatoire des arts et métiers, comme elle est figurée à la page suivante au n° 34. Une coupe de la muraille d'enceinte, jointe au dessin, fait connaître les dimensions des créneaux et celles du chemin de ronde sur lequel on pouvait faire le tour du monastère en traversant toutes les tournelles.

N° 33. Fragment conservé de l'enceinte de Saint-Martin-des-Champs.

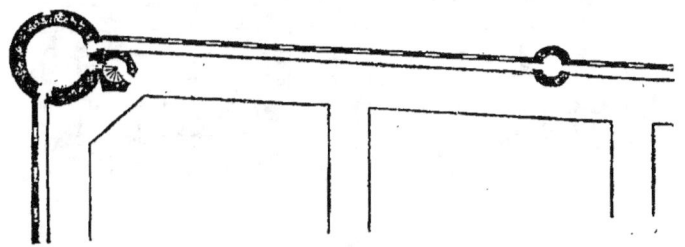

---

[1] Dom Félibien, p. 253, *Histoire de l'abbaye de Saint-Denis*.

N° 34. Tournelle de Saint-Martin-des-Champs, à Paris.

Ici sont reproduits, d'après le *Monasticon Gallicanum*, deux enceintes : 1° du prieuré de femmes situé à Argenteuil, auprès de Paris; on y voit une tour ronde contre laquelle s'appuient les murailles crénelées; au delà est un contre-fort s'élevant plus haut que les merlons.

N° 35. Enceinte du prieuré d'Argenteuil.

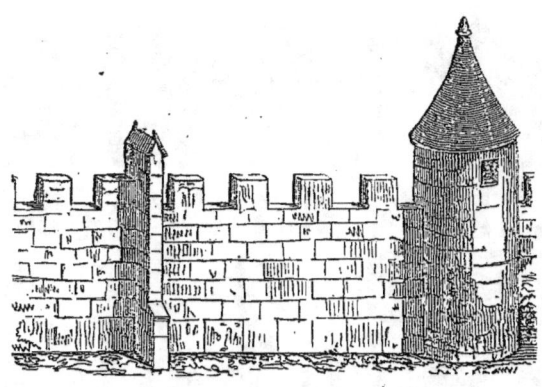

2° Le second fragment appartient au grand monastère de Marmoutier, auprès de Tours, fondé par saint Martin; il présente des échauguettes ou tournelles qui ne descendaient pas jusqu'au sol, et étaient portées par des contre-forts.

N° 36. Enceinte de Marmoutier.

Des bâtiments de dépendances s'élevaient fréquemment contre l'enceinte des monastères, nous en donnons ici un exemple.

N° 37. Constructions appuyées contre le mur d'enceinte fortifié.

Les tours situées sur l'enceinte des monastères de l'Orient, et particulièrement du mont Athos, sont très-importantes par leur construction; elles peuvent recevoir de l'artillerie; chacune d'elles est placée sous la protection, soit de la Vierge, des Archanges ou des Apôtres, soit de quelque saint ou martyr particulier à la Grèce, tels que saint Spiridion, saint Denis l'Aréopagite, saint Constantin, saint Démétrius. Ordinairement la plus importante et la plus élevée de ces constructions est consacrée aux Archanges et, comme dans les clochers de Saint-Gall et de plus d'une abbaye du moyen âge, on leur éleva des autels au sommet de ces tours. On pourrait peut-être retrouver quelques traces de cet usage dans les monastères de la France, l'Orient ayant conservé les traditions anciennes.

Nous avons indiqué, à la page 56, que les monastères de l'Égypte, de la Grèce et du mont Athos, présentent sur leur enceinte ou vers le milieu du terrain qu'elle enveloppe, une tour principale servant de retraite en cas d'attaque, et analogue au donjon des châteaux et des places fortes; les fondateurs des maisons religieuses de l'Occident prenaient de même, dans certaines localités, de pareilles précautions militaires : ce fut particulièrement pour les monastères construits à proximité des côtes maritimes, et exposés, durant tout le moyen âge, aux pirateries des Sarrasins et des Barbaresques, qu'on se protégea de la sorte contre les surprises.

Un donjon remarquable fut construit en 1088 par Aldebert II, abbé du monastère de Saint-Honorat, dans l'île de Lérins, pour garantir cette maison des corsaires. Ce donjon avait la forme d'une haute et grosse tour bâtie sur le rocher; les pierres étaient taillées en pointe de diamant. Situé au midi de la maison religieuse, il présentait d'abord un corps de garde établi auprès d'une première porte; une seconde clôture menait à un escalier, au bout duquel un pont-levis précédait la grande porte de la tour. Là se présentait un escalier étroit et obscur au sommet duquel un palier donnait entrée, à gauche, au logement des soldats, à droite, à des habitations de religieux, disposées sans doute pour les réunir en cas d'attaque; on pouvait, du premier étage, communiquer à l'église du monastère. Un second étage contenait le dortoir, puis la bibliothèque. Quatre-vingts chambres, avec un cabinet chacune, étaient disposées dans cette tour, ainsi que des caves, des cuisines et offices, puis des greniers surmontés d'une plate-forme de défense sur laquelle on mit plus tard des pièces de canon. Les logements des soldats n'avaient nulle communication avec ceux des religieux, de sorte qu'ils ne pouvaient se gêner réciproquement.

Les monastères situés dans les pays montueux pouvaient être protégés, sur une partie de leur enceinte, par des escarpements naturels; mais là où le terrain aplani devenait facilement accessible, on plaçait un donjon, comme celui que nous venons de citer, ou un castillet, petit château fort plus complet qu'une simple tour. On voit aux environs de Pithiviers, à Yeure-le-Châtel, les restes du prieuré de Saint-Gault, qui était ainsi protégé à la partie faible de son enceinte.

Lorsqu'une guerre menaçait le pays où étaient situées les maisons religieuses, on armait leurs fortifications comme on le faisait pour les villes. Des hourds étaient établis sur le sommet des tours; nous en reproduisons deux exemples d'après un ancien dessin de François Stella; il représente l'abbaye de la Bénissons-Dieu, fondée par saint Bernard dans le Forez, diocèse de Lyon, auprès de Roanne.

N° 38. Abbaye de la Bénissons-Dieu.

N° 39. Tour de la Bénissons-Dieu.

On trouve dans le dictionnaire de Jean de Garlande, écrit au XIII° siècle, un article n° XLVIII qui s'applique aux travaux qui se faisaient aux fortifications en temps de guerre. Il parle du siége de Toulouse, et dit : *Vidi..... turres et propugnacula tabulata et craticula ex cratibus erecta :* « J'ai vu des tours et des remparts planchéiés, et des parapets doublés et fabriqués avec des claies. »

Dans les deux dessins qui précèdent, les hourds sont construits en charpente, les bois disposés en croix devaient servir à clouer les planches dont parle Jean de Garlande, pour former au sommet des tours un rempart suffisant contre les traits des assaillants, et qu'on pouvait réparer promptement et d'une manière plus facile que de la maçonnerie. Nous renvoyons pour plus de détails aux Instructions d'Architecture militaire publiées par le comité des arts.

Devant la porte des abbayes, on établissait quelquefois des constructions militaires avancées, de manière à rendre plus difficile l'approche des assaillants, comme on l'aurait fait devant une place de guerre : c'étaient des barbacanes précédant les fossés et les ponts-levis, et qui, en cas d'attaque, devaient donner le temps de se mettre en défense et de fermer les portes. On voyait un exemple remarquable de ces premiers travaux militaires à Saint-Jean-des-Vignes, à Soissons. Cette maison de chanoines réguliers, qui était située auprès des fortifications de la ville, *intra muros*, devait sans doute à cette position les nombreuses constructions militaires qui la défendaient : ainsi, après avoir dépassé la barbacane, on avait à franchir deux portes ou bastilles très-rapprochées l'une de l'autre, et fortifiées avec soin; ces ouvertures, placées dans un angle rentrant, étaient encore protégées par les murailles crénelées du voisinage, et par de nombreuses tourelles placées sur les contre-forts répartis dans leur étendue. Les barbacanes avaient aussi pour but de mettre à couvert un point important, situé à peu de distance des murs, un pont par exemple. On lit dans Joinville, page 122 : « Le Roy fit faire une barbacane devant le poncel, en manière qu'on pouvoit entrer dedans par deux côtés tout à cheval..... etc. » La barbacane dont nous donnons ici le dessin protége un poncel ou petit pont. (Voir, à la page suivante, le dessin n° 40.) Ces constructions avancées qu'on établissait au moyen âge en avant d'une place équivalaient aux travaux qu'on nomme *tête de pont, demi-lune* dans les fortifications modernes.

N° 40. Barbacane à Saint-Jean-des-Vignes, à Soissons.

B PORTES NON FORTIFIÉES.

Durant la première période du moyen âge, celle qui précéda en Occident les invasions normandes, l'architecture chrétienne de nos contrées était, comme on le verra plus loin, dans une voie d'imitation de l'art romain. La décoration des portes de monastères offrait alors d'étroits portiques composés de deux ou de quatre colonnes monolithes en marbre ou en granit supportant un arc construit en briques et surmonté d'un fronton. La France n'a pas conservé de ces portes d'antiques monastères, mais l'Italie en possède, et la ville de Rome particulièrement en réunit un grand nombre; nous en reproduisons deux exemples que nous y avons recueillis; ils sont situés, l'un, n° 42, devant l'atrium de Saint-Clément, l'autre, n° 43, sur l'enceinte du monastère de Sainte-Praxède. Les plus importants ensuite sont ceux de Saint-Côme et Saint-Damien au Transtevère, de Saint-Sabas, de Saint-Vincent et de Saint-Anastase hors les murs, etc. La période Carolingienne maintint quelque temps l'architecture du Nord dans cette voie d'imitation de l'art romain. M. Moller a publié l'entrée du monastère de Lorsch, fondé en 776 auprès d'Heidelberg; nous en donnons ici un dessin correct. C'est l'exemple le plus ancien qui se soit conservé en deçà des Alpes.

N° 41. Porte du monastère de Lorsch. (Style latin.)

N° 42. Vue de la porte du monastère
de Saint-Clément. (Style latin.)

N° 43. Vue de la porte du monastère
de Sainte-Praxède. (Style latin.)

N° 44. Porte du Zographe,
monastère du mont Athos. (Style byzantin.)

Les portes des monastères byzantins sont, comme celles de l'Occident, précédées fréquemment d'un petit porche, ainsi qu'on le voit au précédent dessin, n° 44, et à celui que nous avons placé plus loin au n° 50. Ils sont reproduits l'un et l'autre d'après les gravures qui se trouvent au mont Athos.

En Orient ainsi que dans les contrées occidentales, le petit porche couvert n'était pas rigoureusement établi devant toutes les entrées des monastères anciens : il suffit de citer le Megapyleon en Morée, et les maisons religieuses de Sainte-Agnès, de Sainte-Sabine et de Sainte-Cécile, etc. etc. à Rome.

A l'époque où brillait l'architecture romane, certaines portes de monastères eurent, plus qu'à tout autre moment, quelque analogie avec la décoration des entrées de villes antiques; il nous suffira de citer celle de l'Abbaye aux Dames, à Caen, détruite il y a peu d'années, et la porte principale de l'abbaye de Cluny, qui est gravée à la page suivante d'après l'ouvrage publié par M. Lorrain, sur ce célèbre monastère[1]; elle a été disposée comme les portes romaines de la ville d'Autun, située dans la même contrée. On y retrouve la double entrée, puis la petite galerie ouverte au-dessus; ces imitations de l'art antique, fréquentes, ainsi que nous l'avons observé plus haut, avant et durant la période Carolingienne, devinrent plus rares aux XI$^e$ et XII$^e$ siècles, puis disparurent complétement pendant la durée du système ogival, ce qui se conçoit facilement. L'architecture romane, composée de masses pesantes surmontées d'arcs en plein cintre, ne sortait pas, à cet égard, du principe de l'art précédent, et pouvait s'inspirer de ses formes générales, tout en modifiant les détails; l'art ogival, au contraire, suivit une route différente et dut créer des dispositions nouvelles.

---

[1] Abbaye de Cluny avec lithographies, Lorrain, Paris-Dijon, 1839.

N° 45. Porte de l'abbaye de Cluny. (Style roman.)

Pendant la période romane, les portes des monastères pouvaient être établies dans de simples bâtiments carrés, sans tours et sans ornements, destinés seulement à soutenir les ponts-levis et à loger un portier; c'est ainsi qu'était celle de l'abbaye de Saint-Benoît-sur-Loire; elle offrait en particulier deux ponts-levis égaux en largeur, cas assez rare, puisqu'ils étaient ordinairement établis devant deux ouvertures inégales, comme nous l'avons indiqué dans les Instructions de l'Architecture militaire. Cette porte datait probablement du $xi^e$ siècle, ainsi que les autres constructions de l'abbaye. On n'avait peut-être pas encore pensé alors à faire un grand pont-levis pour les chariots et un petit pour les piétons.

L'art ogival produisit de belles portes de monastères; celle des Jacobins, à Paris, était remarquable. A l'entrée de l'abbaye de Jumiége, des statues surmontaient les ogives; plus haut, deux grands arcs en plein cintre portaient un balcon à jour; trois contre-forts surmontés de pinacles soutenaient les constructions de cette porte; une tourelle située auprès contenait un escalier, et ne pouvait servir à la défense.

N° 46. Porte de l'abbaye de Jumiége. (Style ogival.)

Enfin, au commencement du XVIe siècle, tout le luxe de l'architecture de la renaissance et les arabesques les plus gracieuses se montrent à la porte de quelques monastères; on en voit des restes remarquables sur les ruines de l'abbaye de Vaux-de-Cernay, auprès de Chevreuse. L'entrée de la maison religieuse des Saints-Pères, à Auxerre, et dont nous publions ici un dessin, offre toute la richesse de l'architecture de la renaissance.

N° 47. Porte des Saints-Pères à Auxerre. (Style de la renaissance.)

# ARCHITECTURE MONASTIQUE.

Sur des portes de monastères on représentait, par la sculpture, la peinture ou la mosaïque, quelque sujet qui pût indiquer à quel ordre appartenaient les religieux ou à quel saint ils devaient leur fondation. On voit à Rome, sur le mont Cælius, la porte du couvent des frères du rachat des esclaves : une mosaïque y représente Jésus-Christ entre deux captifs enchaînés : l'un est blanc, l'autre nègre.

N° 48. Mosaïque sur la porte des frères du rachat des esclaves, à Rome.

Au-dessus de la porte du monastère de Marmoutier, fondé par saint Martin, le fondateur était représenté à cheval; il l'est de même sur celle de l'abbaye de Saint-Martin d'Auchy auprès d'Aumale. (Voir les n°s 49 et 54.)

N° 49. Porte de Marmoutier.

Aux Mathurins de Paris, on voit encore dans le fronton, des cerfs accompagnant un écusson, en mémoire de la vision de J. de Matha, fondateur de l'ordre. Sur le tympan d'une des portes de l'église des Grands-Carmes de Paris, une vaste peinture représentait saint Louis sur les côtes de Syrie, embarquant sur sa flotte des religieux du mont Carmel pour les amener en France.

Des inscriptions plus explicites encore que la plastique étaient placées aussi sur les portes, dans les frises des portiques, ou sur quelque autre partie apparente, pour conserver le souvenir des principaux faits relatifs à la fondation ou à la réédification des monastères. On lit ces mots sur le porche de Saint-Vincent-Saint-Anastase, à Rome :

INNOCENTIVS II PONT. MAX. EX FAMILIA ANICIA PAPIA ET PAPARESCA NVNC MATTEIA S. BERNARDI OPERA SVBLATO ANACLETI SCHISMATE EIDEM AC SVIS CISTERCIENSIBVS HOC A SE RESTAVRATVM MONASTERIVM DONO DEDIT ANNO DOM. MCXL.

## C. PORTES FORTIFIÉES.

Quand après les invasions normandes et sarrasines on reconstruisit les monastères incendiés, on dut songer à les protéger contre de nouvelles attaques; nous avons indiqué précédemment combien, à partir du xie siècle, on réunit de moyens de défense sur les enceintes; on agit de même, à plus forte raison, pour les ouvertures qui servaient d'entrée. Les portes étaient ordinairement pratiquées entre deux tours; un pont-levis, une herse pouvaient, en cas de besoin, les fermer. C'est ainsi qu'était protégée la porte papale, ouverte exprès dans le mur de l'enceinte de l'abbaye de Saint-Germain-des-Prés, à Paris, en 1163, lorsque le pape Alexandre III consacra l'église; un pont-levis s'abattait sur le fossé. Le parvis de l'abbaye royale de Saint-Denis offrait de même une porte militaire située directement devant l'église; on en voit une représentation dans le *Monasticon Gallicanum.* Les fondations des tours ont été retrouvées, de nos jours, dans une fouille. Cet exemple est une preuve que dans l'enceinte même des villes on ne négligeait pas de fortifier les maisons religieuses.

Dom Doublet, historien de l'abbaye de Saint-Denis, en 1625, décrit ainsi la porte du monastère : « Laquelle porte de l'abbaye est très-belle, ayant deux grosses tours bien flanquées, pavillons et tournelles, le tout de pierre, et aussi tout le devant pareillement de pierre, où il y a une harce de peur de surprise, et anciennement il y avait un pont-levis devant que d'entrer à l'abbaye. »

La porte byzantine d'Ivirôn, au mont Athos, est défendue par des tours. (Voir le n° 50.)

La porte principale de l'abbaye de Tournus offrait un appareil militaire complet. (Voir le n° 51.)

N° 50. Porte d'Ivirôn, monastère du mont Athos.

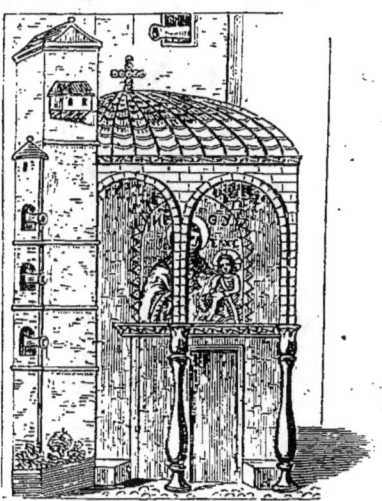

N° 51. Abbaye de Tournus.

Au XIII<sup>e</sup> siècle, le monastère de Saint-Jean-Baptiste, à Laon, avait une porte défendue seulement par deux tournelles ou échauguettes situées à une grande hauteur.

N° 52. Porte de l'abbaye de Saint-Jean-Baptiste, à Laon.

Au xiv<sup>e</sup> siècle, lorsque Charles V ordonna à l'abbé Richard de compléter les fortifications de l'abbaye de Saint-Germain-des-Prés, à l'occasion de la guerre de 1368, la porte principale du monastère placée à l'orient, du côté de Paris, fut surmontée de créneaux; on y établit sans doute alors les deux ponts-levis de dimensions différentes. Nous renvoyons à la représentation donnée par dom Bouillard d'après un tableau conservé autrefois à l'abbaye, et exécuté en 1410[1].

Le monastère de Saint-Pierre de Bourgueil, en Touraine, était protégé, à son entrée, par deux portes situées l'une devant l'autre; elles pouvaient dater du xv<sup>e</sup> siècle : la première présentait deux tours octogones surmontées de créneaux, entre lesquelles étaient les ponts-levis, grand et petit; la seconde, située à une certaine distance en arrière, était pratiquée dans un bâtiment carré soutenu par des contre-forts, et contenant un petit étage.

[1] Voir la statistique de Paris. Abbaye de Saint-Germain-des-Prés. A. Lenoir.

N° 53. Porte de Saint-Pierre de Bourgueil.

L'abbaye de Saint-Médard, de Soissons, comme nous l'avons dit plus haut, était précédée de trois portes fortifiées, portant chacune un ou plusieurs ponts-levis pour traverser les fossés.

Souvent les moyens de défense préparés auprès des portes des abbayes consistaient seulement en machicoulis, disposés au-dessus des ouvertures grande et petite pratiquées dans le mur d'enceinte pour donner accès dans la maison. On en voit des exemples depuis le XII$^e$ siècle jusqu'au XV$^e$. Ce moyen de protéger l'entrée des maisons religieuses devait être employé plutôt dans les villes qu'*extra muros;* on en rencontre cependant à la campagne; dans ce cas, on peut expliquer l'absence de moyens de défense plus énergiques, soit par le peu de ressources des monastères, soit par la date de la construction, qui peut coïncider avec une époque de calme politique.

Il nous suffira de citer ici deux de ces portes protégées seulement par de simples machicoulis. L'une, située à la campagne, existe encore à l'enceinte de l'abbaye de Saint-Leu-d'Esserent sur les bords de l'Oise, auprès de Beaumont; elle a été trop souvent reproduite par la gravure pour qu'il soit nécessaire d'en donner ici un dessin; une autre porte, qui offrait beaucoup d'analogie avec celle-ci, se voyait encore, il y a environ quarante ans, à l'entrée de la maison des Cordelières de la rue de l'Oursine, à Paris. Il en existe un dessin de Garnerey.

Au commencement du $xvi^e$ siècle on construisit encore quelques portes de monastères accompagnées de tours de défense, et protégées par des fossés et des ponts-levis. On voit auprès d'Aumale les restes de la porte de l'abbaye de Saint-Martin-d'Auchy, qui offre toute la richesse de l'architecture et de l'ornementation sculptée de la période dite *renaissance de l'art;* nous en donnons ici un dessin pour compléter la série des portes militaires. (Voir le n° 54.)

A cette époque les maisons religieuses furent fréquemment dépourvues d'enceintes fortifiées, probablement parce que la société monastique perdait chaque jour de son antique puissance, contre laquelle les idées du siècle s'élevaient fortement. Cette suppression des murs de clôture et de leur appareil militaire conduisit, tant à la ville qu'à la campagne, à élever la façade de l'église sur l'alignement des rues ou des voies de communication, comme on l'observe sur la plupart des fondations monastiques des $xvii^e$ et $xviii^e$ siècles. Dans quelques cas exceptionnels cependant, des grilles ou des murs peu élevés ceignaient encore un parvis devant l'église; le Val-de-Grâce, à Paris, en est un exemple.

N° 54. Porte de l'abbaye de Saint-Martin-d'Auchy.

En Égypte, en Syrie et en Grèce, on voit des monastères très-anciens qui n'offrent pas l'appareil militaire de l'occident, mais qui sont protégés contre les attaques extérieures par des dispositions toutes particulières; l'entrée est pratiquée à une hauteur considérable, et on y arrive, soit par des échelles de cordes qui se relèvent après l'ascension, soit en se plaçant dans un filet qu'on fait monter avec un treuil ou une poulie établis exprès. M. Denon et la commission d'Égypte ont publié les dessins du couvent Blanc et du couvent de la Poulie. Sonnini fait connaître ceux du désert de Nitrie; M. Dauzats a fait paraître des tableaux et des lithographies du monastère de Sainte-Catherine du mont Sinaï. Nous reproduisons ici deux dessins de cette maison, empruntés au numéro de l'*Illustration* publié le 7 avril 1849. La suite des vues données dans ce recueil est complète; on chercherait vainement ailleurs une semblable réunion de gravures. (N°⁵ 55 et 56.) C'est à M. Didron, auteur des Annales archéologiques, qu'on doit les descriptions accompagnées de vues, des *Météores,* couvents situés sur les limites de la plaine de Pharsale, en Thessalie, au sommet de rochers en aiguilles [1]. Toutes les maisons religieuses que nous citons ici sont dans le même cas à l'égard de leur entrée, pratiquée à une grande élévation.

Des monastères de l'orient, qui ne sont abordables aujourd'hui que par une fenêtre, n'ont pas toujours été dépourvus de portes. On reconnaît sur les murs de celui de Sainte-Catherine au mont Sinaï, qu'une grande ouverture, murée maintenant, servait autrefois d'entrée; en 1598 et en 1647 elle était encore ouverte lorsque Haraut de Polschitz et Monconys visitèrent cette maison religieuse; mais les moines, pour se préserver des incursions des Arabes, n'entraient plus que par le moyen du treuil vers la fin du XVII° siècle [2].

---

[1] *Annales archéologiques,* 6° livraison, octobre 1844.
[2] *Voyage du baron Taylor en Syrie,* t. I, p. 304.

N° 55. Vue du monastère de Sainte-Catherine.

Les monastères coptes du désert de Nitrie en Égypte étaient dans le même cas que celui du Sinaï, mais à une époque qu'on ne peut préciser et qui est probablement plus ancienne. Celui qu'on nomme *Zaïdi el Baramous* présente les traces d'une grande entrée qui est entièrement murée; un guichet fort étroit, réservé par le bas de cette ancienne ouverture, est fermé par une petite porte en fer qui ne s'ouvre que deux ou trois fois dans l'année, pour recevoir les provisions, qu'il serait trop long de monter par la poulie destinée à introduire les moines et les voyageurs [1].

[1] *Voyage dans la haute et basse Égypte*, par Sonnini, t. II, p. 179.

N° 56. Treuil pour faire monter les voyageurs.

Un religieux, grand prévôt, portier, *portarius, ostiarius, portitor, janitor*, logeait auprès de la porte de l'abbaye pour surveiller tout ce qui s'y passait. Sous ses ordres étaient un prêtre séculier appelé *le clerc de la porte*, et un serviteur pour l'ouvrir

et la fermer. « Ad portam monasterii ponatur senex, qui cellam
« debet habere juxta portam ut venientes semper præsentem
« inveniant, a quo responsum accipiant. » (*Règle de saint Benoît.*)

N° 57. Plan de l'entrée de Saint-Martin-des-Champs.

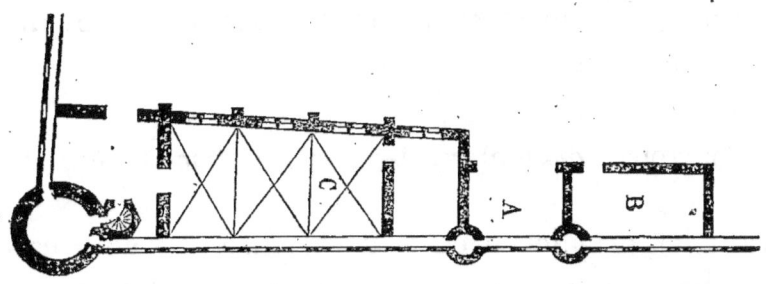

A. Porte.   B. Logement du portier.   C. Chapelle Saint-Nicolas.

Du Cange, au mot *Abbates milites*, fait entendre que les fortifications des abbayes étaient défendues, en cas de guerre, par des abbés militaires, abbés chevaliers, seigneurs laïques, qui, moyennant certains droits sur les domaines des abbayes, prenaient soin de les protéger. « Abbates milites, dicti laïci milites,
« qui certa abbatiarum et monasteriorum bona possidebant,
« eoque nomine ad earumdem ecclesiarum protectionem et tui-
« tionem tenebantur. » On nommait *captennium* le droit qu'ils exerçaient sur les biens.

L'abbé et le monastère choisissaient ces défenseurs de leur église et de leurs terres; ils chargeaient quelquefois de ce soin un prince puissant : les comtes de Montfort furent nommés abbés militaires de Moissac en 1212, le 14 septembre; les comtes de Toulouse le furent en 1284. Les moines avaient aussi sous leur dépendance des *milites*, chevaliers et officiers dont les fiefs étaient cédés aux abbayes, auxquelles ils devaient, en raison de cela, le service militaire et obéissance à l'abbé; ainsi, on lit dans l'histoire de l'abbaye de Saint-Bertin, à l'occasion de réformes intérieures et des prétentions de Cluny, qui troublèrent longtemps la paix de ce monastère, que l'abbé Lambert, au XIe siècle, poussé à bout par l'insubordination des religieux, sortit un jour de l'enceinte, réunit secrètement ses chevaliers, se mit à leur tête, et rentra dans la maison les armes à la main ; on se saisit des rebelles, et on les dispersa dans diverses églises [1].

3° ORATOIRE, *ORATORIUM;* BASILIQUE, *BASILICA, ECCLESIA.*

Durant les premiers siècles de l'Église, les édifices destinés au culte se divisaient en plusieurs classes, établies chacune sur une destination spéciale [2] : on nommait oratoires, *oratoria,* les édicules consacrés à la prière; temples, *templa,* les monuments où l'on offrait à Dieu le saint sacrifice; basiliques, *basilicæ, memoriæ,* les édifices élevés sur les restes mortels des martyrs [3] ; églises, *ecclesiæ,* du grec ἐκκλησια, assemblée, ceux qui servaient à réunir les fidèles pour entendre la parole de Dieu. Les moines n'élevèrent d'abord que des *oratoires,* puis, lorsqu'ils remplacèrent ces chapelles par des édifices plus étendus et plus durables, ils les nommèrent *basiliques* [4].

Les chartes et autres actes du moyen âge désignent quelquefois l'église des monastères, comme la maison religieuse elle-même, par les mots *cœnobium, monasterium, moustier* [5]; on les y trouve aussi pour indiquer une église collégiale ou une

---

[1] *Histoire de l'Abbaye de Saint-Bertin,* préface du Cartulaire publié par M. Guérard, Paris, 1840.

[2] Bellarmin, *de Cultu sanct.* t. II, liv. III, ch. IV.

[3] Du Cange, *de Lege salica,* t. I, p. 183.

[4] D. Martenne, *Voy. litt.* t. II, p. 13; Mabill. *Œuvres posth.* t. II, p. 357; D. Bouquet, t. II, p. 204.

[5] *Usus monasterii Sancti Germani a Pratis,* par l'abbé Guillaume III.

paroisse[1]. On voit des exemples de ces dénominations sur les monuments eux-mêmes : le beau linteau de la porte de l'église de Saint-Genies de Fontayes, dans les Pyrénées-Orientales, le démontre par son inscription.

### ORATOIRES, *ORATORIA*.

Les solitaires réservaient dans les grottes où ils avaient fixé leur demeure un réduit pour la prière. Lorsque les populations accoururent aux ermitages, on y construisit de petites chapelles : nous en avons donné un exemple ancien, qui se voit encore auprès de Fontenelle. (Voir la planche 9, p. 9.)

Les premiers moines, quand ils s'établirent aussi dans des cavernes, y choisirent un lieu convenable à la prière commune. S'ils creusaient de leurs mains d'étroites cellules dans les roches calcaires, comme le firent sur les escarpements de la Loire les religieux guidés par saint Martin de Tours, ils pouvaient disposer eux-mêmes leur oratoire souterrain; les bords de la Creuse en conservent un parmi les excavations que firent les moines qui fondèrent au XIIe siècle l'abbaye de Fontgombaud.

On voit à Sutri un oratoire à trois nefs, entièrement creusé dans le roc : nous en donnons le plan.

N° 58. Plan de l'Oratoire de Sutri.

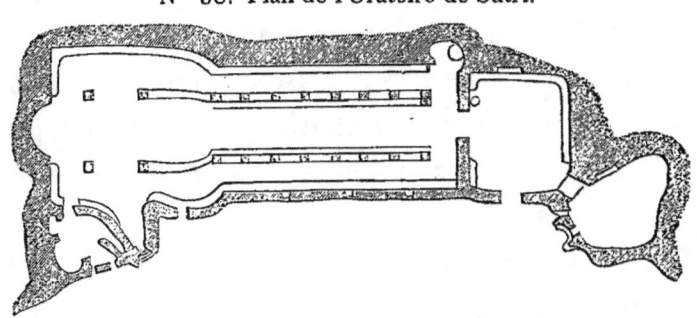

[1] Charte du roi Robert, *Archives de Sainte-Geneviève et Censier de 1248*, fol. 37.

'Bientôt les aumônes permirent d'élever auprès de ces grottes de simples et étroites chapelles qui furent, avec celles qu'on établit au milieu des laures, les premières églises monastiques. Généralement, des matériaux sans valeur formèrent les murailles de ces édifices; plus tard on les rétablit d'une façon plus durable, mais encore généralement sur des proportions peu étendues. Il suffit de lire l'histoire de la plupart des abbayes anciennes pour se convaincre de la progression successive que suivirent les constructions d'églises abbatiales : le célèbre monastère de Saint-Denis, par exemple, première abbaye de France, commença par un oratoire qu'éleva sainte Geneviève; on le remplaça par une église sous Dagobert : les proportions s'étendirent encore lorsque Pepin et Charlemagne la reconstruisirent; au $xii^e$ siècle, l'abbé Suger trouvait ce troisième édifice si insuffisant, qu'aux solennités religieuses les fidèles s'y pressaient de manière à troubler le service divin; il l'agrandit considérablement, et comme nous le voyons aujourd'hui.

Ces agrandissements progressifs des temples suivaient la marche des développements du christianisme; cela est si vrai, qu'après les luttes de l'Église, après les invasions et les déchirements politiques qui en furent la conséquence, lorsque la société monastique fut bien assise, on ne vit plus cette progression lente dans le développement des édifices religieux; les moines ou les princes furent assez riches alors, assez puissants pour élever d'immenses abbatiales du premier jet, et dès la fondation des maisons religieuses, ou bien en remplacement des premiers oratoires.

On voit en France et en Italie quelques restes d'anciennes chapelles monastiques. L'un des plus curieux de ces monuments, qui date du $viii^e$ siècle, est celui des Bénédictins de

Cividale du Frioul[1]; l'abbaye de Jumiége en Normandie possède, auprès des ruines de l'abbatiale, une église secondaire dédiée à saint Pierre, et dont la partie antérieure paraît avoir été l'ancien oratoire de la maison. Des fouilles opérées il y a vingt ans, derrière l'abbatiale de Saint-Bertin à Saint-Omer, mirent à découvert la chapelle ancienne de cette maison célèbre. On conservait religieusement à Cîteaux le premier oratoire de l'abbaye; il avait cinq mètres de largeur, le chœur n'avait que dix mètres de long[2]; l'antique église abbatiale de Saint-Quinin de Vaison n'est qu'une chapelle. A Fontgombaud, l'oratoire de Saint-Julien, bâti par Pierre de l'Étoile, premier abbé, est dans les mêmes conditions que les précédentes chapelles.

Le plan des premiers oratoires ne présentait, en général, qu'une seule nef, terminée à l'orient par une apside ou niche semi-circulaire au fond de laquelle on plaçait l'autel; les oratoires de Cividale du Frioul et de l'abbaye de Saint-Bertin se terminent carrément à l'est. L'ensemble de ces petits édifices formait un rectangle; quelquefois ils étaient construits en croix comme celui de Saint-Saturnin, à l'ermitage de Fontenelle. (Voir la planche 9, p. 9.)

### FAÇADES DES ORATOIRES.

Les chapelles que les premiers moines élevèrent auprès de leurs cellules ou des grottes qui en tinrent lieu dans certaines contrées, n'ont laissé aucune trace qui ait pu conserver jusqu'à nous le style de leur architecture. L'emploi de mauvais matériaux, le peu d'étendue qu'on donna d'abord à ces édifices, et le besoin de les remplacer bientôt, furent des causes qui les

---

[1] Voir les monuments anciens et modernes. Gailh. A. Lenoir.
[2] D. Martenne, *Voy. litt.* t. I, p. 223.

firent entièrement disparaître. Quelque peu durables cependant que fussent les matières dont firent usage les religieux constructeurs, une physionomie particulière dut s'imprimer sur leurs petits temples, auxquels, sans doute, lors même qu'ils employèrent le bois, ils cherchèrent à donner un caractère religieux, une richesse relative, qui les distinguât de leurs modestes cellules.

Isolés d'abord, et sans guides, ils durent céder à l'instinct imitatif, et s'inspirer des édifices païens qu'ils connaissaient, en s'arrêtant toutefois aux formes simples et d'une exécution facile, puisqu'ils étaient dépourvus des ressources de tous genres dont avaient pu disposer les précédents constructeurs.

On sait que dans nos contrées, généralement boisées alors, ils employèrent la charpente, qu'ils durent couvrir d'enduits façonnés suivant des formes empruntées à l'architecture romaine; et, lors même que cette charpente resta visible, ils imprimèrent à l'ensemble de l'édifice un aspect qui en indiquait le but. Les petites églises en bois de la Norwége prouvent encore aujourd'hui qu'il est possible de faire des édifices religieux avec cette seule matière.

Lorsque les moines, établis d'une manière moins provisoire, purent reconstruire leurs chapelles autrement qu'avec du bois, ils employèrent les divers modes de maçonnerie légués par l'antiquité, et bâtirent en mêlant le moellon et la brique. Les formes architecturales qu'affectèrent les édifices monastiques se ressentirent encore, comme les faibles constructions qu'ils remplaçaient, du voisinage des monuments païens; et plus tard, quand on leur substitua de vastes basiliques, l'art ancien ne cessa, pendant quatre siècles environ, d'exercer dans toute l'Europe une influence non équivoque.

### INTÉRIEUR DES ORATOIRES.

Les oratoires souterrains creusés par les moines n'offraient pas à l'intérieur, comme les hypogées des anciens, la précision, la rectitude d'exécution que pouvaient produire des civilisations avancées. Les premiers religieux, au contraire, agirent comme les chrétiens des catacombes, sans plans arrêtés d'avance; et lorsque, dans le courant du moyen âge, des ermites se réunirent et se taillèrent des oratoires dans les escarpements calcaires, ils suivirent la même marche indécise. Nous avons déjà cité celui de Fontgombaud, sur les bords de la Creuse; nous indiquerons aussi les curieuses églises souterraines de Sutri, dans lesquelles on reconnaît cependant une régularité aussi exacte que pouvait le permettre un si vaste travail. La plus importante et la mieux conservée de ces deux églises appartient à un monastère voisin; dans ce monument, les autels, les bancs et les autres meubles sont ménagés, comme les piliers, dans la masse du rocher. Le style d'architecture est nul : on n'y trouve même aucune intention de moulures; si quelques parties ont été décorées, c'est par de la sculpture grossière ou par de la peinture qui ne l'est pas moins.

Lorsque les moines élevèrent auprès des grottes, ou bien au milieu de leurs cellules formant des laures, les chapelles ou oratoires isolés qui furent les premières ébauches des églises monastiques, l'intérieur, formé le plus communément d'une seule nef, offrait une grande simplicité : le bois apparent leur servait de couverture; on en voyait aussi de voûtés en berceaux. L'oratoire des Bénédictins de Cividale du Frioul est de ce nombre; des stucs, employés, comme le faisaient les Romains, pour imiter des assises de pierre ou de marbre, étaient appliqués sur les parois intérieures : Beaufort, visitant, il y a environ un demi-siècle, la Caramanie, vit auprès du Yanar, ou feu naturel qui brûle jour et nuit sur le mont Chimeræa, et que mentionne Pline, les ruines d'une antique chapelle chrétienne : « L'intérieur, dit-il, en a été revêtu de stucs peints en compartiments de couleur rouge, blanche et jaune; on y voit des inscriptions peintes et accompagnées d'ornements curieux. *Théodule, serviteur de Dieu,* est une de ces inscriptions[1]. » Ailleurs, le marbre couvrait les murs des oratoires. Celui de Cividale était ainsi orné, suivant la chronique, « per circuitum ornatum tabulis marmoreis non paucis. » La décoration peinte fut aussi en usage, et plus fréquemment que tout autre mode.

### BASILIQUE, *BASILICA*.

Les moines, pauvres d'abord, n'élevèrent que des oratoires; mais, lorsqu'ils furent aidés par les rois ou par les fidèles, ils remplacèrent ces premières constructions par des édifices plus étendus, qu'ils nommèrent basiliques, *basilicæ*.

Les basiliques de monastères présentent comme sujet d'étude :

1° A l'extérieur,

> A. L'orientation.
> B. Le parvis.
> C. Les dispositions du plan.
> D. Les façades, comprenant le porche, les portes, les fenêtres, les tours, les toits.

---

[1] *Ann. des Voyages*, t. V, p. 46.

2° A l'intérieur,
- E. Les nefs.
- F. Les chapelles.
- G. Le chœur.
- H. Le sanctuaire.
- I. Les cryptes.

3° Dans l'ensemble,
- K. La sculpture d'ornement.
- L. Les divers modes de construction.

### A. ORIENTATION.

Les peuples de l'antiquité ont orienté leurs temples, mais ils varièrent dans la direction qui fut donnée au sanctuaire : ainsi les Grecs commencèrent par le placer à l'orient; plus tard, comme on le voit au Parthénon et au temple de Thésée à Athènes, ils prirent le parti contraire. Hygin, Frontin et Plutarque disent que les Romains tournèrent d'abord le sanctuaire à l'est comme les Grecs; il fut dirigé ensuite vers l'occident. Ce dernier système ayant généralement prévalu jusqu'à la chute du paganisme, les premiers moines le suivirent, et la plupart des basiliques primitives de Rome en fournissent la preuve. Saint-Jean-et-Paul, les Quatre-Saints couronnés, la partie primitive de Saint-Laurent hors les murs, Saint-Clément, Sainte-Cécile, sont autant d'églises de maisons religieuses dont l'entrée est dirigée vers l'orient; saint Paulin de Nole, dans sa trente-deuxième épître, indique bien positivement que tel était l'usage dans les premiers siècles chrétiens quand, parlant d'une basilique, il dit que sa façade

(*prospectus*) ne regarde pas l'orient, comme c'est l'habitude[1]. »
Sidoine Apollinaire, décrivant une église construite à Lyon
par l'évêque Patient, dit que sa façade regarde le lever du
soleil au temps de l'équinoxe. En Syrie, il en fut originairement de même : l'église que Constantin fit élever à Antioche
en l'honneur de la Vierge avait ses portes tournées vers l'est[2].
La façade de la basilique de Tyr, construite vers l'an 313,
était dirigée à l'orient.

Les Constitutions apostoliques[3] s'occupèrent de bonne heure
de régler définitivement la question importante de l'orientation
des églises, et décidèrent que le sanctuaire serait tourné vers
l'orient, ainsi que les deux sacristies qui l'accompagnaient
d'habitude dans les basiliques[4]. Les fondateurs de monastères s'en tinrent généralement à cette règle lorsqu'ils créèrent
leurs établissements soit en orient, soit en occident, après l'organisation de l'Église. De l'orientation fixe observée dans le
moyen âge il résulta fréquemment que l'entrée du monastère
ne fut pas toujours placée vers le parvis, la place donnée à
l'entrée de l'enceinte étant souvent subordonnée à la position géographique de la maison religieuse. Ainsi, lorsqu'on
s'établissait librement dans la campagne, sur des terrains vagues, rien n'était plus facile que d'ouvrir l'enceinte à l'occident pour que la porte se trouvât placée vis-à-vis la façade
de l'église; mais si l'on fondait la maison près d'une ville ou

---

[1] Paulin. Nol. ep. 32 ad Sever. « Prospectus basilicæ non, ut usitatior mos est, orientem spectat. »

[2] Ἐν Ἀντιοχείᾳ τῆς Συρίας ἡ ἐκκλησία ἀντίστροφον ἔχει τὴν θέασιν· οὐ γὰρ πρὸς ἀνατολὰς τὸ θυσιαστήριον, ἀλλὰ πρὸς δύσιν ὁρᾷ. Socrat. H. E. v. 22.

[3] *Constitutions apostoliques*, liv. II, c. LXII.

[4] Non magnopere curabant illius temporis justi, quam in partem loca converterent. Sed tamen usus frequentior et rationi vicinior habet in orientem orantes converti et pluralitatem maximam ecclesiarum eo tenore constitui. Valafrid Strabo, *de Rebus eccles.* c. IV.

sur une route ancienne qu'on ne pouvait détourner, il fallait nécessairement ouvrir l'enceinte vers la ville ou sur la route praticable; citons quelques exemples. Lorsque Childebert fit construire l'abbaye de Saint-Germain-des-Prés à Paris, auprès des jardins du palais des Thermes, qu'il habitait, l'emplacement choisi pour la basilique étant à l'occident de ces jardins et du faubourg méridional de Lutèce, on dut placer la porte de l'abbaye vers la ville et le palais, conséquemment derrière l'abside de l'église; cette place, imposée par la position géographique, parut peu convenable pour recevoir en 1163 le pape Alexandre III, puisqu'on ouvrit la porte papale sur le parvis.

Le prieuré de Saint-Martin-des-Champs, situé au nord de Paris, eut sa porte d'entrée loin de l'église et sur la face méridionale de son enceinte, pour qu'on y entrât directement de la ville.

L'abbaye de Saint-Antoine, établie au midi de la rue qui porte ce nom et qui était une grande voie de communication, eut son entrée vers le nord de l'enceinte et de l'église.

Les conséquences de l'orientation furent, à plus forte raison, les mêmes dans les pays de montagnes ou dans les îles; il fallut nécessairement placer la porte de l'abbaye vers un point abordable, sans avoir égard à sa position relative avec l'église.

### STYLE LATIN [1].

B. *ATRIUM*, AÎTRE, PARVIS, *PARADISUS*, *PARVISIUM*.

Lorsque, dans les premiers monastères qui formaient des

---

[1] Nous avons proposé cette dénomination, pour l'architecture des premiers chrétiens occidentaux, dans une histoire de l'art couronnée par l'Académie des inscriptions et belles-lettres en 1834. Les archéologues l'ont depuis adoptée.

villages composés de cellules, les fondateurs firent élever les oratoires destinés à la prière commune, on dut songer à les faire précéder d'un espace libre qui permît d'y accéder facilement : ce fut l'origine des parvis. Plus tard, quand on régularisa la vie monastique, l'ordre vint s'établir dans l'ensemble des constructions : le parvis prit une forme plus convenable; il fut entouré d'une enceinte et devint un lieu sacré dans lequel se tenaient souvent les fidèles pendant les cérémonies religieuses. La sainteté du lieu le fit nommer *Paradisus*, et ce mot s'étendait quelquefois à tout le terrain environnant l'église; c'était ainsi à l'abbaye de Saint-Victor à Marseille[1].

En Italie, les églises des monastères étaient généralement aussi précédées d'un *atrium* ou parvis, qui était nécessaire pour éloigner l'entrée du temple de l'enceinte extérieure et du mouvement continuel qui avait lieu auprès de la porte de l'abbaye; sa forme était ordinairement carrée, et tant que dura l'emploi de l'architecture latine, immédiatement dérivée de l'art romain, on modifia très-peu cette forme. D'anciens *atria* se voient à Rome, devant les églises monastiques primitives de Saint-Laurent hors les murs, de Sainte-Agnès, de Sainte-Praxède, de Sainte-Cécile au Transtevère : ce sont des cours enceintes de murailles peu élevées. A Saint-Laurent hors les murs, édifice construit sous Constantin, réparé sous Pélasge Ier, l'*atrium* étant appuyé, ainsi que l'église, contre la colline qui renferme les catacombes, on dut couper une partie des terres volcaniques de cette colline pour régulariser la cour sacrée. L'église de Sainte-Praxède, située dans le quartier des *Monti*, à Rome, présente un long escalier qui fut pratiqué en avant du parvis.

Quand le luxe vint s'introduire dans la construction des

---

[1] D. Martenne, *Voy. litt.* t. I, p. 277.

monastères, d'élégants portiques s'élevèrent autour de l'*atrium*; on en voit trois devant l'église monastique de Saint-Clément; vers la face d'entrée, la galerie B est formée par des arcades et des piliers carrés; sur les parties latérales C, des colonnes monolithes en marbre et en granit forment des péristyles dans le système de l'architecture romaine; elles portent des architraves et des corniches en marbre.

N° 59. Plan de la basilique de Saint-Clément.

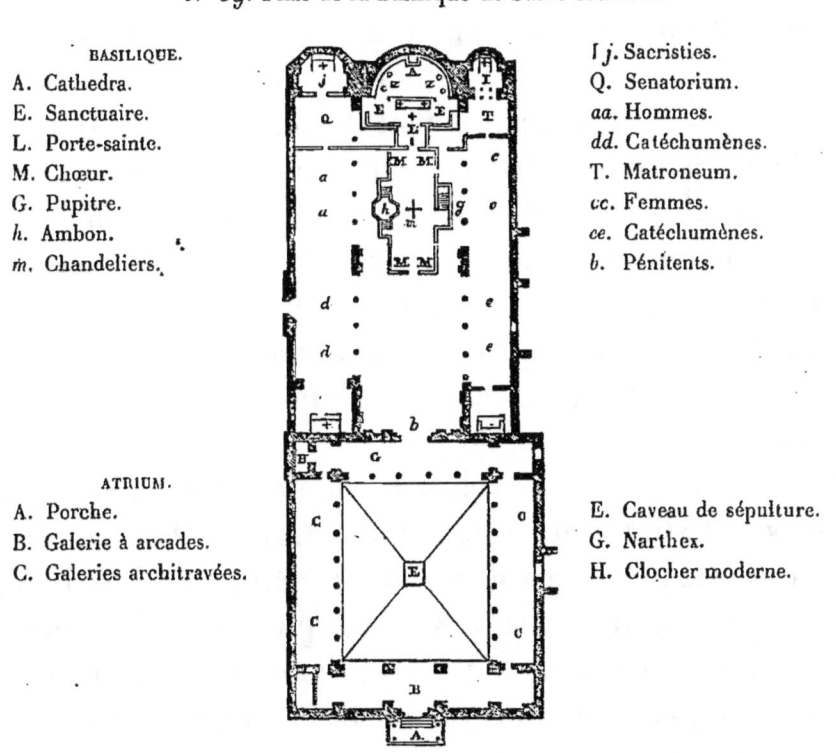

BASILIQUE.
A. Cathedra.
E. Sanctuaire.
L. Porte-sainte.
M. Chœur.
G. Pupitre.
*h.* Ambon.
*m.* Chandeliers.

I *j.* Sacristies.
Q. Senatorium.
*aa.* Hommes.
*dd.* Catéchumènes.
T. Matroneum.
*cc.* Femmes.
*ce.* Catéchumènes.
*b.* Pénitents.

ATRIUM.
A. Porche.
B. Galerie à arcades.
C. Galeries architravées.

E. Caveau de sépulture.
G. Narthex.
H. Clocher moderne.

L'entrée de l'*atrium*, qui était généralement aussi celle du monastère, se décorait avec un certain luxe : un porche A, composé de deux colonnes en marbre précieux, soutenant un entablement architravé, et plus fréquemment des arcs, précédait la porte d'entrée, enrichie elle-même de marbres et de sculptures. Nous avons donné précédemment, à la page 70, les portes d'*atria* des monastères de Saint-Clément et de Sainte-Praxède à Rome. La peinture et la mosaïque ornèrent quelquefois de sujets sacrés le dessous de ces porches, comme on le voit à ceux de Saint-Vincent et de Saint-Sabas, à Rome. On décora même de la sorte des façades entières d'*atria*; on en reconnaît des restes sur celle de Saint-Clément; le célèbre tableau de l'incendie du bourg Saint-Léon par Raphael, fait voir que le parvis qui précédait la basilique de Saint-Pierre, à Rome, était décoré, sur sa façade, de mosaïques représentant le Christ dans une gloire, entouré des apôtres.

L'*atrium* servait originairement de cimetière; celui du monastère de Sainte-Praxède est encore aujourd'hui un lieu de sépulture : un immense caveau occupe toute son étendue, et, par une ouverture pratiquée au centre, on descend les corps des fidèles. Au parvis de Saint-Clément, on a placé aux deux angles de la façade des têtes de larves arrachées à des tombeaux antiques, pour indiquer que l'enceinte était réservée à la sépulture.

Dans l'axe de l'*atrium* s'élevait originairement une fontaine *cantharus*[1] destinée aux ablutions; supprimée dans les monastères d'occident, on la voit encore devant les églises du mont Athos[2]. La mosaïque de Ravenne, qui montre l'impératrice Théodora entrant dans une église, donne une idée de ce que devaient être ces fontaines ou phiales qui étaient construites en marbre[3]. Nous donnons ici un dessin de cette fontaine.

---

[1] « Canthari, aquarum receptacula, unde aquæ erumpunt, qui in mediis ecclesiarum atriis extrui solebant. » Du Cange.

[2] Voir la planche 20.

[3] « Cantharum B. Petri... marmoribus ornavit. » Du Cange.

N° 60. Cantharus de Ravenne.

Les bassins d'ablution furent portés ensuite sous le porche, et plus tard dans l'église, où ils furent remplacés par les bénitiers. Sous une galerie de l'*atrium* était pratiquée la porte conduisant aux lieux réguliers habités par les religieux.

Le porche du parvis de Saint-Clément a conservé entre les deux chapiteaux antérieurs une barre de fer qui porte des anneaux; ils indiquent qu'un voile y était suspendu pour préserver les religieux des importunités de la rue. (Voir la planche 42.)

**BAPTISTÈRE.**

Les premiers moines, s'étant proposé de répandre le christianisme où ils allaient s'établir, préparaient les catéchumènes à recevoir le baptême; Sulpice Sévère, dans la vie de saint Martin, nous apprend qu'ils agissaient ainsi à Ligugé, premier monastère des Gaules; plus tard, ils eurent eux-mêmes des baptistères. La purification se faisait, chez les Juifs, dans des vases de métal : Moïse en plaça au tabernacle; au temple de Jérusalem, la mer d'airain était un vaste bassin rond. C'est pour suivre la même pensée que les premiers moines firent leurs cuves baptismales circulaires d'abord; on les enveloppa ensuite dans les murs d'un petit édifice qui reçut la même forme : on voit de ces premières cuves figurées dans les peintures des catacombes, et quelques tombeaux sculptés des premiers siècles représentent des baptistères disposés en rond; l'un des plus curieux est sur un sarcophage que renferme l'église de Sainte-Agnès de la place Navône à Rome. Ces petits édifices étaient isolés de l'église et s'élevaient fréquemment dans l'*atrium*. Saint Paulin, saint Augustin, parlent des baptistères isolés; saint Grégoire le Grand ordonna en 598 à Pierre, évêque d'Aleria, de construire une basilique et un baptistère[1]. Saint Athanase, dans sa lettre aux orthodoxes, distingue le baptistère de l'église. Cette disposition avait été prise parce qu'on jugea que les catéchumènes n'étant point encore initiés avant d'avoir reçu le baptême, il était nécessaire de les amener à cette cérémonie avant de leur donner la libre entrée de la basilique. On voit encore à Rome, auprès de l'église monastique de Sainte-Agnès hors les murs, le baptistère circulaire que Constantin y fit construire, et qui depuis servit de sépulture à sainte Constance. La ville de Nocera de Pagani, dans le royaume de Naples, présente un très-vaste baptistère rond, converti en église sous le vocable de Sainte-Marie-Majeure; au centre est une cavité circulaire

---

[1] Baronius, *Ann.* 417, 554 et 555.

dans laquelle on descend par trois marches : c'était la disposition primitive pour administrer le baptême par immersion. Grégoire de Tours dit que les baptistères étaient construits en rond, et qu'au milieu était un enfoncement où l'on descendait.

On pense que les religieux adoptèrent bientôt l'octogone pour la cuve baptismale et l'édifice qui la couvrait, afin d'éviter de reproduire la forme des piscines profanes. Le baptistère situé devant l'église monastique de Torcello, dans les lagunes de Venise, est octogone.

Ces édifices étaient généralement simples à l'extérieur; l'un de ceux dont nous donnons ici des représentations gravées, est décoré de bossages; dans sa partie inférieure, une porte latine ornée de voiles accompagne cette décoration; dans une région plus élevée s'ouvrent trois fenêtres cintrées comme celles des basiliques; l'édifice est couvert d'un dôme divisé par des côtes étroites et assez distancées pour faire admettre que le sculpteur a eu l'intention de figurer du métal; un *labarum* surmonte cette couverture.

Nos 61 et 62. Baptisteres.

Le baptistère de Constantin à Rome donne une idée de ceux que pouvaient posséder les grands monastères : deux belles colonnes en porphyre, richement ornées de bases et de chapiteaux composites, forment le porche; des pilastres en marbre antique supportent, avec les colonnes, un entablement complet.

Ces édifices furent décorés, à l'intérieur, avec beaucoup de luxe : la peinture et la mosaïque couvraient les parois; les marbres les plus précieux étaient employés au pavé et à la décoration du bassin central dans lequel descendaient les catéchumènes. Celui du baptistère de Constantin, à Rome, est entouré de huit grandes colonnes en porphyre sur lesquelles repose un ordre plus petit supportant le toit de l'édifice. Une chapelle consacrée à saint Jean-Baptiste s'élevait souvent auprès du baptistère, ainsi que des salles de catéchumènes. L'ameublement était en harmonie avec la décoration intérieure; on peut en juger par celui de Constantin : au centre s'élevait un bassin en argent, auprès duquel une colonne en porphyre portait une fiole d'or, du poids de cinquante livres, destinée à contenir le baume. Sur le bord du bassin, un agneau en or amenait l'eau dans la cuve baptismale; à sa droite s'élevait une statue de Jésus-Christ en argent, pesant cent soixante et dix livres; au côté gauche une statue de saint Jean-Baptiste en même métal, et du poids de cent livres. Sept figures de cerf en argent, pesant quatre-vingt-trois livres chacune, fournissaient aussi de l'eau à la cuve centrale. Du milieu de l'édifice pendaient plusieurs colombes en or et en argent pour représenter le Saint-Esprit et les sacrements du Baptême et de l'Eucharistie.

La distance qui séparait originairement le baptistère de la basilique, offrant des inconvénients pour le service, on le rapprocha au point de le faire adhérer au porche, tout en le laissant dans l'axe, devant la porte de l'église : c'est ainsi qu'il est placé à Torcello. Peu commode encore à cette place, il fut établi latéralement, dans le voisinage de la nef du nord ou du midi ; enfin, en le réduisant à la cuve baptismale, on le plaça soit sous le porche, on en voit un à l'abbaye de Grotta-Ferrata, auprès de Rome, soit dans l'axe de la grande nef, comme il est sur le plan de l'abbaye de Saint-Gall, ou dans une nef latérale, ce qui eut lieu au xie siècle. Le monastère de Saint-Zénon à Vérone et beaucoup d'autres en offrent des exemples.

### C. PLANS DES BASILIQUES.

*1[re] disposition.* — Les moines ayant à remplacer par des édifices plus étendus et plus durables, leurs oratoires établis provisoirement, cherchèrent les dispositions les plus convenables au but qu'ils se proposaient ; ce fut encore dans les monuments antiques qu'ils trouvèrent des exemples à suivre. Ayant, en construisant leurs premières basiliques, le même but que les chrétiens qui vivaient au dehors de la société monastique, ils imitèrent comme eux les synagogues des juifs, où les apôtres avaient fait les premières allocutions au peuple [1], ou les basiliques romaines, qui étaient disposées d'une manière non moins favorable aux grandes réunions.

Les rares documents qui nous restent des basiliques romaines démontrent que l'imitation qu'en firent les moines était complète. Nous reproduisons ici un fragment du plan antique de Rome, exposé au Capitole, et qui montre des portions importantes des basiliques Émilienne et Ulpienne.

---

[1] *Actes des Apôtres*, chap. iii et v ; *idem*, chap. xxviii, v. 30.

# ARCHITECTURE MONASTIQUE.

N° 63. Fragment du plan antique de Rome.

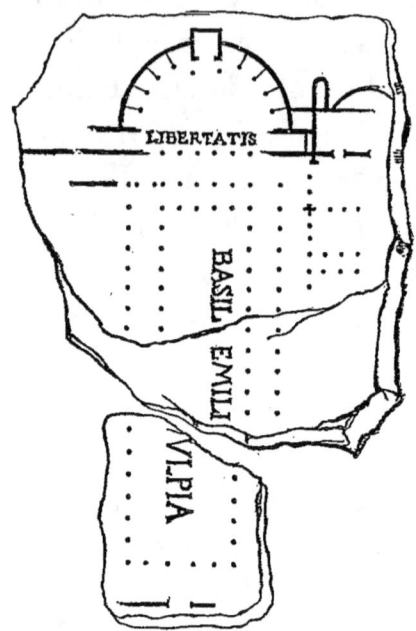

Nous y joignons le plan de la basilique de Pompeia, encore conservé en entier.

N° 64. Basilique de Pompeia.

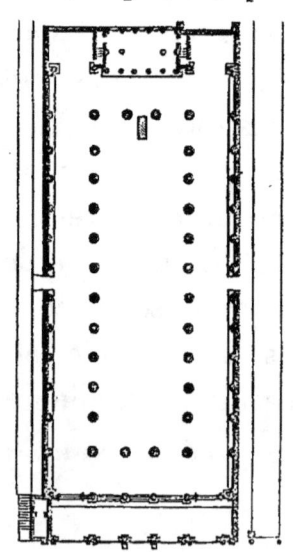

Pococke, d'Agincourt, Denon, la commission d'Égypte, ont publié les plans des plus anciens monastères de cette contrée; les églises y sont composées de trois nefs séparées par des colonnes: celle du monastère de Sainte-Catherine au mont Sinaï est de même. A Bethléem, et dans les plus anciens édifices sacrés de la Syrie et de l'Asie Mineure, au monastère de Saint-Jean Studius de Constantinople, les églises ont la forme de la basilique. La disposition courte et en croix grecque du plan byzantin ne s'établit que plus tard dans l'empire grec.

En occident, les églises des moines, telles que nous venons de les indiquer, furent conservées jusqu'au moment où de nouvelles distributions, dont on voit les premiers essais dans le nord vers les temps carlovingiens, en modifièrent les lignes simples et primitives. Le plan latin se conserva longtemps encore dans les contrées méridionales de l'Europe, et Rome se tint en dehors de toutes les innovations dues au moyen âge, conservant, comme un type invariable de l'architecture monastique, les formes prescrites d'abord par les constitutions apostoliques, et adoptées originairement dans toute la chrétienté.

On voit à Rome deux basiliques de monastères des premiers siècles, qui n'ont pas été, comme toutes les autres, modifiées par les reconstructions: ce sont celles de Saint-Laurent et de Sainte-Agnès. Élevées l'une et l'autre en dehors des murs de la ville, à l'entrée des catacombes, elles offrent les dispositions primitives. La basilique de Saint-Laurent est située à droite de la voie Tiburtine, au lieu nommé *Campus Veranus*. La route antique, détournée au moyen âge, traversait le lieu où est aujourd'hui le jardin du monastère, puis, longeant la colline qui contient les sépultures, elle permettait d'approcher de la façade originairement dirigée à l'Est, et devenue le chevet de l'église actuelle, par une mutation opérée pour agrandir l'édifice et l'orienter selon l'usage établi : le plan ci-joint explique ce changement.

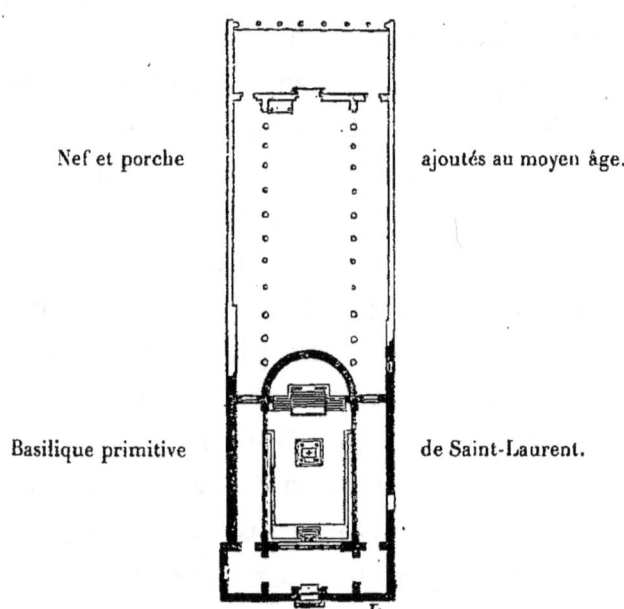

N° 65. Plan de la basilique de Saint-Laurent.

Nef et porche — ajoutés au moyen âge.

Basilique primitive — de Saint-Laurent.

Après avoir franchi la porte ancienne, on arrivait dans un portique intérieur ou *éso-narthex* qui précédait la nef principale et reproduisait en tous points la disposition des basiliques civiles des Romains, comme on peut le voir sur les fragments du plan de Rome, planche 63, p. 105, et sur celui de la basilique de Pompeia, planche 64, p. 105. On renonça, en occident, à ce portique intérieur dès les premiers siècles ; il s'est maintenu en orient.

L'autel fut placé, à la basilique de Saint-Laurent, dans une abside ou tribune voûtée (ἀψίς, voûte), semblable à celle que les Romains nommaient *tribunal, basilicæ caput* [1]. Le sanctuaire était élevé de trois marches dont on voit les traces sur les socles des deux premières colonnes, lorsqu'on descend dans les fouilles opérées il y a peu d'années pour dégager cette partie de l'ancien édifice. Ces socles sont décorés de croix grecques, de l'alpha et de l'oméga. Au point de jonction de la nef ajoutée au moyen âge, avec les murs de la première basilique, l'examen fait reconnaître des différences d'épaisseur, indiquant que, pour le service de l'autel, on établit originairement des sacristies placées auprès de l'ancienne abside supprimée; elles s'élevaient peu, car au sommet du monument on reconnaît les traces de baies de fenêtres au fond de l'église. Le mur septentrional de l'édifice s'appuie contre la colline, qui contient des catacombes étendues; une porte pratiquée dans ce mur conduit aux souterrains, de sorte que le monument étant appliqué devant leur entrée, il n'était pas possible de visiter les sépultures des chrétiens sans passer par le temple consacré au martyr.

L'église de Saint-Laurent offrait originairement un premier étage, comme les synagogues et les basiliques des Romains. Le plancher dont on voit encore aujourd'hui les traces fut supprimé lorsque la première église devint le chœur de l'édifice augmenté au moyen âge; cet étage formait le *gyneconitis* ou tribune des femmes, qui arrivaient à leurs places par la colline contre laquelle est appuyé l'édifice, disposition dont nous donnerons bientôt un autre exemple, contemporain de celui-ci, et qui, n'admettant aucune communication entre les deux sexes, était parfaitement convenable à des moines. Les Grecs n'ont cessé, depuis l'origine jusqu'à nos jours, de ménager aux femmes une tribune au premier étage, dans les temples

---

[1] Pline, liv. VI, lett. 33; Vitruv. liv. V, chap. I.

assez vastes pour le permettre, et les escaliers sont disposés de manière à éviter toute communication. L'église monastique de la Vierge, à Mistra [1], présente même une analogie complète avec celle de Saint-Laurent hors les murs, pour ce qui regarde l'arrivée des femmes par la colline contre laquelle s'appuie l'édifice.

Quelques monastères excluaient complétement les femmes de leurs églises : celle de l'abbaye de Saint-Michel de Coxan, dans le Roussillon, n'avait d'entrée que par le cloître, pour qu'elle leur fût entièrement interdite [2]. Certains ordres religieux, comme on le verra plus loin, n'élevaient, pour la même cause, qu'une nef latérale dans leurs églises.

A Rome la seconde basilique de forme primitive est celle du monastère de Sainte-Agnès, construite sur la *Via Nomentana*, hors les murs; elle présente avec celle de Saint-Laurent une grande analogie : située au bord d'une route importante, auprès de catacombes étendues, sur un sol bas qui permettait aux femmes d'arriver de plain-pied, par la voie supérieure, au *gyneconitis,* elle offre toutes les conditions des basiliques d'origine; son plan, peu étendu en longueur, fait reconnaître au premier aspect, comme celui du précédent édifice, qu'une galerie supérieure multiplie les places réservées aux fidèles. Au rez-de-chaussée, un *éso-narthex* ou galerie intérieure relie les deux nefs latérales derrière le mur de la façade; la porte du temple s'ouvre sur une cour sacrée ou *atrium* [3].

[1] *Choix d'églises byzantines*, par Couchaud, pl. 20 et suivantes.
[2] Dom Martenne, *Voy. litt.* t. I, pl. 2, p. 59.
[3] Nous n'avons pu éviter, en examinant les basiliques des anciens monastères, de reproduire quelques-unes des notions données par nous, très-succinctement, dans le premier cahier des instructions du comité.

N° 66. Plan de la basilique de Sainte-Agnès.

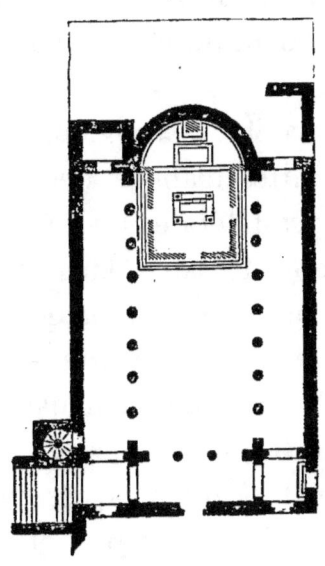

L'église de Sainte-Agnès ne subit pas de mutilations comme celle de Saint-Laurent; son abside fut refaite en 625, sous le pontificat d'Honorius I$^{er}$.

2$^e$ *disposition*. — Les basiliques primitives qui viennent d'être examinées présentaient quelques dispositions auxquelles on dut renoncer lorsque les cérémonies religieuses prirent plus de développement. Le premier changement important fut la suppression du porche intérieur situé derrière la porte d'entrée; il établissait une circulation antérieure à la nef principale, qui nuisait à son effet général et à celui des cérémonies. Une seconde suppression non moins importante s'opéra sur la galerie du premier étage, établie pour placer les femmes. Cette suppression conduisit à étendre considérablement les nefs, afin de trouver au rez-de-chaussée une surface égale à celle que présentaient originairement les deux étages; les assistants furent placés alors dans les nefs latérales, les femmes au nord, et les hommes au midi. Plusieurs monuments anciens, particulièrement les mosaïques de Ravenne, font voir cette division des sexes. Nous l'avons indiquée au plan de Saint-Clément, planche 59.

Les premiers constructeurs religieux firent une autre modification aux plans imités d'abord des basiliques romaines : à l'extrémité des galeries latérales ou bas-côtés, on établit des absides secondaires reproduisant, dans de plus petites proportions, la grande tribune ou abside principale; elles formaient de grandes armoires ou sacristies secondaires qui furent closes par des portes, et plus généralement par de simples rideaux; on déposa dans l'une les vases sacrés : ce fut l'origine des trésors; l'autre contint les diplômes, les livres destinés aux cérémonies, et là se formèrent les bibliothèques, les archives des monastères. (Voir à la planche 67 le plan de l'église monastique de Saint-Sabas, à Rome.) Les églises des monastères de Sainte-Sabine, de Sainte-Cécile, de Saint-Jean-et-Paul, de Saint-Pierre-aux-Liens, à Rome, de Torcello, dans les lagunes de Venise, présentent ces sacristies semi-circulaires. Les temples chrétiens de la Grèce ont conservé ces dispositions curieuses; on en voit dans les églises monastiques du mont Athos : elles sont closes par des portes en métal[1]. On les disposa ainsi au monastère de l'Ecksmiazin[2] et dans toute l'Asie chrétienne, lors même que l'architecture byzantine eut remplacé, dans une partie de l'Orient, par des plans d'une forme toute différente, ceux qui avaient été adoptés d'abord dans la généralité du monde catholique.

---

[1] *Annales archéologiques. Voyage au mont Athos*, Ier volume, 2e et 6e livraison.
[2] *Voyage en Perse*, par Chardin; *Voyage au Caucase*, par Dubois de Montperreux.

N° 67. Plan de la basilique de Saint-Sabas, à Rome.

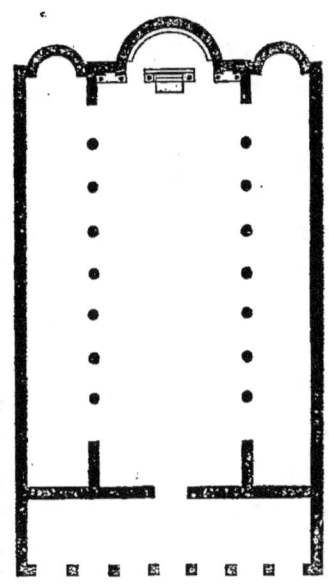

*3ᵉ disposition.* — Les grands monastères, comme celui de Saint-Paul hors les murs de Rome, eurent plus tard des églises qui, bien que conçues dans le même système que celles qui viennent d'être indiquées, présentaient des proportions immenses, se divisaient en cinq nefs auxquelles cinq grandes portes donnaient entrée; un mur parallèle à la façade, élevé en avant du sanctuaire, arrêtait les collatéraux pour former une nef transversale dans laquelle on doit voir l'origine des transsepts, qui, dès lors, furent fréquemment adoptés et donnèrent au plan des églises la configuration d'une croix plus ou moins caractérisée, en raison de la saillie que prirent leurs extrémités sur les murs latéraux de l'édifice. (Voir à la page 113 le plan de la basilique de Saint-Paul.)

N° 68. Plan de la basilique de Saint-Paul.

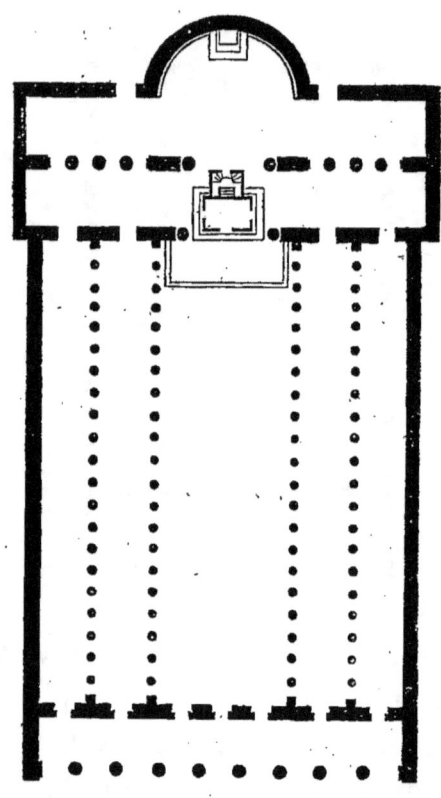

La basilique de l'Ara-Cœli, à Rome, l'une des plus anciennes abbatiales de cette ville, présente des transsepts très-prononcés. Dans les plans des églises ainsi conçues, les communications s'établissaient entre les collatéraux et la nef transversale aux bras de la croix, par des arcades percées dans le mur parallèle à la façade; ces basiliques seules présentent une ouverture immense, pratiquée au fond de la nef principale et démasquant le sanctuaire et l'abside : on la nommait l'*arc triomphal;* elle était souvent ornée de colonnes comme on en voit à Saint-Paul hors les murs.

### D. façades.

*1re Disposition.* — Les plans dont on vient de suivre les modifications diverses ayant été à peu près généralement adoptés dans la chrétienté, les façades qui s'élevaient sur leur partie antérieure durent être établies dans une voie assez uniforme; Rome a conservé plus d'une façade d'église des premiers âges monastiques : nous suivrons, dans leur examen, une marche analogue à celle qui concerne les plans.

La façade de la basilique de l'église primitive de Saint-Laurent hors des murs, est entièrement dénaturée par le bouchement des fenêtres et de la porte, opéré lorsqu'on en fit le chevet de l'église actuelle; mais la façade de la basilique du monastère de Sainte-Agnès n'a rien perdu de ses dispositions premières, bien que l'édifice ait subi des restaurations : ses murs présentent encore aujourd'hui, sous leurs enduits, le système de maçonnerie composée de moellons et de briques, pratiqué sous les premiers empereurs chrétiens. Nous avons indiqué sur le dessin de la façade de cette église, n° 69, les points où la maçonnerie est mise à découvert par la chute des enduits; on peut, en la comparant à celles du cirque de Maxence, de l'église de Saint-Laurent, de la basilique de Constantin à Trèves, monuments tous contemporains, se convaincre de l'analogie.

Cette façade, gravée à la page 115, doit se rapprocher aussi de celles que les Romains construisaient sans luxe, soit à Rome, soit dans les municipes du second ordre, qui avaient chacune leur basilique. Ciampini a publié, d'après un manuscrit du Vatican, celle qu'on nommait *Sicinienne*, à Rome, et qui était de construction païenne; elle avait quelques rapports avec celle-ci, quant à l'architecture[1].

---

[1] Ciampini, *Vet. Mon. ex codice Vatic.* Biblioth. n° 5407.

N° 69. Façade de la basilique de Sainte-Agnès.

Les dispositions de la façade de cette basilique sont fort simples : un fronton indique l'inclinaison du toit supérieur, qui est aéré par un *oculus* ouvert au milieu du tympan. La nef s'éclaire par trois grandes fenêtres cintrées en briques ; plus bas, le corps principal de la façade s'avance pour renfermer les deux étages de galeries placées en avant de la nef ; des fenêtres cintrées, aussi en briques, éclairent ces deux étages ; une porte, encadrée d'un chambranle en marbre, donne accès dans le temple. Cette façade n'a point de porche ; il est remplacé par la galerie intérieure ou *éso-narthex,* disposition qui appartient à la première époque, et dont on retrouve d'autres exemples à la partie ancienne de l'église de Saint-Laurent hors les murs, contemporaine de celle de Sainte-Agnès, ainsi qu'à la basilique Constantinienne de Salonique, nommée *Eski-Djouma* par les Turcs.

*2ᵉ Disposition.* — Un second système de disposition se présente sur les façades des églises monastiques de Saint-Clément, de Sainte-Cécile, de Saint-Jean-et-Paul, de Saint-Laurent, etc. à Rome. Le premier étage est supprimé, parce qu'on renonça bientôt à la tribune des femmes pour les placer dans le collatéral du nord. Un porche extérieur, porté par de nombreuses colonnes, s'appuie sur le mur de face de l'église et remplace la galerie intérieure ou *éso-narthex*. Le fronton supérieur persiste ou est remplacé par une pente fuyante du toit faisant croupe, ainsi qu'on le voit à la façade de Saint-Laurent dans le dessin ci-joint.

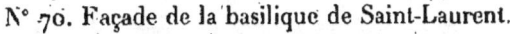

N° 70. Façade de la basilique de Saint-Laurent.

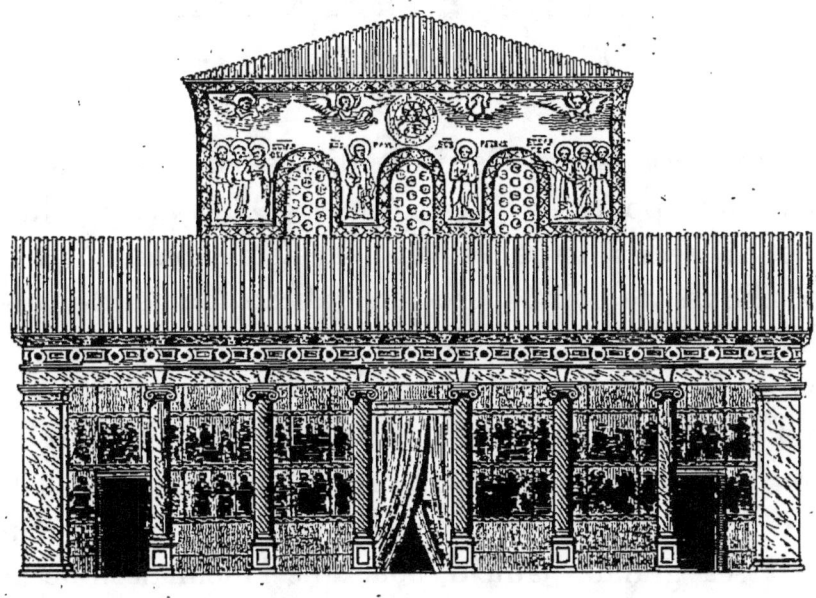

La façade latine, modifiée suivant ce second système, fut la plus généralement adoptée dans la chrétienté pendant les premiers siècles monastiques; quelques changements purent y être faits, mais ils n'altérèrent pas le principe : ainsi la façade de la basilique de Saint-Sabas à Rome présente une galerie située au-dessus du porche, dans le but d'établir un promenoir pour les moines et un *cœnaculum* ; mais les éléments généraux ne sont point dénaturés.

N° 71. Façade de la basilique de Saint-Sabas, précédée de la porte du monastère.

*3ᵉ Disposition.* — La troisième disposition des façades latines ne fut appliquée qu'aux églises de très-grande dimension, et divisées à l'intérieur en cinq nefs, comme le furent les basiliques de Saint-Pierre au Vatican, de Saint-Jean-de-Latran, de Saint-Paul hors les murs, à Rome. L'immense élévation de la nef principale conduisit à pratiquer au-dessous du fronton deux rangs superposés de grandes fenêtres pour éclairer l'intérieur. La double largeur donnée aux collatéraux fit couvrir ceux qui avoisinaient le plus le vaisseau principal, à une assez grande hauteur pour que l'inclinaison de leurs toits parût, même au-dessus du porche qui décorait la partie basse de la façade. (Voir la planche n° 72.)

N° 72. Façade de la basilique de Saint-Paul.

Dans ces trois systèmes, on remplaça quelquefois les fenêtres par une ou plusieurs ouvertures circulaires, ce qui laissait un champ plus étendu à la mosaïque décorative : l'église Saint-Georges à Rome et la basilique Libérienne sont dans ce cas. La même pensée d'étendre la surface destinée à la peinture fit élever, dans quelques églises, la partie supérieure de la façade de manière à masquer entièrement la double inclinaison du toit de la grande nef par un front quadrangulaire : l'ancienne abbatiale de l'Ara-Cœli à Rome en est un exemple.

### DÉCORATION.

La décoration des façades se borna d'abord à un enduit couvrant la maçonnerie, composée de moellons et de briques, comme on le voit aux basiliques de Sainte-Agnès et de Saint-Laurent hors les murs ; cet enduit, cependant, ne fut pas toujours uni : des bossages ou assises réglées y furent quelquefois tracées à l'instar de ceux que les Romains exécutaient fréquemment pour imiter, par un procédé peu coûteux, une riche construction en pierres de taille. L'église de Saint-Adrien au *Forum Romanum*, annexée au couvent des Pères de la Merci, présente de très-anciennes traces de ces enduits enrichis par des bossages.

Bientôt la mosaïque et la peinture succédèrent aux enduits et couvrirent les façades latines; on en fit les premiers essais dans le fronton en y représentant le Christ, dont les types étaient conservés par Eusèbe, par les pères, et sur quelques peintures des catacombes. De ce point élevé des façades latines, la mosaïque descendit sur la face antérieure de la nef, et vint encadrer les fenêtres dans de riches bordures accompagnées de tableaux représentant les apôtres ou des sujets de l'histoire sacrée. On lit dans la Vie de Sergius par Anastase, bibliothécaire des papes au milieu du $ix^e$ siècle, qu'en 687 le souverain pontife fit renouveler les représentations des apôtres exécutées au-dessus des portes de la basilique de Saint-Paul, et qui à cette époque étaient déjà détruites par le temps: « Mutavit imaginem apostolorum vetustissimam quæ erat super fores basilicæ. »

On reproduisait aussi quelquefois sur les façades des faits isolés s'appliquant à l'origine de l'édifice, ou rappelant quelque grand événement qui s'y était passé: c'est ainsi que, sur celle de Sainte-Marie-Majeure, à Rome, on voit quatre tableaux immenses représentant les visions du pape Libère et de Patrice, ainsi que le miracle de la neige, qui dans sa chute traça le plan de la basilique.

Ces premières représentations du Christ et des apôtres furent exécutées sur un fond d'or composé de petits cubes en émail, dans l'épaisseur desquels un paillon d'or, recouvert d'une légère couche de verre, conservait tout son éclat. Flavien Josèphe, dans sa description du temple de Jérusalem, dit que « Le portail, tout doré, était enrichi de feuillages de vignes desquelles pendaient des raisins de la grandeur d'un homme. »

On peut trouver là l'origine des décorations dorées appliquées aux façades des basiliques latines, qui, dès les premiers siècles chrétiens, se couvrirent de ces riches représentations dont l'antiquité romaine ne fournissait aucun exemple; et le procédé de dorure fut peut-être aussi une imitation de celui qu'employèrent les Hébreux, qui étaient, ainsi que les Phéniciens, très-habiles dans l'art de la vitrification : *Sidon artifex vitri*[1].

La présence des vignes et des raisins employés comme ornements au milieu de la dorure est encore une raison de croire que les décorations extérieures des basiliques purent être exécutées sous l'inspiration de celles du temple de Jérusalem. On sait combien les premiers chrétiens firent usage des pampres dans leurs monuments sacrés; les peintures des catacombes, les sculptures des tombeaux et celles des antiques piliers chrétiens placés à Venise auprès de l'église de Saint-Marc, débris précieux de la basilique de Tyr, les mosaïques du tombeau de sainte Constance, édifice du règne de Constantin, sont couverts de feuilles de vignes et de raisins.

### PORCHE, FERULA, PRONAOS, NARTHEX.

Des portiques analogues à ceux que les païens plaçaient en avant de leurs édifices sacrés furent appliqués aux façades des basiliques et formèrent un de leurs principaux éléments. On voit quelle était la disposition de leurs plans aux précédents dessins placés sous les n°ˢ 59, 67 et 68; le premier, celui de la basilique de Saint-Clément, se relie par ses extrémités aux galeries latérales de l'*atrium*; le second et le troisième, qui appartiennent aux basiliques de Saint-Sabas et de Saint-Paul, sont clos à leurs extrémités et forment seuls la décoration de la cour sacrée.

---

[1] Pline, liv. XXXVI, c. xxvi.

Nous avons indiqué, en examinant les plans primitifs des basiliques de Saint-Laurent et de Sainte-Agnès, que dans certains cas le porche fut remplacé par un *éso-narthex* construit à l'intérieur. Le bibliothécaire Anastase attribue un grand nombre de fondations de portiques à des papes des vi[e] et viie siècles, ce qui doit faire penser qu'avant cette époque ils n'étaient pas aussi généralement en usage que dans la suite.

La belle église monastique de Sainte-Sabine à Rome, construite, au ve siècle, aux dépens d'un temple antique consacré à Junon, fut originairement dépourvue de porche; celui qu'on y voit aujourd'hui, bien que fort ancien, offre trop peu d'harmonie avec la riche décoration intérieure de la basilique et les belles colonnes corinthiennes en marbre blanc qui forment les trois nefs intérieures, pour qu'on ne juge pas aussitôt que ce porche est une addition faite à une époque postérieure à la fondation de l'église; cependant cette basilique fut disposée de manière à ne pas offrir, comme celles de Saint-Laurent et de Sainte-Agnès, un *éso-narthex* à l'intérieur.

Le porche des églises construites dans le style latin était une galerie à colonnes, placée en travers devant les portes des nefs, et se reliant, par les extrémités, aux portiques dont l'*atrium* était fréquemment entouré; ce porche avait assez de profondeur pour permettre à un grand nombre de fidèles de s'y arrêter, puis pour contenir 1° la place des catéchumènes, *statio catechumenorum;* 2° celle des énergumènes, des démoniaques, *statio demoniacorum;* enfin, auprès de la porte principale de l'église, la place des pénitents écoutants, *statio auscultantium.*

La décoration extérieure des porches latins se composait d'une série de colonnes ordinairement en marbre ou en granit, ornées de bases et de chapiteaux imités, comme elles, des édifices païens. De grandes architraves en marbre reliaient ces colonnes à leur partie supérieure, et formaient le premier membre d'un entablement complet, reproduisant sur des proportions plus ou moins heureuses ceux de l'architecture antique.

Les plus anciens et les plus beaux porches latins qui se voient à Rome sont ceux des monastères de Sainte-Cécile au Transtevère, de Saint-Georges au Vélabre, et de Saint-Laurent hors les murs. Dans le premier, l'architrave est décorée de rinceaux en mosaïque se dessinant sur un fond d'or, de croix grecques accompagnées de l'alpha et de l'oméga; des portraits de saints et de papes sont mêlés aux fleurs et aux feuillages.

La sculpture et la mosaïque ornèrent aussi les frises des porches latins; lors de la reconstruction moderne de celui du monastère de Sainte-Pudentienne, l'architecte a replacé les anciennes et intéressantes sculptures qui le décoraient autrefois; et sous la corniche du beau portique de l'église de Saint-Laurent hors les murs, élevé par les ordres du pape Honorius III, se voit une frise remarquable composée d'*opus alexandrinum*, en porphyre rouge et vert, et de mosaïques en émail parmi lesquelles est un sujet représentant le pape placé entre saint Laurent et un personnage à genoux.

Cette mosaïque, sur laquelle des inscriptions indiquent les noms des deux principales figures, est placée au milieu du porche, au-dessus de l'entre-colonnement central, ainsi qu'un autre tableau qui représente trois personnages, sans inscription. Dans notre dessin gravé à la planche 73, nous avons déplacé le sujet principal, l'agneau qui l'avoisine, ainsi que le chapiteau de la colonne, pour rapprocher sur cet ensemble tous ces objets importants; on peut les replacer exactement au moyen de la planche 70.

# ARCHITECTURE MONASTIQUE.   123

N° 73. Détail du porche de la basilique de Saint-Laurent.

Il arriva fréquemment que le moine architecte, dépourvu sans doute de riches matériaux pour établir l'entablement, après avoir placé des architraves en marbre sur les chapiteaux des colonnes, fit construire la frise en maçonnerie ordinaire, et plaça au-dessus de chaque entre-colonnement un arc en briques, très-surbaissé, pour décharger l'architrave des constructions supérieures, et par ce moyen éviter sa rupture, n° 74. Le porche du monastère Cistercien de Saint-Vincent-Saint-Anastase aux trois fontaines est dans ce cas : la décoration de la frise se borne ici à une série d'arcs en briques et à des compartiments formés avec la même matière; on y a joint des cercles en terre émaillée, placés au-dessus des colonnes. La gravité de ce porche était en harmonie avec les statuts particuliers des Cisterciens, qui repoussaient toute décoration superflue. L'inscription rapportée à la page 76 est gravée sur l'architrave de ce portique.

N° 74. Vue latérale du porche de la basilique de Saint-Vincent-Saint-Anastase.

Les corniches de couronnement étaient établies avec des moulures en marbre et des modillons très-simples en même matière; on y mêlait souvent des briques placées de manière à présenter au dehors leurs angles pour former des lignes découpées, rappelant grossièrement les denticules des entablements antiques. Les porches des églises de Saint-Georges et de Saint-Vincent sont couronnés de la sorte : le dernier présente, dans les intervalles qui séparent les modillons, quatre briques posées de manière à former des triangles.

Le beau porche de l'église de Saint-Laurent est richement couronné : l'entablement se surmonte d'une large cimaise dans laquelle de nombreuses têtes de lion, perforées et espacées également, jetaient dehors les eaux du toit, fonction qu'elles ne remplissent plus aujourd'hui. Entre ces gouttières, des ornements fort riches par leur composition, et d'une sculpture parfaitement analogue à celle des chapiteaux et de l'architrave, viennent compléter cette façade entièrement en marbre et de belle proportion; elle prouve que l'art monastique était, au xiii siècle, dans un état florissant à Rome.

Les colonnes placées sur la façade des porches latins ne portaient pas toujours des architraves disposées suivant le système de la construction antique; les architectes religieux, cherchant des combinaisons nouvelles, remplacèrent souvent, dès les premiers siècles, les architraves par des arcs en plein cintre, posant directement sur les chapiteaux de ces colonnes. Ce fut d'abord à l'intérieur des nefs qu'ils firent cette innovation, comme on le verra plus loin. D'anciens porches étaient construits de la sorte, ainsi qu'on le voit sur la façade restituée de l'église monastique de Saint-Paul hors des murs de Rome, planche 72. Celui de la basilique de Saint-Pierre de la même ville offrait des dispositions semblables, ainsi que les galeries dont son *atrium* était décoré. Les façades de ces temples ayant un grand développement et une hauteur proportionnée, ce système de construction permettait de donner aux portiques une élévation plus considérable, et de les mettre en rapport avec l'ensemble du monument.

Les pénitents se tenaient sous le porche des églises pendant les cérémonies, ainsi que nous l'avons dit précédemment; des voiles étaient suspendus dans les entre-colonnements pour les mettre à l'abri du soleil ou de la pluie. On voit encore sous les architraves du porche de la basilique de Saint-Georges au Vélabre les anneaux auxquels étaient suspendus les voiles.

N° 75. Détail du porche de la basilique de Saint-Georges.

Lorsque les colonnes portaient des arcs, comme aux deux églises de Saint-Pierre et de Saint-Paul, des barres de fer placées sur les chapiteaux, à la naissance des cintres, portaient les anneaux des voiles : ils sont ainsi au porche de l'église de Sainte-Marie *in Cosmedin* à Rome, et à la porte du monastère de Saint-Clément, dont le dessin est gravé à la page 70, au n° 42.

La belle mosaïque de Ravenne, dans laquelle est représentée l'impératrice Théodora entrant dans l'église de Saint-Vital, fait voir un de ces voiles suspendu entre les colonnes du portique.

L'intérieur des porches latins était ordinairement couvert par une charpente apparente disposée en appentis. Celui de l'église monastique de Sainte-Sabine est voûté : c'est une exception. La peinture et la mosaïque décorèrent, dès les premiers siècles, les portiques placés devant les portes des basiliques. En 827, le pape Grégoire IV, après avoir fait reconstruire le porche de Saint-Georges au Vélabre, le fit peindre : « Hinc inde variis ornavit picturis[1]. » Lorsque le pape Innocent II restaura le monastère de Saint-Vincent-Saint-Anastase aux trois fontaines, pour l'offrir à saint Bernard, il y fit exécuter des peintures dont un fragment existe encore sur le pilier septentrional du porche. Honorius III enrichit de même celui de Saint-Laurent hors les murs; il fit exécuter sur les parois intérieures un nombre considérable de tableaux; peints au XIIIe siècle, ils représentent, avec la naïveté du temps, la vie de saint Laurent et les principaux faits historiques qui se passèrent dans la basilique; les deux plus importants de ces derniers sujets font voir Honorius III devant la façade de l'église, et la communion de Pierre de Courtenay, qui fut sacré dans ce temple empereur de Constantinople.

PORTES.

Au milieu de la façade des basiliques était la porte principale donnant entrée à la grande nef ou à la galerie intérieure qui la précédait dans les églises primitives. Cette porte fut

---

[1] Anastase le bibliothécaire, *Vie du pape Grégoire IV*.

d'abord nommée *basilica,* royale; puis *speciosa,* belle porte; *mediana,* du milieu, lorsqu'on en établit à l'extrémité des nefs latérales. Les grandes basiliques à cinq nefs présentaient autant de portes; le nombre s'élevait quelquefois jusqu'à sept. Les fidèles avaient une grande vénération pour les portes des églises : ce qui explique pourquoi tout le luxe de l'architecture fut employé à enrichir ces entrées des basiliques chrétiennes, et l'usage qu'on fit d'abord de belles portes antiques. L'église de Sainte-Sabine, à Rome, construite au v$^e$ siècle, aux dépens d'un temple de Junon, s'enrichit de sa porte en marbre, qui n'a rien perdu de ses proportions élégantes.

Ce transport complet de chambranles antiques et de tous leurs accessoires de décoration, tels que frises, corniches et consoles, pour orner les basiliques chrétiennes, ne fut pas général; on forma aussi de simples encadrements de portes non couronnés, avec de beaux fragments enrichis de sculpture, en combinant trois pièces de marbre, dont deux formaient les pieds-droits du chambranle, et supportaient le troisième, placé en linteau.

Les plus anciens comme les plus beaux exemples de ces fragments romains appliqués à l'entrée des basiliques se voient :

1° A la porte de l'église monastique de Saint-Laurent; elle fut transportée sur la face latérale de l'édifice lors des changements qui s'opérèrent au moyen âge. Les deux pieds-droits ou fragments placés debout sont enrichis de détails sculptés; ils reçurent, ainsi que le linteau orné de modillons, de riches mosaïques composées de porphyre, de rouge antique et d'autres matières précieuses;

2° Un exemple non moins riche se présente à la façade de Saint-Georges au Vélabre : ce chambranle est composé de trois morceaux de sculpture remarquables par leur belle exécution.

Dans toutes les contrées où le paganisme avait laissé de beaux fragments de son architecture, on les employa pour décorer les portes des basiliques: les moines agirent à cet égard comme tous les chrétiens placés en dehors de la société monastique. Là où ces fragments firent défaut il fallut mettre en œuvre des marbres sans ornements; en général on évita d'employer la pierre à cet usage; au VIII$^e$ siècle, les portes de la basilique de Sainte-Cécile au Transtevère furent formées de beaux marbres africains et de brèches orientales.

Saint Barthélemy de Niléo, fuyant la Calabre saccagée par les Sarrasins, vint s'établir, vers l'an 1000, à Grotta-Ferrata, auprès de Rome, avec des religieux grecs de l'ordre de saint Basile. On exécuta vers cette époque, sous le portique de l'église, une magnifique porte en marbre qui reçut la forme latine; la corniche est composée d'une large doucine dans laquelle de beaux feuillages sont encadrés par des oves et des perles; une frise étroite contient une inscription grecque; le large chambranle qui encadre l'entrée est décoré d'une ligne de mosaïque, et d'une moulure ornée de feuilles d'eau. Dans la partie plane, des rinceaux multipliés contiennent trois têtes de lion et des fleurs de tout genre. L'épaisseur du chambranle est aussi ornée de sculpture; une grande mosaïque à fond d'or surmonte cette porte. Le Christ, assis au centre, est placé entre la Vierge et saint Basile; une figure de petites proportions, debout, à la droite de Jésus, représente le pieux fondateur. (Voir la planche 76, à la page suivante.)

76. Porte de la basilique de Grotta-Ferrata.

Une petite église située derrière la basilique de Saint-Pierre au Vatican, et consacrée à saint Étienne *dei Mori*, fut érigée sous le pontificat de Léon le Grand, au v<sup>e</sup> siècle; restaurée par Alexandre III en 1159, un chambranle enrichi de rinceaux y fut placé à cette époque, et l'on y conserva la disposition et l'aspect d'une porte romaine. A l'église de Canino, l'entrée est décorée de même; les ornements, contemporains de ceux-ci, sont d'un meilleur goût et d'une exécution bien supérieure.

Enfin, au XIIIᵉ siècle, la porte principale de l'église de Saint-Laurent hors les murs fut construite, ainsi que la façade actuelle, sous le pontificat d'Honorius III, dans un système analogue à celui qu'on vient d'examiner, et dans les principes antiques; une chronologie aussi suivie ne doit laisser aucun doute sur les formes dont l'école latine fit usage sans interruption lorsqu'elle eut à produire des détails nécessaires à cette partie importante de la décoration des basiliques.

Quant aux clôtures, qui roulaient sur leurs gonds dans ces chambranles de marbre, leur histoire est la même : formées d'abord des dépouilles de monuments païens, on en effectua le transport pour les placer aux basiliques : ces portes étaient en bronze ou en bois. Au VIIIᵉ siècle, Adrien Iᵉʳ en fit mettre une en bronze à l'entrée de l'église de Saint-Côme et Saint-Damien, au *Forum* : on l'y voit encore aujourd'hui. Les papes couvrirent des portes de bronze de lames d'argent. Anastase nous apprend qu'en 626 Honorius Iᵉʳ fit envelopper avec de l'argent dont le poids était de neuf cent soixante et quinze livres les grandes portes royales nommées *medianœ* (du milieu), qui donnaient entrée à l'église de Saint-Pierre. « Investivit regias « januas majores in ingressu ecclesiæ quæ appellantur *medianœ* « ex argento quæ pensant libras noningentas septuaginta quin- « que[1]. » Sous Grégoire IV, au IXᵉ siècle, la basilique de Sainte-Marie-Majeure avait des portes en argent « valvas argenteas[2]. »

Jusqu'à l'époque de l'incendie de Saint-Paul hors les murs, on vit à cette église monastique des portes en bronze distribuées par compartiments, comme l'avaient été celles de l'antiquité; elles étaient ornées d'un grand nombre de bas-reliefs damasquinés en argent : Pantaléon Castelli, consul romain,

---

[1] Anast. p. 65, *Honorius Iᵉʳ*.
[2] *Idem*, p. 241, *Grégoire IV*.

les avait fait exécuter à ses frais en l'année 1070 : d'Agincourt en a publié les dessins. Le baptistère de Constantin possède deux portes de bronze qui, par leurs formes générales, pourraient passer pour antiques si l'on n'y voyait un grand nombre de croix. A l'église de Saint-Jean-de-Latran, les portes qui conduisent à la sacristie sont datées, et semblent être des productions de l'art romain; on y voit cependant des inscriptions du xie siècle, indiquant l'époque de leur fabrication sous Célestin III, et les noms de maître Ubert et Pierre son frère, de Plaisance, qui en furent les auteurs.

Une porte en bois, exécutée au xiiie siècle, est placée à l'église de Sainte-Sabine; elle se compose, sur la face qui regarde le porche, de précieux bas-reliefs renfermés chacun dans quatre baguettes de fleurs et de fruits. On y reconnaît le goût et la distribution des portes romaines. Sur la face qui est tournée vers l'intérieur de l'église, les panneaux, plus grands et encadrés d'oves, sont enrichis, dans leur milieu, de petits caissons de toutes les formes, qui rappellent les arcs doubleaux du monument triomphal antique élevé à Orange, colonie militaire dans les Gaules.

Ces preuves successives suffiront pour démontrer que les portes et leurs détails de décoration suivirent sans interruption une voie toute latine, et qu'au xiiie siècle, l'école dont nous étudions ici les monuments n'avait pas quitté, à Rome, la route tracée par l'antiquité. Dans le nord de l'Italie, au contraire, ainsi que dans le reste de l'Europe, le goût appelé gothique s'était répandu avec profusion, et avait exclu tout autre caractère antérieur dans les productions des arts dépendants du dessin.

De longs voiles étaient suspendus aux portes des basiliques, afin que, pendant le jour, le temple ne restât pas entièrement ouvert; ils sont figurés sur les mosaïques et les peintures anciennes qui reproduisent des basiliques. Rome et Ravenne possèdent plusieurs de ces représentations exécutées dans les premiers siècles du christianisme, et le bibliothécaire Anastase mentionne les voiles que le pape Grégoire IV fit placer à l'église monastique de Saint-Georges au Vélabre : « Fecit vela ante januas. » Avant cet auteur, saint Paulin de Nole en avait parlé dans ses écrits.

#### FENÊTRES ET CLÔTURES.

Les baies de fenêtres des premières églises monastiques étaient, comme on le voit sur les précédentes façades, des ouvertures allongées terminées par un cintre; quelquefois on les surmontait d'une autre fenêtre ronde ou *oculus*. Les transsepts de la basilique de Saint-Paul, à Rome (planche 72), en ont conservé jusqu'à nos jours. Les fenêtres étaient ordinairement en grand nombre, comme dans les basiliques païennes, et percées dans les parties les plus élevées de l'édifice, afin que le jour, venant d'en haut, causât moins de fatigue aux yeux.

On voit cent vingt fenêtres à l'église de Saint-Paul; il y en avait quatre-vingts à celle de Saint-Pierre au Vatican, et leurs dimensions étaient considérables. Grégoire de Tours dit que l'église de Saint-Martin, bâtie par Perpetuus, avait cinquante-deux fenêtres, et Fortunat donnant l'épithète *patulæ* aux fenêtres d'églises indique assez qu'elles étaient, dans les Gaules, d'une aussi grande étendue relative que celles des basiliques de Rome.

*Clôtures.* — La stabilité monumentale que les anciens appliquèrent toujours aux édifices s'étendit jusqu'aux détails nécessaires à leur achèvement, et indispensables à l'habitation. Ils adoptèrent, pour clore les ouvertures destinées à donner du jour, de grandes tablettes de marbre ou de pierre, évidées et percées de trous plus ou moins rapprochés entre eux, selon le degré de lumière qu'ils voulurent introduire dans les intérieurs.

L'Égypte présente les plus anciens exemples de ces clôtures durables, et si différentes en cela de nos frêles châssis en bois. Au petit temple du Sud, à Thèbes (Karnak[1]), des tablettes de pierre, placées aux ouvertures pratiquées dans la muraille de la Cella, sont ouvertes sur toute leur hauteur, de tranchées verticales qui laissent un passage étroit au jour extérieur.

Les Grecs imitèrent ces fermetures monumentales en leur donnant des formes variées et plus en harmonie avec les proportions légères de leurs riches édifices. Ils les nommaient Θύρα διαφανή, ou δεδίκτυομενή, clôture à jour, en réseau. Plus multipliées encore chez les Romains, les ruines des villes antiques de l'Italie en offrent des exemples : à Rome, on rencontre fréquemment de ces marbres évidés de manière à représenter de riches combinaisons de menuiserie : on les nommait *transennæ*. Ces clôtures sont désignées aujourd'hui par le nom de *croisillons*, parce que la plupart des évidements sont disposés de telle manière que les pleins figurent des bois croisés dans leur assemblage; des clous ou patères taillés dans le marbre semblent les fixer aux points de rencontre. On trouve de beaux fragments de ces clôtures dans les ruines du cirque Maxime et aux thermes de Caracalla[2].

Les artistes romains ne se bornèrent point à faire usage des lignes droites dans les dessins qu'ils créèrent pour évider ces marbres; des trous en demi-cercle, et quelquefois même des cercles entiers se combinèrent entre eux pour former un riche

---

[1] Ouvrage de la Commission d'Égypte, t. III. Antiquités, pl. 62.
[2] *Restauration des thermes de Caracalla*, par A. Blouet, F. Didot.

treillis, offrant une clôture solide : Rome, Préneste, en présentent de très-variés. A l'amphithéâtre de Pola, en Istrie, on en voit encore aux fenêtres.

Les premiers moines, héritiers naturels de ce que l'antiquité offrait de plus convenable aux besoins, firent d'abord usage de clôtures enlevées aux monuments païens : c'est ce dont on peut se convaincre à l'église monastique des Quatre-Saints couronnés, où une ouverture qui éclaire la crypte est fermée par un marbre antique percé de trous semi-circulaires disposés en imbrications. Un second exemple se présente à l'entrée du *martyrium* de l'église des saints Nérée et Achillée, sur la voie Appia, auprès des thermes de Caracalla; mais les religieux constructeurs des basiliques durent bientôt créer eux-mêmes des combinaisons de clôtures pour les nombreuses fondations chrétiennes.

Nous étudierons les différentes modifications qui s'opérèrent dans ces clôtures jusqu'à ce qu'elles fussent arrivées au point de mettre sur la voie des riches meneaux en pierre découpée, qui, dans les XIII$^e$, XIV$^e$ et XV$^e$ siècles, contribuèrent à la décoration de l'architecture du nord.

L'église monastique de Saint-Laurent hors les murs de Rome présente des exemples primitifs de ces tablettes percées de manière à ne laisser pénétrer qu'une lumière douce et modérée. Les seules fenêtres qui éclairent l'édifice sont situées au-dessus du second rang de colonnes formant la galerie du second étage. Placées dans l'axe de chacune des arcades, ces fenêtres sont cintrées par le haut; elles n'ont qu'un mètre et demi de largeur. Sur la face septentrionale de l'édifice, qui est appuyée contre la colline, une des fenêtres murée dans l'intérieur fut close originairement par quatre tables de pierre factice peu épaisses et assez bien jointes entre elles; quoique la fenêtre soit bouchée, elles sont encore à leur place. Des trous, dont la forme est en losange, y sont disposés en quinconce : leurs dimensions n'excèdent pas sept centimètres; les pleins qui les séparent et qui figurent des barres de bois croisées à quarante-cinq degrés, n'ont reçu aucune décoration à l'extérieur, ce qui est contraire à l'usage adopté chez les Romains.

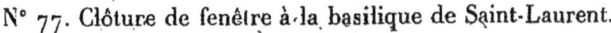

N° 77. Clôture de fenêtre à la basilique de Saint-Laurent.

On ne peut savoir si la face interne est ornée, puisque la maçonnerie qui bouche aujourd'hui cette fenêtre a été posée à l'intérieur et appuyée contre la clôture percée en losanges. On doit croire cependant que, placées auprès des riches sculptures qui décorent de toutes parts cette basilique, les pierres de clôture ne restèrent point nues et sans un motif quelconque de sculpture ou de gravure.

L'église souterraine de Saint-Martin-des-Monts, à Rome, que les historiens indiquent comme le lieu où s'assembla le premier concile, sous le pape Sylvestre, fournit un exemple de clôture de fenêtres analogue à celle qui, à Saint-Laurent, paraît être de la première époque; entre elles, cependant, il y a cette différence qu'ici les trous en losanges sont plus grands relativement aux parties solides réservées dans la pierre, ce

# ARCHITECTURE MONASTIQUE. 137

qui figure un treillis moins serré, et permettant à la lumière d'entrer en plus grande abondance. La fenêtre est carrée, une seule tablette de pierre la fermait; elle est brisée aujourd'hui, et plusieurs morceaux sont perdus.

N° 78. Clôture de fenêtre à la basilique de Saint-Martin-des-Monts.

La face septentrionale de la basilique de Saint-Laurent présente un autre exemple de clôture qui paraît postérieur à celui qui est décrit d'abord : une tablette de marbre est percée de cercles inscrits dans des carrés; les angles qui restent entre les quatre côtés du carré et leurs points de tangence avec le cercle sont évidés en triangles. Ces combinaisons diverses, qu'un dessin fera mieux comprendre, offrent pour l'introduction de la lumière beaucoup plus de vide que les clôtures précédentes.

N° 79. Clôture de fenêtre à la basilique de Saint-Laurent.

A Saint-Martin-des-Monts on voit une autre combinaison de cercles disposés sans aucunes lignes droites; ils s'entrelacent et figurent une suite de chaînes non tendues, placées parallèlement les unes aux autres. Cette clôture fermait une fenêtre carrée : elle est brisée, il n'en reste qu'une partie.

N° 80. Clôture de fenêtre à la basilique de Saint-Martin-des-Monts.

Dans la même église souterraine, un troisième fragment non moins curieux et encore en place figure des cordons enlacés, et forme une sorte de tresse lâche; des losanges évidées entre toutes les courbes que suivent les lignes laissent le passage aux rayons lumineux [1].

N° 81. Clôture de fenêtre à la basilique de Saint-Martin-des-Monts.

On a déposé contre un des piliers de l'église de Saint-Martin-des-Monts une pierre carrée de dimensions plus petites que celles qui précèdent; elle offre un dessin de clôture dont on ne trouve l'analogue nulle part ailleurs. Au centre, un trou circulaire est entouré d'un cercle solide assez large pour qu'un entre-lacs, ou corde tordue, y soit gravé en intaille. Sur le cercle s'appuient quatre demi-cercles évidés, autour desquels

---

[1] Ciampini cite trois fenêtres de l'église de Saint-Clément à Rome qui étaient closes de la même manière : « Lapideæ tres fenestræ retis ad instar perforatæ quæ transenne dicebantur. » (*Vet. mon.* I, p. 19.)

# ARCHITECTURE MONASTIQUE. 139

s'en groupent d'autres qui s'éloignent de plus en plus du centre, et l'ensemble prend l'aspect d'une imbrication concentrique d'autant plus riche, que la gravure qui décore le premier cercle se reproduit sur toutes les parties solides. Aux angles de la pierre on a évidé quatre cercles.

N° 82. Clôture de fenêtre à la basilique de Saint-Martin-des-Monts.

L'église de Sainte-Marie-de-Canẽdo, construite à Pola en Istrie, en 546, a conservé plusieurs clôtures non moins curieuses que celles qu'on vient d'examiner : elles sont en marbre ; l'une d'elles est formée d'une riche combinaison de cercles enlacés d'une manière toute différente de celles de Saint-Martin-des-Monts. Beaucoup plus nombreux, les cercles ne laissent entre eux que de faibles intervalles pour l'introduction du jour.

N° 83. Clôture de fenêtre à la basilique de Sainte-Marie de Canedo à Pola.

140 INSTRUCTIONS.

Une seconde plaque de marbre présente trois compartiments distincts : sur les parties latérales sont deux bandes étroites évidées en croisillons dans lesquels se distribuent des cercles de deux dimensions différentes. Au milieu du marbre sont des carrés évidés, égaux entre eux, et qui ressemblent à nos châssis de fenêtre.

N° 84. Clôture de fenêtre à Pola (Istrie).

Lorsqu'à Saint-Laurent on fit ajouter à l'occident de la basilique primitive une nef étendue qui changea toutes les dispositions originaires, les nombreuses fenêtres destinées à éclairer cette nouvelle construction furent closes par des marbres percés seulement de trous circulaires. Chaque fenêtre comporte dans toute sa hauteur quatre morceaux bien joints; celui du haut, qui est cintré comme la fenêtre, a été foré de trois trous. Sur chacune des pièces de marbre qui complètent la clôture sont six trous sur des lignes horizontales.

Cette combinaison, qui est plus simple que toutes les précédentes, et dont l'exécution était plus facile, doit dater, à l'église de Saint-Laurent, du ix$^e$ ou du x$^e$ siècle, époque vers laquelle la basilique primitive fut dénaturée et ne forma plus que le sanctuaire d'un édifice beaucoup grand, par l'addition d'une nef à son chevet. (Voir la planche 65.)

N° 85. Clôture de fenêtre à la basilique de Saint-Laurent.

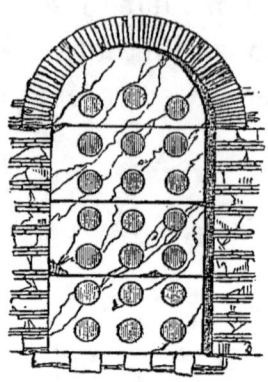

On trouve aussi dans les fenêtres de la même église de Saint-Laurent une autre disposition de clôture qu'on doit reconnaître pour moins ancienne. Les trous y sont plus grands et placés en quinconce; puis, à l'extérieur, chacun d'eux est porteur de trois attaches ou petits scellements en plomb qui servirent à maintenir des ronds de verre.

N° 86. Clôture de fenêtre à la basilique de Saint-Laurent.

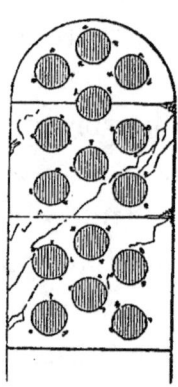

Sur la route de Rome à Ostie, à peu de distance au delà de Saint-Paul hors les murs, l'antique église monastique de Saint-

Vincent-Saint-Anastase aux trois fontaines est percée d'un grand nombre de fenêtres; toutes sont closes de tablettes de pierre perforées; devant chacun des trous est fixé un rond de verre. Cette vitrerie singulière doit dater du $xi^e$ siècle, lorsque le pape Innocent II fit restaurer l'église pour l'offrir à saint Bernard. On peut voir dans ces vitrages l'origine des verrières si communes au moyen âge dans l'Italie du Nord et en Allemagne, et qui, formées de cercles de verre soutenus avec du fer et du plomb, ne présentèrent plus à l'introduction des rayons lumineux les obstacles que devaient leur opposer des tables de marbre percées de quelques ouvertures.

Sur la voie Appia, hors de l'enceinte de Rome, à peu de distance du tombeau de *Cecilia Metella*, on voit un exemple de clôture en pierre dans laquelle deux ouvertures allongées et cintrées par le haut reproduisent sur de petites dimensions la fenêtre même dans laquelle est scellée la tablette; deux trous circulaires sont au-dessus de ces tranchées verticales. Nous en avons recueilli une presque semblable à Corfou. Ce mode de percement a dû conduire à un autre qu'on voit à la Marmorata, sur les bords du Tibre, vis-à-vis la nouvelle douane:

N° 87. Clôture de fenêtre à la Marmorata.

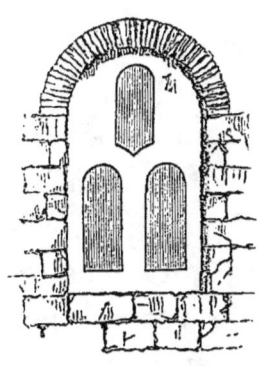

Une grande pierre placée dans une fenêtre a reçu deux tranchées verticales et parallèles qui s'élèvent jusqu'à la moitié de l'espace; elles sont cintrées; au-dessus en est une troisième qui, placée dans l'axe, et par conséquent au-dessus de la barre qui sépare les tranchées du bas, évide la partie supérieure de la clôture, et emprunte ses formes inférieures des deux courbes qui surmontent les ouvertures placées au-dessous d'elle. Ce principe, développé plus tard, a produit les meneaux variés des églises du Nord. Nous avons reconnu à Corfou, derrière l'abside d'une chapelle du XVI$^e$ siècle, que ce mode de clôture par des tables de pierre ou de marbre percées s'est maintenu dans les pays chauds jusqu'à la renaissance.

N° 88. Clôture de fenêtre à une chapelle de Corfou.

Extérieurement à ces tables percées, qui, par leur solidité, formaient déjà une clôture capable de résister à plus d'un effort, des volets en pierre soutenus par des pivots taillés dans le même morceau, et roulant sur des gonds en marbre scellés dans le mur, s'appliquaient au besoin devant les fenêtres, et supprimaient entièrement la lumière à l'intérieur. La face méridionale de la basilique de Torcello a conservé plusieurs de ces doubles clôtures, qui, dans le cas d'un incendie des constructions voisines de l'église, pouvaient préserver d'une manière efficace les verrières des fenêtres et les charpentes apparentes du comble. On doit être d'autant plus disposé à croire que ce fut là le motif de cette disposition curieuse, que ces volets se trouvent sur la seule face de la basilique vers laquelle sont établis les bâtiments du monastère.

N° 89. Volet à Torcello.

Les grandes fenêtres destinées à éclairer les nefs dans leur partie supérieure ne furent pas les seules ouvertures closes avec des tablettes de marbre ou de pierre percées de trous; on voit à l'église monastique de Saint-Sabas, à Rome, une clôture placée devant une petite fenêtre basse et de forme carrée. La tranchée pratiquée dans le marbre est longue et cintrée en haut et en bas; elle ressemble aux meurtrières du moyen âge : une moulure forme autour d'elle un cadre renfoncé.

N° 90. Clôture de fenêtre à la basilique de Saint-Sabas.

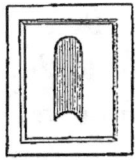

Un second exemple de même dimension présente une croix latine évidée dans le marbre.

N° 91. Clôture de fenêtre sur la voie Appia.

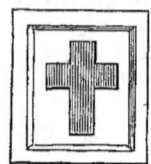

L'église de Saint-Pierre, à Toscanella, construite vers le xi<sup>e</sup> siècle, et la cathédrale de Vérone, à peu près contemporaine, ont au-dessus de leurs absides, et taillées à travers les épaisses assises de la muraille, des croix lumineuses qui produisent d'autant plus d'effet qu'elles sont ouvertes dans des parties obscures à l'intérieur.

Dans le Nord, où le marbre était rare et les constructions en bois très-fréquentes, on fit les treillis de fenêtres avec cette dernière matière pour clore les basiliques latines; Grégoire de Tours nous l'apprend lorsqu'il raconte qu'un voleur, n'ayant pu entrer dans une église, se contenta d'en détacher les châssis de bois garnis de vitres [1].

Les anciens avaient fixé à leurs clôtures de fenêtres, d'abord des pierres spéculaires, des albâtres, des marbres, sciés en tablettes fort minces, puis enfin du verre, comme on en a trouvé plus d'une preuve à Pompeia. Les premiers chrétiens ont usé de ces diverses matières pour clore complétement les basiliques.

Ainsi, à l'église de Saint-Pierre de Corneto, au fond de l'abside, au-dessus du siége de l'évêque, se voit un cadre en forme de losange entourant une fenêtre; un morceau d'albâtre ferme cette ouverture, et par sa transparence produit un effet de lumière douce.

---

[1] Grég. de Tours, *Gloria martyr.* lib. I, cap. LIX.

La belle abside de l'église monastique de *San-Miniato*, à Florence, est décorée d'arcades. Le grand espace encadré par chacune d'elles et par les riches colonnes qui les supportent est rempli par des tables de brèche violette orientale, assez minces pour que la lumière extérieure se laisse légèrement apercevoir au travers. Ce faible jour donne beaucoup de mystère à l'abside et aux décorations en mosaïque ou en marbre qui environnent la sainte table.

Quant à l'emploi du verre dans les premières églises latines pour clore les fenêtres, on en trouve la preuve dans les écrits de saint Jean Chrysostome [1], de saint Jérôme [2], de Lactance [3], de Grégoire de Tours [4], de Fortunat [5], qui parlent fréquemment de fenêtres fermées avec des lames de verre. Ces verrières qui, sans doute, furent originairement blanches, prirent bientôt des nuances variées, puisque Prudence [6], dès le IV<sup>e</sup> siècle, cite les vitraux de la basilique de Saint-Paul hors les murs de Rome : « Dans les fenêtres cintrées, dit-il, se déploient « des vitraux de diverses couleurs : ainsi brillent les prairies or- « nées des fleurs du printemps. » Une inscription placée à l'église monastique de Sainte-Agnès hors les murs apprend que cette basilique était décorée de vitraux qui produisaient le plus magnifique effet [7].

La disposition de ces vitraux ne pouvait être encore celle qui fut adoptée dans le moyen âge; elle devait se borner à des feuilles de verre teint de diverses couleurs dans la masse,

---

[1] *Oper.* t. VII, p. 354.
[2] Du Cange, *Gloss.* au mot *Vitræ*.
[3] Lact. *de Opificio Dei,* c. VIII.
[4] Grégoire de Tours, liv. I, c. LIX.
[5] Fortunat. *Carm.* l. II, § II.
[6] Prudence, *Notes du père Chamillard*.
[7] Ciampini, *Vet. monum.* t. II, p. 105.

# ARCHITECTURE MONASTIQUE. 147

et enchâssées dans les treillis de marbre, de pierre naturelle ou factice, de bois, dont nous avons donné précédemment les dessins. On ne formait sans doute alors que des mosaïques transparentes dans lesquelles la peinture ne se mêlait pas au verre teint : du moins les historiens n'en font aucune mention. Ces mosaïques, toutefois, pouvaient offrir déjà de nombreuses combinaisons par la découpure du verre; nous avons recueilli dans les catacombes de Saint-Laurent hors les murs de Rome, un morceau d'une vitre bleue très-irisée par le temps; sa forme générale, lorsqu'elle était complète, offrait un octogone de huit ou neuf centimètres; un trou circulaire occupait le centre et devait être rempli par un cercle d'une autre couleur, à en juger par la précision avec laquelle l'ouverture était faite. Le polygone bleu, parfaitement dressé sur ses côtés, avait sans doute occupé l'un des vides d'un treillis de clôture.

*Façades latérales.* — Les façades latérales des premières églises monastiques offraient peu d'intérêt : là se développait, dans toute son étendue, le système de fenêtres destiné à éclairer la nef principale et les collatéraux; quant à la décoration, on la négligeait entièrement. Si le plan était disposé en forme de croix, comme ceux de Saint-Paul hors les murs, de l'*Ara-Cœli* à Rome, et comme celui de l'église que saint Namatius fit construire à Clermont au v$^e$ siècle[1], les façades latérales présentaient des transsepts surmontés de pignons et percés de fenêtres, que remplaçait quelquefois un *oculus*. La façade latérale de l'abbatiale Cistercienne de Saint-Vincent-Saint-Anastase à Rome présente plus encore que toutes les autres une gravité de lignes, une simplicité d'architecture en harmonie avec la sévérité de l'ordre de Cîteaux.

---

[1] *Grégoire de Tours*, liv. II, p. 181. « L'édifice entier est disposé en forme de croix. »

*Façades postérieures.*—La partie des églises opposée à l'entrée présentait une ou plusieurs absides en demi-tour rondes, surmontées de toits coniques.

N° 91. Abside de basilique à transsepts.

Originairement sans ouvertures, ces absides furent percées de plusieurs fenêtres, toujours en nombre impair. Les murs portant à l'intérieur une voûte pesante, la construction en était plus soignée que celle du reste de l'édifice, mais on y retrouvait le même système de maçonnerie que sur les autres façades. La décoration y était ordinairement négligée; cependant les absides des anciennes églises de Saint-Martin-des-Monts et des Quatre-Saints-Couronnés à Rome, sont surmontées de belles corniches en marbre blanc, contenant de riches caissons sculptés que supportent des modillons couverts de feuillages. (Voir la planche 92.)

L'abside de la basilique des saints Jean et Paul, à Rome, présente, au sommet de la courbe, une galerie à jour, formée d'arcades portées par des colonnes; cette disposition est dans le goût de l'architecture du Nord.

N° 92. Corniche de l'abside de la basilique de Saint-Martin-des-Monts.

Une large croix en marbre était quelquefois incrustée dans la partie basse de l'abside, en souvenir de la cérémonie religieuse pendant laquelle on avait fondé le sanctuaire de l'église. Il y en a un exemple à Santa-Fosca de Torcello.

Un bas-relief inédit, qui se voit à Saint-Jean-de-Latran, à Rome, et que nous y avons dessiné, montre comment était disposée originairement l'abside de cette église, ainsi que la décoration extérieure des murailles sur lesquelles s'élevaient des colonnes engagées. Ce bas-relief a tous les caractères de la sculpture des premiers siècles chrétiens, et a été trouvé, en 1751, dans les démolitions de l'église de Saint-Marcellin, construite sous Constantin, comme celle de Saint-Jean-de-Latran. Il fait voir que ce dernier monument était disposé en forme de *tau* ou T majuscule, véritable configuration de la croix primitive. En faisant incruster ce bas-relief dans le mur, vers la porte de la sacristie de l'église, on y a fait graver cette inscription :

OPVS EXIBENS LATERANENSEM BASILICAM JVXTA PORTAM ASINARIAM.
IN DEMOLITIONE ECCLESIÆ S. MARCELLINI ANNO MDCCLI REPERTVM.
ANASTAS. IN VITA S. SILVESTRI P.
VENI AD PORTAM QVÆ VOCATVR ASINARIA JVXTA LATERANAS.

N° 93. Bas-relief représentant l'abside de la basilique de Saint-Jean-de-Latran.

TOITS.

La couverture des basiliques primitives dut suivre, comme toutes les autres parties, les conséquences de l'imitation des édifices antiques; les églises les moins importantes furent sans doute couvertes avec les tuiles plates adoptées dans les constructions romaines. Le petit temple situé près de la fontaine Égérie, et converti en église sous le vocable de Saint-Urbain, a fait connaître plus d'un fragment de tuile timbré des premiers temps du christianisme; des fouilles opérées à Saint-Pierre au Vatican ont produit des tuiles datées des règnes de Constantin et de Théodose[1]; mais quelquefois les moines,

[1] D'Agincourt, *Saint Pierre au Vatican.*

peu satisfaits de la simplicité de cette couverture en terre, pensèrent à lui en substituer une autre.

Une antique inscription chrétienne, placée dans l'abside de Sainte-Anastasie, à Rome, et publiée par Mabillon[1], est ainsi conçue; elle est du temps de Narsès :

> ANTISTES DAMASUS PICTURÆ ORNARAT HONORE
> TECTA, QUIBUS NUNC DANT PULCHRA METALLA DECUS.

Un fait curieux se présente dans la première ligne de cette inscription : le pape Damase, en 366, fit décorer le toit d'une église avec des ornements peints, probablement comme les temples grecs et romains en offraient alors des exemples [2]; à moins d'admettre que c'était avec des tuiles vernissées, ainsi qu'on en fit au moyen âge.

La seconde partie de l'inscription n'est pas moins importante que la première; elle démontre qu'aux premiers siècles de notre ère des églises étaient couvertes en métal, comme l'avaient été les temples païens, et ce fut souvent aux dépens de ces derniers. Ce que nous apprend cette inscription est encore confirmé par Anastase, qui, dans la Vie d'Honorius I$^{er}$, dit qu'en 626 ce pape couvrit la basilique du père des apôtres avec des tables d'airain qu'il enleva au temple de Vénus et Rome : *Cooperuit ecclesiam omnem ex tabulis æreis quas levavit de templo quod appellatur Romæ* [3].

Cet usage de couvrir les temples avec du métal fut assez fréquent chez les premiers chrétiens; ils y joignirent même la dorure, non-seulement en Italie et en France, ainsi qu'on le verra plus loin, mais encore à Constantinople, comme nous

---

[1] J. Mabillon, *Vetera analecta*, p. 359, Paris, 1723.
[2] Hittorf, *Sicile antique*.
[3] Anastase, p. 65, *Vita Honorii*.

l'apprend Eusèbe[1], puis en Asie, d'où saint Jérôme s'exprimait ainsi : « Quanto cultu auroque templa fulgerent, sonabant psalmi, et aurata tecta templorum reboans in sublime quatiebat alleluia[2]. »

### TIMBRES, CLOCHES ET CLOCHERS.

Un nouvel élément de décoration des façades d'églises se développa durant les VII<sup>e</sup> et VIII<sup>e</sup> siècles, peut-être même avant cette époque : c'est le clocher. L'Italie paraît en avoir possédé avant les autres contrées, ce qui s'expliquerait par la tradition qui attribue à saint Paulin, évêque de Nola en Campanie, l'invention des cloches. En admettant cette tradition, on doit penser que l'invention de saint Paulin ne put se répandre immédiatement dans le monde chrétien, et la fonte des cloches n'était pas le moindre obstacle; on devait donc faire usage, dans la plupart des contrées éloignées de l'Italie, d'un moyen simple pour convoquer les fidèles à la prière. Les anciens qui ont fabriqué des clochettes (*tintinnabula*) ne sont jamais allés au delà des dimensions restreintes que ce mot exprime chez nous; mais ils faisaient des disques en métal au moyen desquels ils pouvaient, en les frappant avec un marteau, rassembler la foule ou donner un signal à une grande distance. On a trouvé à Pompeia, aux angles des rues étroites, de ces disques percés d'un trou pour les suspendre. Lorsqu'un char s'engageait dans une des rues, celui qui le montait frappait sur le disque avec un marteau pour prévenir ceux qui auraient eu l'intention d'entrer dans la rue, qu'ils devaient attendre que le premier char fût passé. C'était un instrument analogue à celui-

---

[1] Eusèbe, *de Ædificiis a Const. Constr.*

[2] Saint Jérôme, épit. de sainte Fabiola, pénitente de la basilique de Saint-Jean-de-Latran.

ci qu'employaient les premiers moines, et qui depuis l'origine de leur société est encore en usage dans l'Orient.

Lorsque les solitaires habitaient un même lieu, soit dans des grottes naturelles ou factices, voisines les unes des autres, soit dans des cellules construites à des distances peu considérables, ils s'assemblaient quelquefois pour des cérémonies religieuses ou pour toute autre cause; ils durent avoir un moyen de se prévenir de l'heure de la réunion générale, et de s'appeler pour y assister. L'ancienne peinture grecque, publiée par d'Agincourt, et que nous avons déjà citée en commençant, représente un grand nombre d'ermites dans des grottes; sur le devant a lieu la cérémonie funèbre de saint Éphrem : un ange placé au fond du tableau marche et tient à la main une planche sur laquelle il frappe avec un marteau pour convoquer les solitaires, et déjà on en voit un grand nombre auprès du saint; les autres, placés dans leurs cavernes, écoutent le bruit du timbre et interrompent leurs travaux.

Cette peinture nous transmet sans doute le moyen employé originairement par les solitaires pour s'assembler; on peut d'autant plus le croire, 1° que l'instrument, par sa simplicité, pouvait être fabriqué en tout lieu, puisque c'était un bout de planche; 2° que les moines ou caloyers de l'Orient, chez lesquels les traditions les plus anciennes ont été conservées, se servent encore, de nos jours, de pareils morceaux de bois au lieu de cloches. On peut voir dans les nombreuses gravures représentant des monastères du mont Athos, et dont une est reproduite au n° 20, qu'en tête des processions marche un moine portant une planche sur laquelle il frappe avec un marteau. Le moine maronite appelle, par le claquement de deux planches suspendues à la cime d'un arbre[1], l'étranger que la

---

[1] *Génie du Christianisme*, IV<sup>e</sup> partie, liv. III, chap. v.

nuit a surpris dans les précipices du Liban. Ces timbres, de fabrication facile, ne sont pas toujours en bois et de forme allongée : on en a fait de variés et en métal; dans ce cas, leur poids ne permettant pas de les porter à la main, ils sont suspendus dans une arcade du cloître ou dans une de celles qui ornent le porche de l'église. Nous en avons recueilli plusieurs dans le Fanar, quartier grec de Constantinople : nous les reproduisons ici par la gravure.

N⁰⁸ 94, 95, 96 et 97. Timbres dessinés à Constantinople.

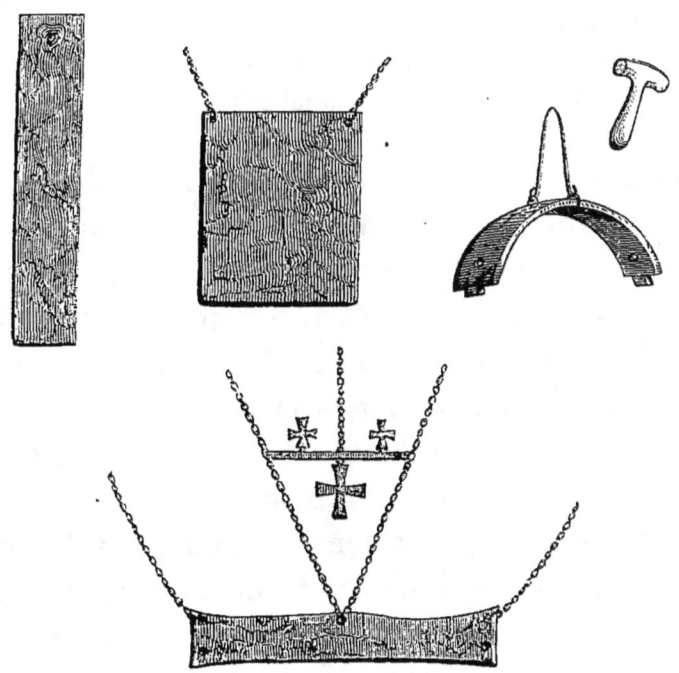

L'Occident fit usage de ces timbres, mais, comme ils furent abandonnés de bonne heure pour les cloches, les monuments n'ont pas survécu; l'usage en fut longtemps conservé dans l'intérieur des monastères pour régler certaines parties du service. On lit ces mots dans les Us et coutumes de l'abbaye de Saint-Germain-des-Prés, établis par l'abbé Guillaume III à la fin du xiv<sup>e</sup> siècle : *Conventus ibit in capitulum..... et quando parati fuerint, prior percutiet tabulam sæpius.....*[1] Cette *tabula* était une tablette ou petite planche, à laquelle on attachait un marteau. Dom Martenne cite un instrument semblable à l'entrée du chapitre de l'abbaye de Clairmarest auprès de Saint-Omer : il servait à avertir les religieux de venir assister de leurs prières les frères agonisants, puis à fixer l'heure des travaux intérieurs de la maison. Quatre vers latins indiquaient son usage[2] :

> Diræ sum sortis, quia sum prænuncia mortis,
> Et me clangente turbantur corda repente;
> Quando quis moritur, ad me currendo venitur,
> Et certis horis prætendo signa laboris.

On se sert encore dans nos processions de tablettes de bois qu'on frappe l'une contre l'autre pour régler la marche. Peut-être doit-on voir un développement de ces timbres primitifs dans le *bombulum* ou *bunibulum* reproduit par plusieurs manuscrits occidentaux des ix<sup>e</sup> et x<sup>e</sup> siècles : ces manuscrits sont ceux de Boulogne, d'Angers et de Saint-Éméran. L'instrument était suspendu comme les timbres, et se composait de plaques métalliques qu'on frappait et agitait pour en tirer des sons[3]. Nous en reproduisons un exemple à la page suivante d'après le travail publié par M. de Coussemaker dans les Annales archéologiques. Les dimensions diverses données aux petits timbres groupés autour du corps principal de l'instrument devaient produire des sons variés.

---

[1] *Usus et consuetudines monasterii Sancti Germani a Pratis.*
[2] *Voy. litt.* part. II, pl. 185, t. I.
[3] *Annales archéologiques*; instruments de musique par M. de Coussemaker. Fév. 1846.

N° 98. Bombulum.

On plaçait des timbres dans les réfectoires pour régler les repas, donner le signal de la prière, du départ, etc.[1]

Des *symandres* composées de grands ais de bois que frappaient des maillets mus par des machines suppléaient, dans quelques localités, les cloches ordinaires pendant la semaine sainte; à Bourges, la symandre se compose d'un cylindre armé de pannetons qui soulèvent des marteaux placés en bascule; en tournant sur son axe au moyen d'une manivelle, le cylindre fait arriver tour à tour les pannetons qui pèsent passagèrement à l'extrémité des manches de marteau; de longues planches sont frappées d'une manière continue. On voit à Burgos une de ces machines, nommée la *matraca*; elle est formée de caisses en bois doublées de tôle, sur lesquelles la rotation fait arriver successivement les marteaux (pl. 99). Celle qui lui est adjointe, pl. 100, se voyait il y a peu d'années dans un département de l'Est.

[1] *Usus et consuetudines monasterii Sancti Germani a Pratis.*

N° 99. La matraca à Burgos.  N° 100. Symandre.

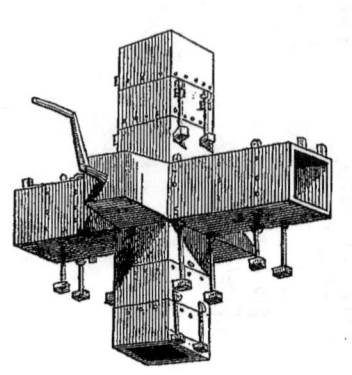
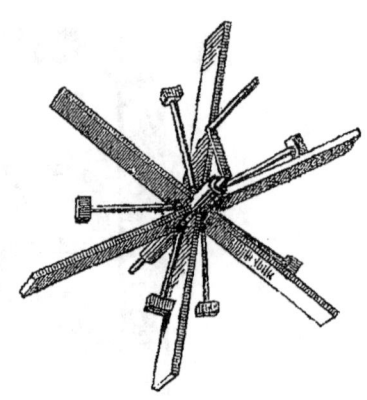

En Occident, les cloches ont prévalu; elles ne s'introduisirent en Grèce que fort tard, mais leur origine et leur premier emploi dans l'Église latine laissent encore de l'incertitude. Nous citerons ici un passage de la notice publiée par M. l'abbé Barraud sur cette question [1].

« Il y a plusieurs opinions sur le temps auquel on a commencé à se servir des cloches dans les églises d'Occident. Les uns veulent que ce soit aussitôt après que Constantin eut rendu la paix aux chrétiens (commencement du IV$^e$ siècle). Ils se fondent sur ce que déjà employées par les païens, et convenant mieux pour donner le signal des réunions que les trompettes et les autres instruments de bois ou de fer auxquels on aurait pu avoir recours, on dut dès lors s'en servir de préférence. C'est le sentiment de Baronius (ann. 58), de Jérôme Magius (cap. II libelli *de Tintinnabulis*), et de François Bernardin de Ferrare (lib. I, *de Sacra concione*).

« D'autres auteurs regardent le pape Sabinien (an 604), successeur immédiat de saint Grégoire, comme le premier qui ait prescrit l'usage des cloches pour annoncer les saints offices.

---

[1] *Notice sur les cloches*, par l'abbé Barraud, 1844, p. 4.

On peut citer, pour cette opinion, Polydore Virgile (lib. VI, *De invent. rerum,* cap. XII), Onuphrius Panvin (in *Epitom. Rom. pontif.*), Genebrard (lib. III, *Chron. ad annum 604*), et Szegedinus (*Speculum pontif. Rom.* cap. VIII).

« Enfin, le sentiment le plus commun est celui qui attribue l'introduction des cloches dans les églises à saint Paulin, évêque de Nole, mort en 431; ce sentiment est admis, en particulier, par Albert le Débonnaire, comte de Carpe (lib. VII *in Erasm.* tit. III, fol. 133), Ange du Noyer, abbé du mont Cassin (ad c. XVII *Chron cass.* num. 633); Ange Rocca, évêque de Tagaste en Afrique (*Com. de Camp.* c. XXXIII et XXXIX); J. Fungert (in *Lexico philologico,* v. Campana) et plusieurs rituels.

« Aucune de ces trois opinions que nous venons d'indiquer n'étant établie ni sur des monuments contemporains ni sur le témoignage des anciens auteurs, nous nous contenterons, sans rien fixer sur l'origine de l'usage des cloches pour les cérémonies de l'Église, d'avancer qu'indubitablement on s'en servait dans le VIII$^e$, et même dans les premières années du VII$^e$ siècle.

« Nous pouvons, à l'appui de ces assertions, citer plusieurs auteurs ecclésiastiques qui écrivaient dans ces deux siècles.

« Le moine de Saint-Gall, auteur du VIII$^e$ siècle, dans un ouvrage intitulé, *De ecclesiastica cura Caroli magni,* cap. XXXI, raconte le fait suivant : « Un ouvrier avait fondu une cloche,
« *campanam conflavit,* dont le son plaisait beaucoup à Charle-
« magne. Cet homme dit qu'il en ferait une dont le son serait
« plus agréable encore si on lui donnait cent livres d'argent
« au lieu d'étain. Ayant reçu ce qu'il avait demandé, il garda
« l'argent pour lui et employa de l'étain comme de coutume.
« La cloche, néanmoins, plut au roi; on la plaça dans le clo-
« cher; mais lorsque le gardien de l'église et les autres chape-

« lains voulurent la mettre en branle, ils ne purent jamais en
« venir à bout. L'ouvrier, en colère, prit alors la corde et tira
« lui-même la cloche pour la faire sonner, mais le battant de
« fer lui tomba sur la tête, et le tua. »

« Bède, qui vivait à la fin du viie siècle, rapportant dans son Histoire ecclésiastique (lib. IV, c. xxiii) la mort de l'abbesse Helda, dit qu'une religieuse entendit *novum campanæ sonum, quo ad orationes excitari vel convocari solebant.*

« Enfin saint Ouen, archevêque de Rouen en 640, parle, dans la Vie de saint Éloi, d'un prêtre qui, voulant célébrer la messe dans une église interdite par l'évêque, sonna la cloche à l'heure ordinaire sans qu'il pût lui faire rendre aucun son. Il ajoute que ce prêtre ayant fait pénitence, et que le lieu ayant été réconcilié par saint Éloi, *mox, signo tacto, sonus protinus rediit in tintinnabulum.* »

Deux cloches fort anciennes sont connues : celle de Sainte-Godeberte à Noyon, et le Saufang de Sainte-Cécile à Cologne : toutes deux se composent de feuilles de métal battu, jointes par des clous rivés ; elles sont attribuées au viie siècle, et leur construction grossière, qui doit remonter à l'origine de l'invention, indique en effet la transition entre les plaques de métal ou timbres employés par les premiers religieux, et les cloches fondues qu'on voit paraître dans le viiie siècle. La cloche de Sainte-Godeberte est de petite dimension et se portait à la main ; les ornements qui la décorent sont dans le style latin, ce qui prouve son ancienneté. Celle de Sainte-Cécile de Cologne est beaucoup plus grande, et dut être originairement suspendue, comme elle l'est aujourd'hui, dans une tour ou clocher, ce qu'indiquent les pièces de fer clouées à sa partie supérieure. (Voir, à la page suivante, la planche n° 101.)

160  INSTRUCTIONS.

Cloches de Cologne, du manuscrit de Boulogne, de Sienne.

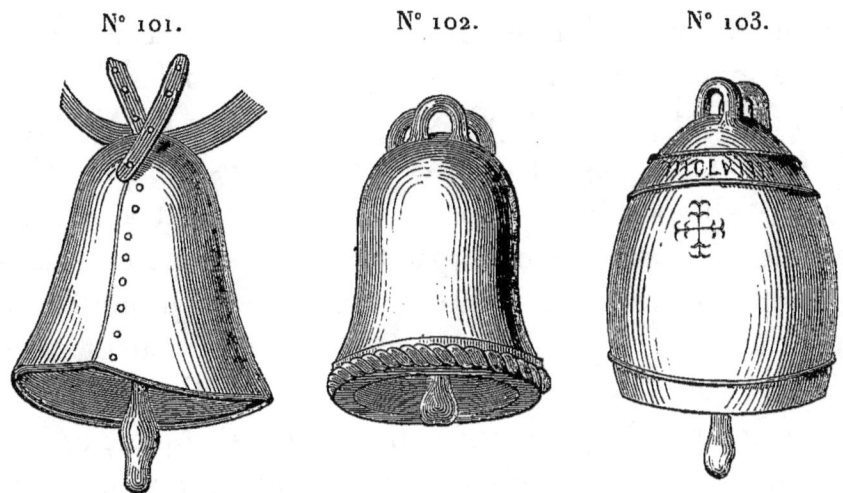

N° 101.   N° 102.   N° 103.

Ces cloches anciennes, qui datent, la première du VIIe siècle, la seconde du IXe et la troisième du milieu du XIIe, sont extraites des Annales archéologiques; les formes des deux dernières indiquent qu'à ces époques on n'avait pas encore fixé par l'expérience le galbe interne et externe qu'il convient de donner à une cloche pour qu'elle soit dans les meilleures conditions de durée et de diapason. Il est probable que c'est au XIIIe siècle qu'on doit la détermination de la forme qui n'a plus été abandonnée depuis, ainsi que les formules établies sur des tringles de bois et dont se servaient les fondeurs pour fixer les épaisseurs en rapport avec les autres dimensions. Il est inutile de donner ici des dessins des cloches du XIIIe siècle et des périodes suivantes; elles ne diffèrent des nôtres que par les ornements et les légendes gravées sur les parties extérieures.

ARCHITECTURE MONASTIQUE. 161

CLOCHERS.

On ne saurait établir si les clochers furent construits d'abord dans les monastères ou près des églises paroissiales; les textes cités plus haut prouvent qu'il y en avait déjà au VIIe siècle; au VIIIe les auteurs en signalent plusieurs dans les abbayes : ainsi, en 774, l'abbé de Saint-Denis, Fulrad, poussant avec impatience les travaux ordonnés par Charlemagne pour terminer l'église commencée par Pépin son père, envoya un ouvrier nommé Airard, pour enlever les échafauds qui avaient servi à terminer la tour[1]. En 799, Angilbert fondant l'abbaye de Centula ou de Saint-Riquier, y établit des tours, comme on peut le voir dans la gravure publiée par P. Petau, d'après une peinture de manuscrit carlovingien[2], pl. 27. Le plan de Saint-Gall, dessiné en 820, complète les notions pour cette époque, puisqu'il indique comment les tours étaient disposées; elles y sont au nombre de deux, et de forme cylindrique, comme à Saint-Riquier. Les légendes du dessin n'indiquent pas quelle était leur élévation : on doit supposer cependant qu'elle était assez considérable pour que, de leur sommet, on pût découvrir tout l'établissement monastique et les environs, car on lit auprès : *Ad universa super inspicienda.*

On arrivait au sommet des tours de l'église de Saint-Gall par deux escaliers tournants ou en vis, *accensus per cochleam;* et dans les parties les plus élevées étaient des autels dédiés aux archanges : on lit dans la tour du nord, *Altare sancti Michaelis in summitate;* et dans celle du midi : *Altare sancti Gabrielis archangeli in fastigio.* Cette pensée se retrouve dans les monastères du mont Athos; celui de Vatopédi, par exemple, montre

---

[1] Lib. I, *de Mir. S. Dion.* c. XIV.
[2] P. Petau, *de Nithardo Caroli magni nepote, breve Syntagma.* Paris, 1613.

un oratoire dédié à la Transfiguration, au sommet d'une tour; on voit ailleurs ceux des archanges. Ces autels, placés dans les régions élevées, auprès du *paradisus*, faisaient partie de la symbolique développée dans les constructions religieuses.

Le plan de Saint-Gall, celui de l'église de Saint-Vital que nous donnons plus loin, la vue de l'abbaye de Centula, pl. 27, suffiraient pour établir que, dans l'origine, les clochers étaient plutôt de forme cylindrique que carrée; quelques monuments encore debout le confirment; on en trouve plusieurs dans le territoire de Ravenne, et deux exemples qui se voient à Vérone, devant la petite église monastique de Saint-Laurent, doivent, par leur antiquité, servir de preuve : ce sont les plus anciens que nous ayons pu recueillir en Italie.

N° 104. Clochers de Saint-Laurent de Vérone.

Ces deux clochers, originairement isolés aux angles antérieurs d'un petit *atrium,* sont reliés aujourd'hui par une construction moderne; leurs bases, dans lesquelles on retrouve des formes de l'architecture antique, sont établies avec des fragments de sculpture enlevés à des monuments païens; la maçonnerie qui s'élève sur ces bases est composée, suivant le système en usage durant les premiers siècles du christianisme, avec de larges briques formant des lignes régulières au milieu des assises de moellons; de petits escaliers à vis sont établis dans ces tours, dont les couronnements n'existent plus. L'origine de la forme cylindrique, adoptée d'abord pour les clochers, paraît produite par le besoin même d'y suspendre une cloche unique, frappée seulement par le battant, ou peut-être même à la main avec un marteau, et ne recevant pas, comme plus tard, le mouvement d'oscillation qui exigea plus d'espace et une place quadrangulaire; fixe d'abord, elle pouvait parfaitement se renfermer dans une tour cylindrique, ce qui eut lieu généralement depuis, partout où des campaniles suffirent pour le service; et ce qui confirme cette première disposition des clochers, c'est qu'ils ne remplissaient originairement que les fonctions de ces tours étroites, ordinairement en bois et de formes cylindriques ou en polygone, qu'on plaçait, durant le moyen âge, vers l'abside des églises ou sur le point central de la croix. La *cochlea* ou escalier à vis, qui conduisait au sommet des tours, dut être encore une raison pour les construire originairement de la sorte, comme les Orientaux établissent tous leurs minarets.

On renonça de bonne heure aux tours circulaires, pour adopter de préférence la forme carrée, et cette mutation peut dater de l'époque à laquelle on multiplia les cloches dans une même tour. Sans doute on avait reconnu plus d'un inconvénient auquel on voulut remédier : les difficultés de la bonne et exacte construction des cylindres purent être une première cause d'abandon : le peu de liaison et d'harmonie qu'ils présentaient avec les formes rectilignes des façades en furent une autre; les nombreuses ouvertures nécessaires pour porter le son des cloches au dehors ne pouvaient se pratiquer facilement dans des cylindres; il était difficile, en outre, d'y établir des beffrois en bois pour placer les cloches. Assez souvent, au moyen âge, on éleva des tours dont le sommet était circulaire ou de forme polygonale, mais en général les cloches étaient dans un quadrilatère. On voit cependant encore à Trèves, sur la façade de la cathédrale, originairement basilique de Constantin, deux clochers cylindriques qui datent du milieu du XI$^e$ siècle (1047)[1]. Une tour de la même époque, disposée aussi en cylindre, s'élève sur la façade de l'église du prieuré de Bury dans le Beauvoisis[2]. Les deux façades que nous mentionnons ici sont construites suivant le style de l'architecture romane, que nous examinerons plus loin; l'église de Saint-Desert auprès de Châlon-sur-Saône, d'une époque postérieure à celles que nous venons de citer, présente deux tours cylindriques : nous donnons ces exemples exceptionnels afin de suivre les clochers circulaires jusqu'à leur abandon.

L'architecture latine renonça plus complétement encore que les autres aux tours circulaires et aux campaniles; tous les clochers anciens de Rome et des autres villes d'Italie où se conserva le style d'architecture de la primitive Église devinrent carrés dès le VIII$^e$ ou le IX$^e$ siècle. On voit encore à Porto, auprès de l'embouchure du Tibre, les ruines de l'église que le pape Grégoire IV fit construire en 830 pour rétablir cette ancienne

---

[1] *Bulletin des Comités historiques.* Septembre et octobre 1849.
[2] *Archéologie des monuments religieux de l'ancien Beauvoisis*, par E. Woilez.

ville; le clocher est une grande tour carrée divisée en cinq étages par des corniches; le sommet, détruit, comme l'église, par les Sarrasins, a été rasé à l'endroit où les ouvertures permettaient au son de la cloche de se faire entendre au loin. Tous les clochers de Rome, contemporains de celui-ci ou postérieurs, construits d'une manière analogue, sont divisés en nombreux étages par d'étroites corniches ornées de modillons; le son des cloches s'étend au dehors par des ouvertures en arcades que supportent fréquemment des colonnettes en marbre blanc; ce genre de décoration des divers étages rend quelquefois ces constructions si légères, qu'on a peine à concevoir qu'elles offrent une solidité suffisante.

N° 105. Clocher de la basilique de Saint-Jean et Paul.

Le clocher du monastère de Sainte-Pudentienne à Rome est au nombre des plus hardis, ainsi que celui de la basilique de Saint-Jean et Paul dont la vue est gravée à la planche 105.

Lorsque l'usage des clochers s'introduisit dans les monastères on dut chercher à les placer d'une manière convenable et qui ne pût nuire aux constructions. Les basiliques latines, établies avec des colonnes d'un faible diamètre, portant des murailles peu épaisses et des plafonds en bois, ne pouvaient supporter des clochers comme on en établit plus tard sur les forts piliers de l'architecture romane. Ce fut à l'*atrium* qu'on les plaça en général, et rarement alors ils firent partie de la façade de l'église; ils s'élevèrent soit aux angles antérieurs de la cour sacrée, comme ceux que nous avons précédemment reproduits devant l'église de Saint-Laurent de Vérone, page 162, soit sur la porte de cette cour : on en voit un ainsi placé au monastère des Quatre-Saints-Couronnés à Rome. L'Italie montre un grand nombre de clochers construits tantôt isolément devant la porte de l'église, c'est ainsi que se présente celui de la basilique de Sainte-Marie de Toscanella, tantôt près des façades latérales. Le clocher de la basilique de Saint-Laurent hors les murs à Rome a été placé de la sorte; l'atrium de l'église de Saint-Pierre de Toscanella offre deux clochers situés isolément sur la face septentrionale de son enceinte. Ces positions variées indiquent assez que les clochers cités ici furent établis après la construction des églises et à une époque où on n'avait pas encore songé à les relier aux édifices religieux; cet isolement devait rendre le service fort incommode, puisqu'il fallait sortir de l'édifice pour aller sonner les cloches; on voit des tours plus mal placées encore que celles que nous venons d'indiquer; le monastère de Torcello près Venise a un clocher situé au loin, derrière l'abside de la basilique, pl. 106.

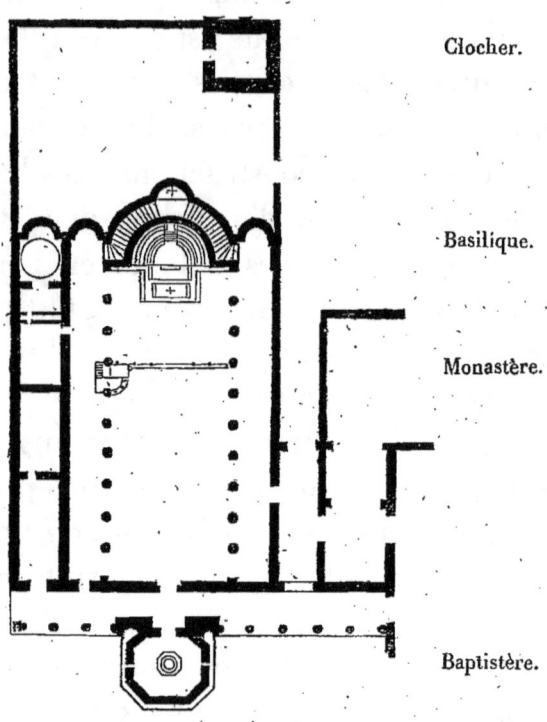

N° 106. Plan de la basilique de Torcello.

Lorsque l'espace ou une autre cause ne permirent pas d'isoler le clocher, on dut le relier à la basilique; dans ce cas, on mura une ou plusieurs travées de colonnes de l'intérieur pour leur faire porter plus facilement le poids de la tour; c'est ce qu'on observe à celles de Saint-Georges au Vélabre et de Trieste; ceci prouve l'antériorité de ces édifices sur les clochers, qui n'avaient pas été prévus dans la conception du plan de la basilique chrétienne des premiers siècles.

Dans quelques localités, afin d'éviter de murer une travée de la basilique et de nuire ainsi à son effet général, on éleva un mur simple sur une de ses façades pour suspendre les cloches dans une ou plusieurs arcades; c'est ce qu'on voit à Saint-Sabas de Rome.

INTÉRIEUR DES BASILIQUES.

E. NEFS.

*1ʳᵉ disposition.* — Les premières basiliques des maisons religieuses étaient divisées intérieurement en trois nefs parallèles, par deux rangs de colonnes en marbre, placées sur un pavé composé de matières dures de diverses couleurs ou de mosaïques à petits cubes, semblables à celles qu'exécutaient les anciens. Quelques-unes de ces basiliques, celle de Saint-Laurent hors les murs est du nombre, présentent des architraves au-dessus des colonnes inférieures, ce qui les assimile à des édifices antiques; à l'église de Sainte-Agnès, des arcs reposent sur les chapiteaux; c'est la première et la plus importante des innovations des chrétiens dans leur architecture; cet abandon de l'architrave pour l'arcade devait les conduire aux grands développements de l'architecture sacrée. La nef principale offrait un étage en tribune, destiné aux femmes; il occupait la partie supérieure des collatéraux et s'ouvrait dans toute l'étendue du temple par des arcades situées au-dessus des entre-colonnements du rez-de-chaussée. Le *gyneconitis* donnait une grande hauteur relative à la nef principale; ce fut l'origine des proportions élevées qu'on adopta durant le moyen âge, dans toutes les parties des temples.

N° 107. Coupe de la basilique de Sainte-Agnès.

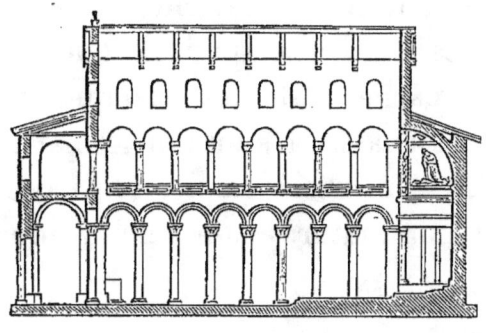

N° 108. Vue intérieure restaurée de la basilique de Saint-Laurent.

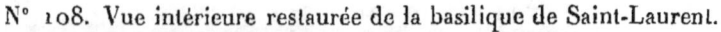

La coupe de l'église de Sainte-Agnès et la vue de celle de Saint-Laurent démontrent que les murs supérieurs étaient percés de nombreuses fenêtres, et qu'ils portaient la charpente de couverture. Cette partie haute des basiliques était nommée le *treillis*, à cause des châssis à jour qui fermaient les fenêtres : « ipsam ecclesiam construere cœpit, et parti superiori, quæ « vulgo *cancellum* nominatur, etiam tectum imposuit[1]. »

[1] Du Cange, au mot *Cancellus*.

N° 109. Travées de la basilique de Saint-Laurent.

On couvrait quelquefois alors les nefs par des plafonds, *lacunaria*, semblables à ceux des Grecs et des Romains, et composés de menuiserie suspendue à la charpente de la couverture; les métaux les décoraient, car une basilique construite au vıııᵉ siècle à Pavie, était nommée par cette raison l'église de Saint-Pierre au ciel d'or[1]; les plafonds étaient aussi ornés de caissons peints, *pictis laquearibus*[2].

Fréquemment on laissait paraître les bois de construction du comble; les plus anciens auteurs nous apprennent qu'on agissait ainsi dans des monuments remarquables d'ailleurs par la richesse de leur décoration : Prudence, décrivant la basilique de Saint-Paul hors les murs, dit qu'on y dora les poutres, *bracteolas trabibus;* dans les basiliques il n'y avait de bois qu'à la charpente, et l'expression *trabibus* au pluriel ne peut s'appliquer qu'aux poutres de la couverture. Nous dirons plus loin ce qu'on entendait par *trabes,* au singulier, dans la décoration des basiliques. Cette citation ne laisse pas de doute; on peut y joindre la mention d'édifices dans lesquels des mosaïques très-anciennes appliquées sur les pignons intérieurs prouvent, par leurs formes triangulaires, qu'une charpente apparente permettait seule de les voir jusqu'à leur sommet; les basiliques de Torcello, de San-Miniato, de Saint-Sabas, l'abbatiale de Monreale, en Sicile, en sont des exemples. Nous donnons sur la page suivante deux dessins des pignons intérieurs des basiliques de Torcello et de Saint-Sabas. Le premier est décoré d'un Christ exécuté en mosaïque comme toute la paroi du mur situé au-dessous. Celui de Saint-Sabas est peint; le sujet représente l'Annonciation; il a été exécuté au xvᵉ siècle, comme l'indique une inscription ainsi conçue :

FRANCISCUS CARDINALIS SENENSIS PII PAPÆ .II. NEPOS. HVJ. TEMPLI
F. TECTUM. MCCCCLXIII.

---

[1] Paul Diacre, *de Gesta Longob.* l. VII, c. LVIII.
[2] *Ann. O. S. Bened.* t. II, p. 302.

172    INSTRUCTIONS.

N° 110. Pignon occidental de la basilique de Torcello.

N° 111. Pignon oriental de la basilique de Saint-Sabas.

Plusieurs des églises que nous citons ici démontrent qu'en peignant et dorant d'une manière convenable les charpentes apparentes, on peut les mettre en harmonie avec un édifice présentant toute la dignité convenable à un temple.

*Décoration.* — La principale décoration des nefs consistait dans la richesse des marbres qu'employaient les constructeurs; la basilique de Saint-Laurent est, à cet égard, l'une des plus curieuses qu'on puisse voir : de grandes colonnes antiques cannelées portent des chapiteaux du plus beau travail; un riche entablement, dont la frise et les moulures sont couvertes de sculptures, règne autour du temple et complète le premier ordre; plus haut s'élève le *gyneconitis,* dont la balustrade d'appui est composée de grandes tablettes de porphyre encadrées de marbre blanc; un ordre de colonnes plus délicates que celles du bas y soutient des chapiteaux variés, sur lesquels des dosserets, décorés de croix grecques et de feuillages, supportent les retombées des arcs. L'*ésonarthex* et la galerie qui le surmonte présentent encore plus de luxe que les travées; les colonnes supérieures reposent sur des piédestaux ornés de croix qu'accompagnent l'alpha et l'oméga des premiers chrétiens, et les fûts de ces colonnes sont en matière noire, des plus rares. (Voir la planche n° 108.)

La mosaïque et la peinture murale, fréquemment employées à l'extérieur pour orner les façades, furent, à plus forte raison, mises en œuvre pour décorer les parois intérieures des nefs; les basiliques de Rome en possèdent qui datent des premiers âges monastiques. Les anciennes églises de forme latine qui se voient à Torcello, à Salonique, à Bethléem, en montrent des restes qui s'étendent jusqu'à la charpente de couverture, et permettraient de compléter une décoration dans le goût des premiers siècles chrétiens; les abbatiales de Monreale et de la Martorana, en Sicile, sont des exemples encore complets de ce procédé de peinture.

2ᵉ *disposition.*— Le changement qui s'opéra dans les basiliques lors de la suppression du *gyneconitis* ne donnant plus à l'intérieur des nefs qu'un étage de colonnes, les fenêtres furent ouvertes à peu de distance des arcades inférieures, et prirent une étendue beaucoup plus considérable; ce fut le système qu'on adopta le plus généralement dès le v*e* siècle; il suffira de donner pour exemple de cette disposition une travée de la belle église monastique de Sainte-Sabine, à Rome, bâtie en 422, sous le pontificat de Célestin I*er*, par Pierre d'Illyrie, comme on l'apprend d'une grande inscription en mosaïque placée au-dessus de la porte d'entrée. Toutes les arcades intérieures de cet important édifice étaient surmontées originairement d'une fenêtre, ce qui en portait le nombre à vingt-huit; elles sont aujourd'hui murées pour la plupart. La décoration de la nef a été conservée; elle se compose d'un travail de marbres précieux, de porphyre rouge et vert, plaqués, et dont un dessin peut seul donner une idée exacte. (Voir la planche 112, à la page 175.)

La frise située entre cette décoration et le bas des fenêtres devait être ornée de mosaïques, à en juger par celle qui est au-dessus de la porte et qui a reçu précisément la même hauteur qu'elle. La charpente de l'église de Sainte-Sabine est simple et apparente, la mosaïque de la tribune nous a été conservée par la gravure dans l'ouvrage de Ciampini.

La grande basilique de Sainte-Marie Majeure à Rome, bien qu'elle ne soit pas de construction monastique, peut être citée ici comme offrant le plus bel exemple d'une partie importante de décoration en mosaïque des premiers siècles chrétiens. Entre l'entablement des colonnes et l'appui des fenêtres, règne, de chaque côté de la nef principale, une immense frise représentant l'histoire de l'Ancien Testament; le style qui règne dans ces vastes compositions dénote que l'artiste qui en fut chargé par le pape Libère, fondateur de ce monument, s'est inspiré des plus beaux travaux d'art laissés à Rome par le paganisme;

# ARCHITECTURE MONASTIQUE.

N° 112. Travée de la basilique de Sainte-Sabine.

on peut s'en convaincre par la publication complète qu'en fit Ciampini dans son grand ouvrage, ainsi que par celui de d'Agincourt, qui les compare aux bas-reliefs de la colonne Trajane[1].

On établit dans quelques basiliques une circulation au-dessous des fenêtres, vers la nef principale, pour remplacer en quelque sorte la tribune des femmes. L'antique église des Quatre-Saints-Couronnés à Rome présente des fragments d'un balcon très-saillant, qui était porté par des modillons de grande dimension, et sur lequel on pouvait circuler autour de la nef, au-dessus des arcades. Ce balcon, sur lequel on était garanti des chutes par une balustrade, permettait, dans les fêtes solennelles, de placer quelques assistants, et, journellement, de faire le service intérieur. Nous n'avons vu de traces de cette galerie saillante que dans cette basilique; elles sont à la partie antérieure, qui fut privée de toit pour former la cour du monastère de femmes qu'on y annexa au XVIe siècle.

*3e disposition.* — Les basiliques classées dans la troisième division présentaient dans leurs nefs, avec les précédentes églises, des différences qui résultaient de leur construction même : développées sur des proportions immenses, et quatre nefs secondaires accompagnant celle du milieu, l'inclinaison nécessaire des toits obligeait à élever considérablement les fenêtres pour qu'elles prissent la lumière au-dessus des hauts combles latéraux; un mur lisse d'une grande élévation séparait alors les colonnes de la partie inférieure des fenêtres. Ce fut un vaste champ ouvert à la peinture décorative, à la mosaïque. A Rome, l'église monastique de Saint-Paul hors les murs, celles de Saint-Jean-de-Latran et de Saint-Pierre au Vatican, étaient les seules qui offrissent ces dispositions exceptionnelles.

---

[1] D'Agincourt, *Peinture*, pl. XIV et XV.

# ARCHITECTURE MONASTIQUE.

N° 113. Vue intérieure de la basilique de Saint-Paul hors les murs.

Salonique possède aussi une basilique à cinq nefs, dédiée à saint Démétrius. A en juger par les dessins publiés par Ciampini et les peintures qui se voient dans les souterrains de l'église actuelle de Saint-Pierre de Rome, les colonnes de l'ancienne basilique Vaticane portaient des architraves, ce qui la faisait différer de toutes celles que nous citons ici, et donnait encore plus de place pour la peinture décorative : aussi offrait-elle, entre les colonnes et les fenêtres, ainsi que celle de Saint-Paul hors les murs, deux rangs superposés d'immenses tableaux en mosaïques représentant des sujets de l'histoire sainte, thème fécond qui, dès l'origine, servit de base aux compositions dont on orna les murailles intérieures des basiliques.

Enfin la décoration des nefs, quelle que fût d'ailleurs la disposition architecturale, était complétée par des voiles précieux qui étaient suspendus dans les arcades ou les entre-colonnements qui séparaient le vaisseau principal et les bas-côtés. Anastase, écrivant la vie du pape Léon IV, s'exprime ainsi à l'occasion de l'église monastique de Saint-Paul hors les murs, « *Fecit vela alba holoserica pendentia inter columnas majores, dextra levaque numero XLII,* » (il fit des voiles blancs en soie pendants à droite et à gauche, entre les grandes colonnes, au nombre de quarante-deux) ; or ce nombre est précisément celui des entre-colonnements de cette église et ne peut laisser aucun doute sur leur place. Le même auteur attribue un pareil don au pape Grégoire IV, prédécesseur de Léon[1]. L'examen de plusieurs églises anciennes de l'Italie nous a convaincu de ce que l'auteur indique ici d'une manière si positive; celle de Sainte-Marie de Toscanella, du XIe siècle, présente dans la nef, au-dessus des chapiteaux et à l'intrados de chaque cintre, des trous carrés et peu profonds, preuve certaine qu'une tringle en bois

---

[1] Anast. *Vie de Grégoire IV*, p. 241.

ou en fer y était placée pour porter les rideaux de la décoration. Une mosaïque du baptistère de Ravenne et plusieurs tableaux qui font partie des peintures en mosaïque de l'église de la Nativité à Bethléem, publiés par Ciampini, donnent encore la confirmation de cet usage et de sa généralité. Ces voiles servaient à séparer les sexes de manière à empêcher même qu'ils pussent se voir; des barrières placées dans la partie basse des entre-colonnements ne permettaient pas d'aller d'une nef dans l'autre et de troubler l'ordre des cérémonies; on a trouvé des traces de ces barrières à la basilique de Trieste.

### F. CHAPELLES.

Les basiliques abbatiales latines des premiers siècles n'avaient généralement pas de chapelles latérales auprès de leurs nefs, comme on en établit plus tard; celles qui se voient aujourd'hui auprès des anciennes églises de Rome et de l'Italie, construites dans ce style, sont, pour la plupart, postérieures à la fondation première et ajoutées après des percements opérés dans les murs latéraux. On doit faire exception cependant à l'égard de quelques chapelles destinées à la sépulture de saints personnages ou à la conservation de certaines constructions précieuses pour l'histoire des martyrs : ainsi l'abbatiale de Saint-Germain-des-Prés, à Paris, selon le récit du moine Gislemar, présentait près de la porte occidentale, dans la direction du midi, un oratoire dédié à saint Symphorien d'Autun, et dans lequel saint Germain voulut être enterré; en regard de cette chapelle, au nord, en était une dédiée à saint Pierre.

L'église monastique de Sainte-Praxède, à Rome, présente en dehors du collatéral droit, la chapelle des saints Zénon et Valentin, martyrs, que leur éleva le pape Pascal I$^{er}$ en 817. Nous en donnons un dessin; il fait connaître sa décoration vers l'église.

N° 114. Façade de la chapelle de Saint-Zénon.

## ARCHITECTURE MONASTIQUE.

La belle basilique de Saint-Démétrius, à Salonique, offre aussi auprès de l'entrée, et en dehors du collatéral gauche, la chapelle funèbre du martyr. A l'église monastique de Sainte-Cécile au Transtevère, à Rome, on voit, à droite en entrant, une chapelle où sont conservés les restes du bain dans lequel périt la sainte. Quelquefois aussi on construisait auprès de la basilique un petit temple particulier consacré à un saint personnage, une galerie couverte le reliait à l'édifice principal : Trieste offre un curieux exemple de cette disposition d'oratoire de style latin, consacré aux saints Juste et Servulus.

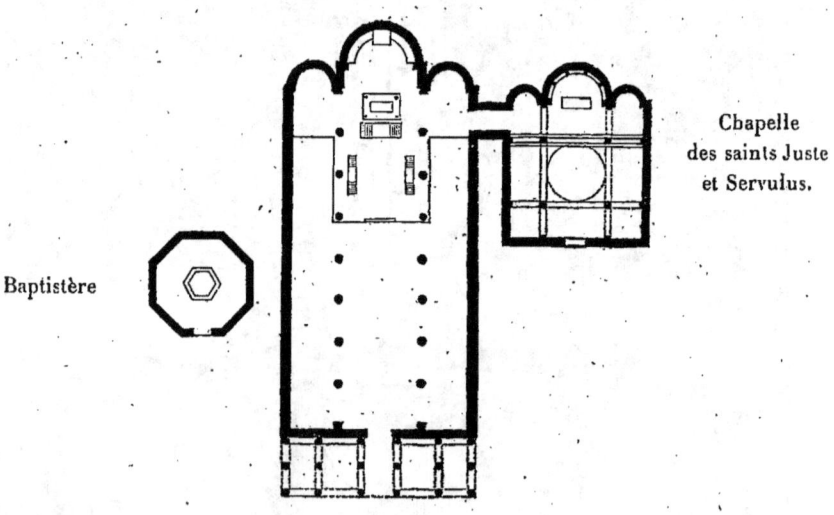

N° 115. Plan de la basilique de Trieste.

Le dessin de la chapelle de Saint-Zénon, publié à la planche 114, démontre assez qu'on n'apportait pas moins de luxe dans le décor de ces constructions accessoires des basiliques abbatiales que dans le reste de l'édifice principal; il en était de même pour leur intérieur : celle même de Saint-Zénon, pl. 114, est entièrement ornée de mosaïques à fond d'or; sa voûte, construite en arêtes, contient quatre figures d'anges qui soutiennent, en élevant les bras, un tableau circulaire dans lequel est représenté le Christ[1]. On voit à l'église de Sainte-Croix-de-Jérusalem, la chapelle de Sainte-Hélène; et à celle de Saint-Jean-in-Fonte (le baptistère de Constantin), les chapelles de Saint-Hilaire, de Saint-Venant et d'autres martyrs, dans lesquelles les mosaïques à fond d'or, en usage dans l'architecture latine, ont été mises en œuvre avec profusion.

### G. CHŒUR, χopos, CHORUS.

Le chœur des moines, dit dom Martenne, était ordinairement établi dans la croisée de l'église[2]. Lorsque l'édifice n'avait pas de transsepts, le chœur était un espace pris aux dépens de la nef principale, en avant du sanctuaire; élevé d'une ou deux marches au-dessus du sol de l'église, il était renfermé dans une enceinte ordinairement composée de tables de marbre placées debout et maintenues par des pilastres; une porte y donnait entrée; on la nommait *speciosa* (belle porte); elle était ordinairement close par deux ventaux en métal ornés de ciselures. On évitait de lui donner plus de hauteur qu'à la clôture pour ne pas masquer les cérémonies du chœur et pour la distinguer de la porte sainte, dont il sera parlé plus loin. L'église du monastère de Saint-Clément, à Rome, conserve son ancien chœur; on y voit le monogramme de Jean VIII, sculpté sur plusieurs parties de l'enceinte, ce qui le fait remonter à la seconde moitié du IXe siècle. Le dessin suivant, pl. 116, en fait connaître l'ensemble; la vue est prise de la partie antérieure de la nef principale de la basilique.

---

[1] Ciampini, tab. L.
[2] *Voyage litt.* t. I, p. 137.

N° 116. Chœur de la basilique de Saint-Clément.

Cette enceinte, enrichie de mosaïques précieuses, est moins large que la nef principale; plus ordinairement la clôture ou le chancel [1] s'appuyait contre les colonnes de la basilique : on en retrouve des exemples à Parenzo (Istrie), dans l'église construite par l'évêque Eufrasius en 542, et dans la basilique de Torcello. Le plan de l'abbaye de Saint-Gall fait voir aussi cette disposition; il présente comme particularité remarquable, la division du chœur en deux parties distinctes séparées par un chancel. Ce double chœur était rare : l'abbaye de Clairvaux en possédait un destiné aux infirmes; il précédait celui des moines [2].

Au plan de Saint-Gall, le *chorus psallentium*, réservé aux chants, est tracé, comme l'indique dom Martenne, au milieu de la croix. Le chœur des grandes abbayes prit un dévelop-

---

[1] *Cancellus, paries qui claudit chorum.* (Du Cange.) Le chœur se nommait aussi *cancellus: ne fratres nostri, cum divina celebrantur, cancellum seu chorum intrent...* (Du Cange.)
[2] *Voyage litt.* t. I, p. 99.

pement tel, que la nef principale fut en partie occupée par les stalles et que le public avait fort peu de place.

Dans quelques monastères, le chœur était situé derrière le maître-autel ; les basiliques de Saint-Laurent et de Saint-Sylvestre, à Rome, sont ainsi disposées.

Les églises à double abside, comme celle de l'abbaye de Saint-Gall, possédaient un second chœur placé à l'occident, et lors même que l'édifice n'offrait point cette disposition exceptionnelle et particulière au voisinage du Rhin, une tribune située au-dessus de la porte principale de l'église contenait des chantres, soit au lieu occupé ordinairement par l'orgue, soit latéralement à cet instrument, comme on en voit à un grand nombre d'églises.

Le pavé du chœur était ordinairement plus riche que celui des nefs; on y employait les marbres précieux et les matières dures, le porphyre rouge et vert. Le dessin de l'église de Saint-Clément, placé à la page 183, n° 116, donne une idée approximative de ces riches pavés, composés le plus fréquemment de cercles concentriques tangents ou reliés par des bordures qui forment des entrelacs. Ce genre de travail est nommé *opus Alexandrinum* par les auteurs, qui le supposent importé d'Alexandrie en Occident; d'autres en attribuent l'invention au règne d'Alexandre Sévère : la première hypothèse est la plus probable, en raison de la nature des matériaux qu'on y employait, et dont l'origine est africaine. Ce genre de pavage fut presque généralement adopté durant les premiers siècles de l'Église; les anciennes basiliques de Rome n'en ont pas d'autre : nous en avons retrouvé plus d'un exemple en Grèce, particulièrement en Morée; les églises souterraines du Rhin, les anciennes abbatiales de Saint-Bertin, à Saint-Omer, de Saint-Benoît-sur-Loire, en fournissent aussi des fragments.

L'autre système de pavé, celui qu'on imitait de la mosaïque à petits cubes, si fréquente dans l'antiquité païenne, était fort rare en Italie. Nous n'en avons vu des restes que dans l'église souterraine de Saint-Martin-des-Monts à Rome, où le pape Sylvestre assembla le premier concile, sous Constantin. Ce pavé se compose de grands et de petits carrés blancs, séparés par de larges bandes noires. Dans le Nord, au contraire, où les riches matières africaines étaient rares, les mosaïques à petits cubes se transmirent plus longtemps; les fragments du pavé de la basilique de Childebert, trouvés en 1847 au parvis de Notre-Dame à Paris, les descriptions de l'abbatiale de Saint-Germain-des-Prés, dans la même ville, par Fortunat, en sont des preuves; on en voit des fragments à l'abbaye d'Ainay de Lyon, à celle de Saint-Denis; Moissac en possédait une; ces dernières, exécutées vers les $XI^e$ ou $XII^e$ siècles, démontrent que ce système de pavage se conserva longtemps en France, chez les moines.

*Trabes, Jubé.* — Saint Grégoire de Naziance considère le *septum* ou chancel du chœur comme placé au milieu des deux mondes, le ciel et la terre, dont l'un est stable et l'autre variable, entre les ecclésiastiques et les laïques : cette pensée mystique des premiers chrétiens était complétée par une disposition particulière, indépendante d'abord du chancel et qui s'y relia bientôt : en travers de la grande nef, à une certaine hauteur, on plaça une poutre, *trabes*, qui indiquait au loin cette séparation des deux mondes dont parle Grégoire de Naziance; une croix, et plus tard un crucifix, s'élevait au milieu pour retracer aux fidèles cette séparation entre la terre et le ciel; la *trabes* s'est conservée longtemps au moyen âge dans les églises de village, où quelquefois on en voit encore, si elle n'est remplacée par un grand crucifix suspendu à la voûte.

Lorsque les basiliques s'élargirent au point qu'une simple poutre, *trabes*, libre et isolée, ne pût les traverser sans points d'appui, on plaça des colonnes au-dessous, et l'ensemble de cette décoration transversale conserva encore le même nom : on lit dans Anastase qu'en 514 le pape *Hormisda* couvrit d'argent la *trabes* de la basilique de Saint-Pierre au Vatican[1]. Sous le pape Adrien Ier, la nef de la même basilique était traversée par un portique de douze colonnes de porphyre, d'albâtre et de marbres précieux, reliées par une grille de bronze; l'église de Torcello présente encore aujourd'hui une colonnade qui traverse la nef et supporte une clôture en marbre richement décorée de sculptures : c'est un exemple de la *trabes*.

N° 117. Vue intérieure de la basilique de Torcello.

[1] Anast. *Vita Hormisdæ*, p. 48. « Eodem tempore fecit papa Hormisda apud Beatum Petrum apostolum, trabem quam ex argento cooperuit, quæ pensabat lib. mille et quadraginta. »

Si le chœur de la basilique était situé derrière l'autel, comme nous en avons cité quelques exemples, la *trabes* s'élevait en avant du sanctuaire : on en voit une remarquable à l'église de Saint-Marc de Venise. La *trabes* doit être l'origine du jubé, qui, au moyen âge, devint à peu près général et formait une construction importante en avant du chœur, et le fermait quelquefois complétement; on y appuyait des autels à droite et à gauche de la porte placée au milieu. Dans d'autres églises un seul autel s'élevait au centre et deux portes s'ouvraient latéralement. Le plan de l'abbaye de Saint-Gall fait voir cet autel placé en avant et dédié au Christ en croix, *altare sancti Salvatoris ad crucem*. Chez les religieux, plus que partout ailleurs, le jubé fermait complétement le chœur, à ce point qu'à l'abbaye de Cluny la communion des laïques se faisait à travers une grille de fer disposée *ad hoc* au *septum,* parce que, même pour communier, on ne pouvait entrer dans le chœur[1]. « Sæculares.... nec inter sacros cancellos ordinibus debitos... adtentent accedere[2]. » Sur ce jubé on faisait les lectures des épîtres et des évangiles, des lettres de communion; on y publiait les édits des évêques et les décisions des conciles : aussi sur la clôture du chœur de l'abbaye de Saint-Gall voit-on deux pupitres ou *analogia* qui servaient à ces lectures; la petite église des saints Nérée et Achillée, à Rome, de la congrégation de l'Oratoire, contient un exemple curieux de ces pupitres établis à demeure sur les chancels : ils expliquent ceux qui sont figurés au plan de Saint-Gall. Les pupitres fixes furent remplacés au moyen âge par des meubles portatifs qu'on posa derrière le chancel. (Voir la planche 118.)

[1] Dom Martenne, *Voyage litt. Cluny,* t. I, p. 229.
[2] Du Cange, verb. *Cancellus.*

N° 118. Septum de la basilique des saints Nérée et Achillée.

*Meubles du chœur.* — *Bancs.* — Les siéges disposés dans le chœur de l'église de Saint-Clément sont des bancs en marbre placés contre les parois du *septum* et dans le sens longitudinal de la nef; il est probable qu'on y apportait des coussins. Le chœur de l'abbatiale de Saint-Gall fait voir, au contraire, les bancs disposés en travers de l'axe de l'édifice; le nom qui leur est donné, *formulæ*, doit faire entendre qu'ils étaient en bois et construits comme des stalles, qu'on nommait *formes*.

*Ambons.* — Deux meubles importants étaient placés dans le chœur des basiliques : on les nommait ambons, *ambones;* ils servaient, l'un aux lectures, l'autre aux prédications. Construits tous deux en marbre, et décorés le plus souvent de mosaïques, ils étaient posés dans l'enceinte de manière à ne pas nuire au service, ainsi qu'on le voit dans le plan de l'église de Saint-Clément. La solidité avec laquelle furent construits ces meubles est cause qu'en Italie on en retrouve encore quelques exemples: Rome en montre dans les églises de Saint-Clément, de Saint-Laurent, de Sainte-Marie in Cosmedin, de Saint-Pancrace; le porphyre et les plus riches matières les décorent. Le moins important de ces deux meubles porte toujours un pupitre ayant généralement la forme d'un livre ouvert et construit en marbre comme le reste. Grégoire de Tours, dans la Vie de saint Cyprien, martyrisé à Carthage sous Gallien, en l'année 258 de notre ère, s'exprime ainsi : « Le bienheureux saint Cyprien de Carthage, évêque et martyr, rend souvent la santé aux infirmes qui la lui demandent; on dit que dans sa basilique, le pupitre (*analogius*) sur lequel on met le livre pour chanter ou lire est d'une structure merveilleuse : il est entièrement sculpté dans un seul morceau de marbre, et se compose d'un sol supérieur auquel on arrive par quatre degrés, d'une balustrade autour, portée par des colonnes, et d'un pupitre, devant lequel huit personnes se peuvent tenir : cette œuvre n'aurait jamais pu être exécutée par aucune industrie, si la puissance du saint martyr n'y eût pourvu [1]. »

L'expression *analogius* dont se sert Grégoire de Tours s'applique ici au meuble tout entier et non pas seulement au pupitre; cette dénomination ou celle de *lectorium* dont se servent

---

[1] Grégoire de Tours, *Gloria martyr.* lib. I, p. 826.

quelques auteurs désignent clairement ce genre de meubles, dont nous donnons ici un exemple isolé, tiré de l'église de Saint-Laurent hors les murs.

N° 119. Lectorium de la basilique de Saint-Laurent.

Celui de Saint-Clément offre avec lui la plus grande analogie, comme on peut le voir sur la planche qui représente le chœur de cette église, page 183.

Le second meuble était une chaire et devait présenter d'autres dispositions que l'*analogius*. En effet, tous ceux qu'on voit à Rome, en Italie et dans les manuscrits, sont plus élevés : on y monte des deux côtés par un grand nombre de marches; sur le devant, et quelquefois aussi sur la partie postérieure, se présente une partie semi-circulaire et en saillie pour donner plus de place à l'orateur et faciliter ses mouvements. Cette partie arrondie et saillante, qui est parfaitement exprimée par le mot grec ἄμβων[2], a dû faire donner le nom d'ambon à ce meuble, auquel seul il convient; on l'a étendu ensuite aux deux.

---

[2] Ἄμβων, quidquid in plano eminet et protuberat, rotundam habens figuram. (Corn. Schrev. Lexic.)

# ARCHITECTURE MONASTIQUE. 191

Anastase cite un ambon construit par le pape Sergius, en 687, dans l'église de Saint-Côme et Saint-Damien : « Fecit ambonem in basilica sanctorum Cosmæ et Damiani. » Celui de l'église monastique de Saint-Clément est, ainsi que le reste du chœur, du commencement du IX<sup>e</sup> siècle. D'Agincourt publie une peinture du XI<sup>e</sup> siècle tirée d'un Exultet latin de la bibliothèque Barberini [1] : elle représente un prédicateur parlant au peuple du haut d'un ambon parfaitement semblable à ceux qu'on voit à Rome dans les églises citées plus haut. Nous publions ici celui que nous avons recueilli dans l'église de Corneto et qui porte une inscription du XIII<sup>e</sup> siècle, indiquant que l'an du Seigneur M.CC.VIIII, sous le règne du pape Innocent III, *Angelo*, prieur, donna cet ambon à l'église.

N° 120. Ambon de l'église de Saint-Pierre à Corneto.

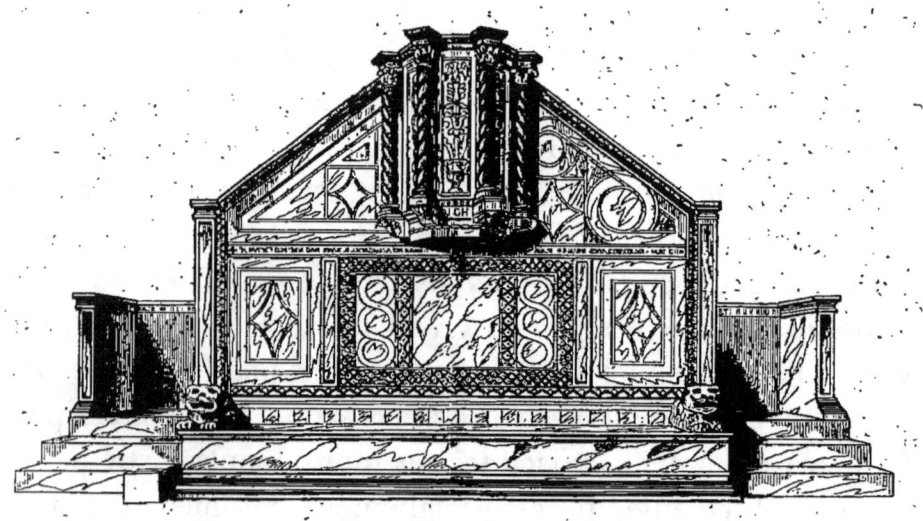

Toutes ces dates suffisent pour démontrer qu'à Rome et dans le territoire de Saint-Pierre, où se conserva le style d'ar-

---
[1] D'Agincourt, *Peint.* t. V, p. 55.

chitecture de la primitive église, cette disposition se maintint durant tout le moyen âge pour les chaires ou ambons. On en voit sans doute ailleurs d'anciennes et d'une forme différente, mais elles sont dérivées de celles-ci et sont moins complètes.

Les deux meubles que nous venons d'examiner étaient quelquefois réunis en un seul : ainsi le plan de l'abbaye de Saint-Gall fait voir au milieu de l'avant-chœur un ambon circulaire, qui probablement réunissait le pupitre et la chaire, comme celui qu'on voit dans la basilique de Torcello; ce double emploi s'explique par le besoin d'économiser la place et la dépense.

Lorsque le jubé devint assez important pour masquer le chœur au point que les fidèles ne pussent voir ni entendre facilement l'orateur placé dans l'ambon, ce meuble fut construit dans la nef : celui de Torcello, que nous venons de citer, est dans ce cas, ainsi que beaucoup d'autres élevés postérieurement aux premiers siècles chrétiens.

Auprès de l'ambon, et quelquefois même sur son enceinte, s'élevait une colonne élégamment sculptée, et destinée à porter le cierge pascal; on en voit de fort riches aux ambons des basiliques de Saint-Laurent hors les murs et de Saint-Clément, à Rome; plus d'une église de l'Italie a de ces colonnes, construites d'une manière indépendante de l'ambon, mais elles sont presque toujours placées à une distance assez minime pour se grouper avec lui et former en quelque sorte une partie nécessaire à son ensemble.

### H. SANCTUAIRE, *SACRARIUM*, *SANCTUARIUM*.

Le sanctuaire, toujours élevé de plusieurs marches au-dessus du sol du chœur, en était ordinairement séparé par une clôture, au milieu de laquelle s'ouvrait la porte sainte; lorsque la basilique était disposée comme celles de Sainte-Agnès, de Saint-Sabas ou de Saint-Clément, dont les plans sont aux n°ˢ 59, 66 et 67, cette clôture portait des pilastres ou de simples tiges de métal destinées à soutenir le voile alexandrin, *velum Alexandrinum*, qui pendant une partie des cérémonies masquait le sanctuaire. Anastase nous apprend qu'en 825 le pape Grégoire IV donna un de ces voiles à l'église de Saint-Georges au Vélabre, semblable à toutes celles qui viennent d'être indiquées, et sur les deux dernières colonnes de ce temple on voit encore aujourd'hui les scellements du support de ce voile[1]. Les mosaïques de Saint-Apollinaire de Ravenne font voir un exemple du voile placé en avant d'un autel.

Quand la basilique accompagnée de transsepts, comme celle de Saint-Paul hors les murs, gravée au n° 113, offrait un grand mur transversal, en avant du sanctuaire, et percé d'un arc triomphal, le voile était suspendu à cette immense arcade : c'est encore Anastase qui nous l'apprend dans la Vie du même Grégoire IV. Il s'exprime ainsi : « Obtulit jam dictus præsul in ecclesia doctoris gentium beati Pauli apostoli, cortinam fundatam pendentem ad arcum triumphalem, habentem in medio annuntiationem et nativitatem Domini nostri J. C.[2] » Ce voile devait être une tapisserie, comme l'indiquent les mots *cortina*, *velum Alexandrinum*, et les sujets de l'histoire sacrée exécutés dans son tissu; celui que le même pape avait donné à l'église de Saint-Georges était orné de douze faisans, *habens duodecim phasianos*[3].

Le voile Alexandrin devait se diviser en deux parties par le milieu, pour laisser voir, au besoin, l'autel et la décoration

---

[1] Anastase, *Vie de Grégoire IV*.
[2] *Idem*, p. 24.
[3] *Idem*.

194    INSTRUCTIONS.

qui le surmontait, ainsi que les ornements de l'abside. Les deux sujets de l'histoire sainte figurés sur celui qui fut donné à la basilique de Saint-Paul par Grégoire IV indiquent suffisamment cette division en deux rideaux, qu'on devait relever à gauche et à droite, comme on le voit sur la mosaïque de Ravenne déjà citée. Le voile ne devait descendre que jusqu'au sommet du chancel qui séparait le chœur du sanctuaire.

La porte Sainte, pratiquée dans la clôture, était toujours fermée par deux ventaux en métal doré et ciselé; des manuscrits anciens et les mosaïques exécutées dans l'église de Saint-Marc de Venise font voir que les deux ventaux de cette porte étaient cintrés par le haut et dépassaient le chancel de toute la partie courbe qui les surmontait.

Nᵒˢ 121, 122. Portes Saintes.

Pendant une partie de la cérémonie, le voile restant baissé

et la porte Sainte fermée, les acolytes qui se tenaient auprès recevaient du sanctuaire les ordres nécessaires à l'ensemble de la cérémonie, par de petites ouvertures pratiquées en réseau dans le chancel. Ces détails curieux se voient dans le chœur de l'ancienne église monastique de Saint-Clément, dont la planche 125 reproduit l'ancien *ciborium* accompagné, au premier plan, de deux tablettes de marbre perforées pour l'usage que nous venons d'indiquer.

La clôture placée en avant du sanctuaire s'étendait ordinairement jusque dans les bas-côtés de l'église, comme on le voit à la basilique de Saint-Clément, disposition qui ne pouvait se présenter que dans les édifices sans transsept. Des portes pratiquées dans ce *septum* prolongé permettaient d'arriver aux petites absides sans passer par le chœur.

Dans les grandes basiliques à transsept, l'arc triomphal complétant avec la clôture la partie antérieure du sanctuaire, on le décorait avec tout le luxe de l'architecture. D'immenses colonnes en marbres précieux supportaient l'arcade, comme on le voit aux églises de Saint-Paul hors les murs, de Saint-Jean-de-Latran, de Sainte-Marie-Majeure et du Transtevère, à Rome. Au-dessus de l'arc, des sujets en mosaïque d'émail sur fond d'or faisaient suite à l'ornementation de la nef principale, s'harmonisaient avec le voile brodé suspendu au cintre, et préparaient l'œil aux décorations plus brillantes encore du sanctuaire et de l'abside.

On montait au sol du sanctuaire par plusieurs marches, qui étaient indifféremment en arrière du *septum*, comme à l'église de Saint-Clément, ou en avant, ainsi qu'on le voit sur le plan de l'abbaye de Saint-Gall; dans ce dernier cas, la marche supérieure portait la clôture. De ce point, le riche pavé du sanctuaire s'étendait à l'orient jusqu'à l'abside, puis occupait toute la largeur du lieu saint. Sous le pape Adrien I$^{er}$, une partie du sol du sanctuaire de la basilique du Vatican fut couverte de lames d'argent.

Dans les églises ordinaires, les décorations latérales du sanctuaire n'offraient rien de particulier, puisqu'il était formé aux dépens du fond de la nef principale. Dans une basilique à transsept, au contraire, une grande partie de la nef transversale formait son ensemble; on ornait les parois de cette nef des plus riches tableaux en mosaïques, de voiles brodés suspendus dans les arcades et aux fenêtres.

#### MEUBLES DU SANCTUAIRE.

Autel, *altare, sacra mensa, sacrificatorium.*—L'autel, meuble principal, occupait le milieu du sanctuaire et s'élevait sur plusieurs marches. Dans l'église latine, il pouvait être simultanément table sainte ou de l'Eucharistie, et tombeau du martyr auquel était consacrée la basilique. Les restes mortels du saint occupaient le dessous de la sainte table, directement dans un sarcophage qui la portait, ou dans le *martyrium*, situé plus bas sous le sanctuaire; dans ce cas l'autel n'était plus que la table sainte : nous en donnons deux exemples aux numéros 123 et 124.

N° 123. Autel table, à l'abbatiale de Saint-Vincent aux Trois fontaines.

Originairement il n'y avait qu'un autel dans les basiliques latines; mais bientôt on en dressa plusieurs: saint Germain en consacra quatre différents dans l'église abbatiale de Saint-Vincent, à Paris, au milieu du vɪᵉ siècle.

Les autels de l'Occident étaient en pierre ou en marbre, comme les sarcophages des catacombes qu'ils rappelaient; on employa plus d'une fois des tombeaux païens en matières précieuses et décorés de sculptures pour en faire des autels: on en voit dans un grand nombre d'églises de l'Italie. Les chrétiens firent eux-mêmes des sarcophages qu'ils couvrirent de sculptures sacrées: l'église de Saint-François, à Pérouse, en montre un exemple curieux.

N° 124. Autel tombeau, à Saint-François de Pérouse.

Enfin, on fit des autels en bois, en métaux précieux et couverts de ciselures: dans ce cas, une pierre incrustée sur la table supérieure contenait la relique et était consacrée; le reste se bénissait seulement.

L'ornementation de l'autel était ordinairement en rapport avec la richesse du temple : ainsi, dans l'antique et modeste abbatiale de Saint-Quinin de Vaison, il est simplement orné de l'alpha et de l'oméga des premiers chrétiens; dans les brillantes basiliques de Rome, s'il ne devait son éclat à une matière précieuse qui le composait, ou à de la sculpture qui couvrait ses parois, la mosaïque, la peinture, le mettaient en harmonie avec le temple. On lit dans Anastase avec quel luxe les empereurs et les papes, depuis Constantin et Sylvestre, ornèrent les autels des basiliques : l'argent, le vermeil et l'or pur étaient prodigués pour faire des devants d'autel; il est probable qu'alors, comme plus tard, ces décorations étaient mobiles et se plaçaient seulement lors des fêtes solennelles.

*Ciborium, propitiatorium, umbraculum, tegimen altaris.* — Aux angles de l'autel s'élevaient quatre colonnes, réunies à leurs sommets par des architraves ou des arcs; un simple plafond, un toit ou une coupole surmontaient l'édicule : cet ensemble formait ce que les auteurs nomment *ciborium*[1]. Les mosaïques de Ravenne en montrent un qui est seulement plafonné; on en voit dans les manuscrits et sur les mosaïques de Venise qui sont couronnés d'une voûte[2]; celui de l'église monastique de Saint-Clément porte des frontons comme un édicule antique : il date du ix<sup>e</sup> siècle. Le dessin gravé sur la planche n° 125 en fait voir l'ensemble tel qu'il est encore aujourd'hui, nous y avons rétabli l'autel et l'ouverture ou *fenestra* de la confession, d'après les gravures de Ciampini.

---

[1] Anastase le Bibl. *Vies des papes.* — Du Cange, *Gloss.* — Macr. *Hierolexicon.*
[2] Voir les planches 118 et 121.

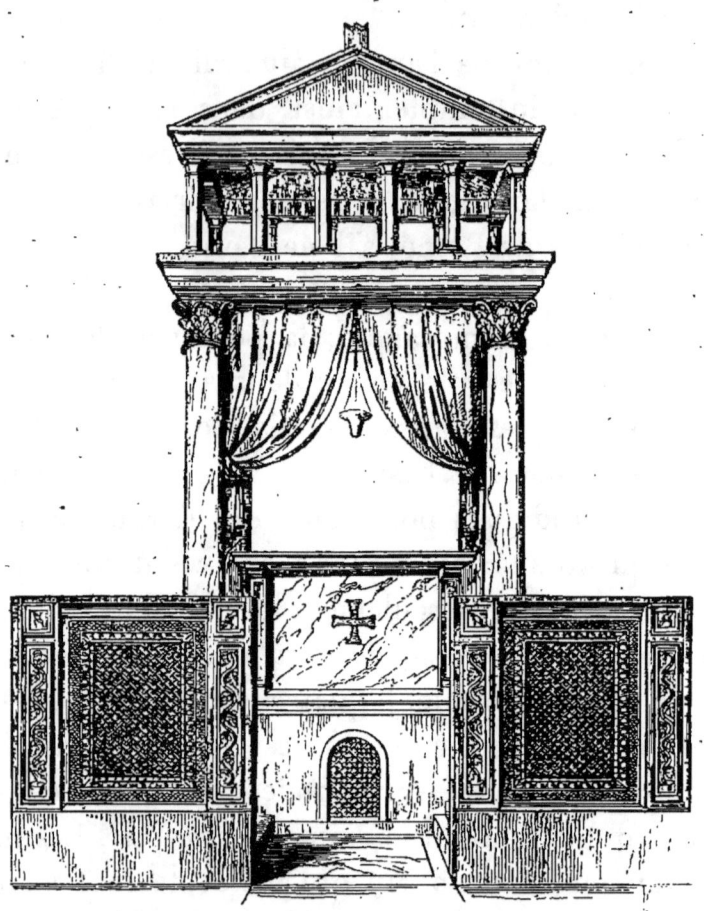

N° 125. Ciborium de la basilique de Saint-Clément.

Des rideaux placés entre les colonnes permettaient de masquer l'autel et l'officiant pendant une partie de la cérémonie religieuse, et faisaient de l'ensemble du *ciborium* un véritable tabernacle, qui pouvait avoir son origine dans le saint des saints dont Moïse environna l'arche dans le désert; il en offrait la disposition et les divers éléments. Peut-être aussi était-ce une reproduction des *Memoriæ*, petits édicules composés de quatre colonnes surmontées d'un toit, que les premiers chrétiens élevèrent d'abord sur la sépulture des martyrs ensevelis hors des catacombes, ce qui fut fait pour saint Pierre et pour saint Paul[1]. Ces édicules, enveloppés ou reproduits plus tard dans les basiliques, auraient formé le *ciborium*. Cette décoration de tombeau était usitée chez les anciens, ainsi qu'on le voit sur les vases grecs, et comme l'indique Pausanias : « Les Sicyoniens, dit-il, élèvent sur leurs tombeaux « quatre colonnes qui soutiennent un toit en forme d'ailes dé- « ployées et penchées, comme la couverture de nos temples[2]. »

Au centre de la voûte ou du plafond du *ciborium* était fixée une chaîne qui servait à suspendre une colombe en métal dans laquelle on renfermait les saintes hosties, ce qui, selon quelques auteurs, fut l'origine du nom *ciborium, de sacro cibo,* donné à l'édicule; on en cherche aussi l'étymologie dans la forme en coupe renversée de la coupole qui surmontait quelquefois l'ensemble du petit monument[3]. Lorsqu'on cessa de suspendre en Occident les saintes hosties, la chaîne porta une lampe, comme on le voit dans les peintures du porche de l'église monastique de Saint-Laurent hors les murs. A la basilique de Saint-Clément on trouve encore la chaîne de suspension, et les anneaux des voiles placés entre les colonnes. Ces voiles étaient de précieux tissus, comme l'indique Anastase, *pallia auro texta;* il cite ceux que le pape Benoît II fit placer au VIIe siècle aux *ciboria* des basiliques de Saint-Valentin sur la voie Flaminienne et à l'église de la Vierge-aux-Martyrs, ainsi que les lambrequins ornés de clous dorés auxquels ces rideaux étaient suspendus[4].

---

[1] Euseb. *Hist. eccles.* lib. III, cap. xxv, p. 68. « Nam sive in Vaticanum, sive ad Ostiensem viam pergere libet, occurrent tibi trophæa eorum qui ecclesiam illam fundaverunt. » — David Leroy, *Forme des temples,* 1764.

[2] Paus. *Voyage d'Achaïe,* liv. VII, p. 215; *Voyage de Corinthe,* p. 330.

[3] Voir les planches 118 et 121.

[4] Anast *Vita Benedict. II,* p. 81. « Item in ecclesia Beati Valentini, via Flaminia,

Le *ciborium* fut d'abord fort simple, comme on le voit sur la mosaïque de Ravenne, exécutée en 451 sous l'exarchat de Néon (*Neone Ravennatensi præsule*); la matière répondait aussi à cette simplicité: le pape Sergius, en 687, renouvelait celui de l'église de Sainte-Suzanne, à Rome, qui avait été d'abord en bois « quod ante ligneum fuerat[1]. » Il y en eut en bronze : Honorius Ier, en 626, faisait exécuter ainsi celui de l'église de Sainte-Agnès et lui donnait des dimensions remarquables, *miræ magnitudinis*[2]. L'argent fut employé aussi dans l'exécution de ces édicules : le même Honorius Ier en plaçait un ainsi fabriqué dans la basilique de Saint-Pancrace; il pesait 287 livres, « ciborium super altare ex argento quod pens. lib. 287[3]. » Enfin, le pape Adrien Ier remplaçait par un *ciborium* de vermeil, qui pesait deux mille sept cent quatre livres et un quart, celui que le pape saint Grégoire le Grand avait fait élever dans l'église de Saint-Pierre, en 590, et qui était en argent, « ex argento puro cum columnis suis[4]. »

Ces monuments en métal précieux n'existent plus depuis longtemps : c'est le sort de toutes ces fausses applications à l'architecture. Les *ciboria* en marbre ont seuls survécu : nous donnons, pl. 125, un dessin de celui de l'église de Saint-Clément, pour faire connaître les formes anciennes; on en voit un remarquable à l'église de Saint-Georges au Vélabre; les villes de Terracine, de Naples, de Pérouse, en possèdent qui datent des xe et

coopertorium super altare, cum clavis et fistellis, et in circuitu palergium chrysoclavum preciosissimum, et in ecclesia Beatæ Mariæ ad Martyres, aliud coopertorium porphyreticum, cum cruce et gemmolis quatuor chrysoclavos et in circuitu palergium de holoserico. »

[1] Anast. *Vita Sergii.*
[2] *Idem, Vita Honorii,* I, p. 65.
[3] *Idem, Vita Honorii,* I, p. 88.
[4] *Idem, Vita Sancti Gregorii,* p. 62.

xie siècles; ceux des églises de Sainte-Marie au Transtevère, de Saint-Laurent hors les murs, à Rome, sont des années 1145 et 1152; il y en a un à l'église de Saint-Pierre de Corneto qui porte une date de la fin du xiie siècle. Dans tous les *ciboria* que nous citons ici, les principes de l'architecture latine se sont maintenus comme dans les basiliques.

*Tables*. — Deux tables accompagnaient quelquefois l'autel, l'une nommée *mensa propositionis*, recevait les eulogies, le vin de proposition, avant qu'ils fussent consacrés; sur l'autre, on posait tout ce qui était nécessaire à la célébration de l'office divin. On voit une de ces tables à l'église de Saint-Clément; il y en a deux à celle des saints Nérée et Achillée.

Les basiliques latines ne présentent pas, auprès des autels, des piscines établies dans la construction même de l'édifice, comme on les fit au moyen âge, pour verser l'eau après le sacrifice de la messe; on se servait d'un bassin portatif pour donner à laver au prêtre officiant, l'eau était portée ensuite au dehors. L'armoire aux saintes huiles et celle qui contenait des objets faisant partie du trésor paraissent être aussi des créations du moyen âge qui furent placées dans le sanctuaire, lorsque les petites absides latérales des basiliques furent supprimées ou se convertirent en chapelles du rond point.

### ABSIDE, TRIBUNAL, PRÆSBYTERIUM.

Au fond du sanctuaire se développait l'abside, de forme généralement semi-circulaire et la seule partie du temple qui fût surmontée d'une voûte : c'était le *præsbyterium*, le *chorus sacerdotum*, lieu où se réunissait le clergé. Le mur courbe situé au-dessous de la voûte fut, dès l'origine, décoré avec beaucoup de luxe. Constantin orna de marbres et de porphyres l'abside de la basilique de Saint-Laurent, « in basilica Sancti Laurentii construxit absydam et exornavit marmoribus, porphyreticis, etc.[1] » Celle de Saint-Georges au Vélabre comporte des marbres encadrés par des pilastres d'un très-bon goût, décoration en usage dans les édifices païens des beaux siècles : il suffit de citer ces deux exemples anciens. Ailleurs, ce mur courbe fut orné par la mosaïque ou la peinture : c'est ainsi aux basiliques de Saint-Clément et de Torcello[2]; les douze apôtres y sont figurés debout et sur de grandes proportions. Dans l'église des saints Nérée et Achillée, on a peint le pape Grégoire le Grand assisté du Saint-Esprit et prononçant au milieu d'une grande réunion de cardinaux et d'évêques sa XXVIIIe homélie : c'est un souvenir local[3]. Ces grands tableaux courbes sont généralement exécutés au-dessus d'un lambris en marbre, et de riches ornements les encadrent. Rarement on voit des fenêtres dans l'abside des basiliques; celles de Parenzo, de Sainte-Marie de Canedo à Pola, en Istrie, de Saint-Apollinaire de Ravenne, et quelques autres en possèdent; elles sont placées au-dessous de la voûte. A ces fenêtres étaient suspendus des voiles précieux, ainsi qu'à celles qui étaient pratiquées dans toute l'étendue de la nef transversale, dans les basiliques à transsepts; il est probable aussi qu'on suspendait, pour les cérémonies, des tapis dans la courbe de l'abside, devant les placages de marbre qui couvraient ses parois. On lit dans l'histoire de Grégoire IV par Anastase, que ce pape fit placer vingt-quatre voiles dans le *præsbyterium* de la basilique de Saint-Paul hors les murs, « vela quæ pendent in præsbyterio, numero vigenti quatuor[4]. »

---

[1] Anast. *Vita Sylvestri.*
[2] Voir la pl. 126.
[3] Voir la pl. 130.
[4] Anast. *Vita Gregorii IV*, p. 243.

Une corniche en marbre sépare quelquefois le mur courbe de la voûte qu'il porte, puis sur cette conque ou ἀψίς se développe un grand sujet religieux, le plus important de l'édifice : le Christ ou sa mère y sont presque toujours représentés triomphants au milieu des anges, des apôtres ou de saints personnages; quelquefois c'est le patron de l'église qui occupe lui-même le centre du tableau, et qu'entourent, soit les compagnons de son martyre, soit les fondateurs du temple. Des palmiers, des cerfs, des agneaux, se groupent au milieu des figures. Ailleurs c'est la croix qui brille sur le fond doré de la mosaïque : elle est placée au sommet d'un trône où repose l'agneau de l'apocalypse; des figures allégoriques, de riches enroulements de feuillages l'environnent[1].

Le mur qui forme le fond de la basilique et encadre l'abside offre aussi des peintures en mosaïque. On y a représenté généralement les attributs des évangélistes, la Jérusalem céleste, les prophètes, le saint patron ou le fondateur de l'édifice.

### MEUBLES DE L'ABSIDE.

*Bancs.*—L'abside formant le *præsbyterium,* lieu de réunion du clergé, on dut y préparer, dès l'origine, des siéges convenables : un banc semi-circulaire en pierre ou en marbre, nommé *exedra* par les auteurs et sur le plan de l'abbaye de Saint-Gall, occupait toute la partie courbe de l'abside; on y apportait des coussins pour les cérémonies; une petite basilique voisine de la citadelle et qui fut détruite pendant le dernier siége d'Athènes, nous a fourni l'exemple curieux d'un exèdre de *præsbyterium* divisé en stalles profondes, taillées dans le marbre même du

---

[1] Voir les nombreux sujets de mosaïques latines publiés par Ciampini dans ses *Vetera monimenta.*

banc. Dans quelques basiliques latines on multipliait les bancs du *præsbyterium*, en en plaçant plusieurs les uns au-dessus des autres; la basilique de Torcello en présente six, qui forment un véritable amphithéâtre pouvant contenir un clergé très-nombreux : nous en donnons ici un dessin, qui permet de juger de l'effet que devait produire sur les fidèles la grande assemblée de prêtres assis dans cet exèdre.

N°. 126. Presbytère de Torcello.

*Cathedra.* — Dès les premières réunions chrétiennes dans les catacombes, on établit dans le voisinage de l'autel un siége réservé aux présidents des assemblées, aux évêques : les cryptes souterraines de Naples et de Rome en offrent des exemples; celles de Chiusi, l'antique Clusium, ouvertes il y a peu d'années, en présentent un formé de grossières tablettes de pierre qu'unissent des tenons en fer; l'église souterraine de Saint-Martin-des-Monts, à Rome, dans laquelle saint Sylvestre réunit le premier concile, en 330, fait voir aussi les restes d'un trône au-dessus duquel on lit : Sedes Sylvestri papæ. Ces siéges, sur lesquels se firent les premières allocutions, et dont parlent Tertullien, saint Basile, furent reproduits dans les églises primitives et placés au milieu de l'exèdre; on en voit dans l'abside des plus anciennes basiliques latines de l'Italie et de l'Orient : on les nommait *cathedra*. Fort simples d'abord, ils furent imités ensuite des siéges antiques, comme on le voit à celui qui porte la statue de saint Hippolyte, au Vatican, et sur lequel est gravée la plus ancienne table pascale qu'on connaisse.

N° 127. Siége de saint Hippolyte.

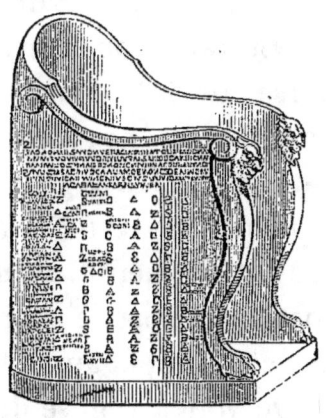

Ils s'enrichirent successivement au point de réunir le luxe des plus riches matières et des mosaïques les plus précieuses.

# ARCHITECTURE MONASTIQUE.

Les églises de Parenzo, en Istrie, de Sainte-Agnès, de Saint-Clément, à Rome, en présentent qui sont construits avec des tablettes de marbre et de porphyre.

N° 128. Cathedra à Parenzo.    N° 129. Cathedra à l'église de Saint-Clément.

Dans celles de Saint-Laurent, de Saint-Césaire, des saints Nérée et Achillée, au contraire, on a employé toutes les ressources de la sculpture, de la mosaïque Alexandrine et en émail pour les décorer. Le trône de cette dernière église, dont nous donnons un dessin pl. 130, est celui sur lequel saint Grégoire le Grand prononça sa xxviii° homélie, qui est gravée sur le dossier. Ce siége fut augmenté, au moyen âge, d'un encadrement qui le dénature; la partie ancienne se borne à une niche surmontée d'une coquille, et aux deux lions qui portent les consoles d'appui. On voit à l'église de Saint-Césaire, voisine de celle-ci, un très-beau trône que nous avons publié dans la Revue archéologique, 1$^{re}$ année.

N° 130. Cathedra de l'église des saints Nérée et Achillée.

On montait à ces trônes par un nombre de marches que déterminait la hauteur des bancs de l'exèdre, dominés toujours par le siége; deux ou trois degrés suffisaient ordinairement, mais dans certaines églises on en mit un plus grand nombre : ainsi à celle de Parenzo il y en a cinq; dans la basilique de Torcello, dont l'exèdre est reproduit à la planche 126, on doit monter seize marches pour arriver à la *cathedra*. Des coussins étaient placés sur ces trônes au moment des cérémonies. Une curieuse peinture en mosaïque du baptistère de Ravenne, construit en 451, et reproduite par Ciampini, fait voir un trône d'évêque couvert de coussins et d'étoffes, et nous apprend comment, dans l'origine, on les préparait pour recevoir le prélat.

N° 131. Cathedra figurée sur des mosaïques de Ravenne.

Les premiers chrétiens ont placé dans l'exèdre de quelques basiliques des siéges enlevés aux monuments païens; on en voit un fort beau à l'église monastique de Saint-Pierre-aux-Liens, à Rome; ils les imitèrent quelquefois aussi, comme l'indique celui sur lequel est représenté l'évêque saint Hippolyte, belle statue chrétienne qui date du règne d'Alexandre Sévère et fut trouvée en 1551 sur la route de Rome à Tivoli, auprès de la basilique de Saint-Laurent. Plus généralement ils composèrent eux-mêmes la cathedra : nous venons d'en donner quelques exemples.

### I. CRYPTE, *MARTYRIUM*, *CONFESSIO*.

Quand les populations quittèrent les temples païens pour se rendre en foule aux tombeaux des martyrs, on éleva de nombreuses basiliques sur les catacombes elles-mêmes, puis sur des sépultures isolées; enfin, bientôt les églises se multipliant à l'infini, on voulut encore y posséder des reliques des confesseurs. Ces distinctions diverses établirent des différences dans la manière dont les premiers constructeurs disposèrent le lieu destiné à conserver les restes du saint, et qu'on nomma *crypta, martyrium, confessio.*

Lorsqu'on éleva le temple sur les catacombes, l'antique entrée des souterrains fut maintenue dans une place favorable, voisine du sanctuaire, et la crypte sacrée ne fut autre que celle qui renfermait depuis les siècles de persécution les restes mortels du martyr. Ce fut la disposition des premières cryptes des basiliques de Saint-Laurent et Saint-Sébastien. Anastase, écrivant la vie du pape Sylvestre, dit que Constantin éleva la basilique de Saint-Laurent sur les catacombes, « supra arenarium cryptæ, » et qu'il fit établir un escalier pour descendre jusqu'au tombeau du martyr : « et usque ad corpus beati Laurentii fecit gradum descensionis et ascensionis. » Si la basilique était construite sur une sépulture isolée, pratiquée, comme elles l'étaient souvent, en plein sol, on dut établir autour du sarcophage qu'on retrouvait, un caveau qui pût devenir praticable; des escaliers furent disposés pour y descendre; le sarcophage y demeura sous sa forme première ou fut remplacé par un autel tombeau, comme ceux des catacombes. La basilique de Saint-Paul offre cette disposition. Une troisième catégorie s'établit lorsqu'on dut apporter d'un autre lieu, sur celui qui avait été fixé pour construire la basilique, les restes mortels du saint martyr; alors on eut plus de liberté pour préparer à l'avance la crypte destinée à les contenir : elle reçut une forme généralement mieux combinée avec la construction de l'édifice qui devait s'élever au-dessus; c'est la marche qui fut suivie dans le moyen âge.

Les dispositions des cryptes ont beaucoup varié dès les premiers âges; on en voit de très-ouvertes auxquelles on descend par un large escalier situé en avant de l'autel : la crypte est ainsi à l'église de Sainte-Sabine. (Voir la coupe à la pl. 112.) A la basilique de Saint-Paul hors les murs elle est ouverte de même, tournée dans le sens inverse et les escaliers sont derrière l'autel. Ailleurs on arrive à la crypte par les bas-côtés, auprès des colonnes qui séparent les nefs, et le caveau n'est qu'un étroit réduit formé de dalles de marbre, précédé de corridors, c'est ainsi à l'église de Saint-Sabas.

N° 132. Crypte de l'église de Saint-Sabas.   N° 133. Crypte de l'église de Sainte-Praxède.

A la basilique des Quatre-Saints-Couronnés on descend par des escaliers courbes situés derrière le banc du *præsbyterium;* à celle de Torcello de même, avec cette différence que le mur de l'abside est doublé pour contenir les escaliers (voir le n° 106); aux cryptes de l'église de Saint-Marc, à Rome, du monastère de Sainte-Praxède, dans la même ville, comme à celles d'un grand nombre d'autres basiliques latines de l'Italie, d'étroites galeries voûtées ou plafonnées conduisent jusqu'au tombeau du saint, et rappellent les rues souterraines des catacombes. (Voir le n° 133.)

Déjà, dans quelques basiliques, on entrevoit la pensée d'établir sous le sanctuaire plus qu'un réduit étroit rappelant les sépultures des catacombes; aux églises monastiques de Sainte-Marie in Cosmedin, de Saint-Martin-des-Monts, etc. les cryptes sont assez étendues pour être de véritables églises souterraines.

N° 134. Plan de la crypte de Saint-Martin-des-Monts.

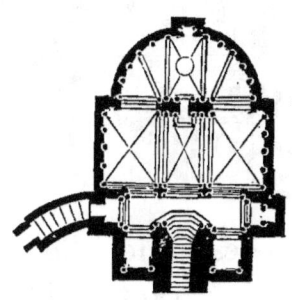

Enfin, durant les premiers siècles chrétiens, comme on ne pouvait avoir de crypte souterraine dans toutes les églises, qu'elles n'auraient pas été motivées en tous lieux, et qu'on n'avait pas eu encore, comme plus tard, l'idée de renfermer les reliques dans des châsses, on établissait un simulacre de crypte, étroit réduit voûté ou plafonné, nommé aussi *martyrium*, *confessio*, et qui était ménagé au-dessous de l'autel, dans la hauteur produite par la différence de niveau du sol du sanctuaire au-dessus de celui du chœur. Cette espèce de châsse maçonnée était close vers l'église par une grille ou une tablette de marbre perforée; une interruption des marches du sanctuaire, dans leur partie moyenne, permettait d'approcher des reliques qu'on y renfermait. (Voir les planches 135 et 136.)

Les simulacres de cryptes ou premières châsses maçonnées sous l'autel des basiliques privées de *martyrium* réel n'ont ordinairement qu'une étroite ouverture en forme d'arcade, qu'on fermait avec des grilles de bronze ou d'argent.

N° 135. Martyrium de Saint-Georges au Vélabre.

Nous donnons ici un dessin de celle qui se voit à l'église de Saint-Georges au Vélabre; d'autres plus ouvertes, sur leur partie antérieure, étaient closes par des treillis en marbre enlevés à des édifices antiques : l'église des saints Nérée et Achillée en offre un exemple.

N° 136. Martyrium des saints Nérée et Achillée.

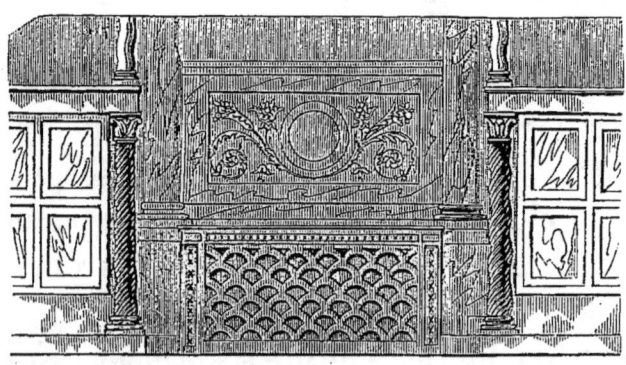

Enfin, par extension, on fit de ces châsses assez grandes pour contenir une statue couchée du saint; on la tenait ouverte alors dans toute son étendue ; la belle figure de sainte Cécile, par Étienne Maderne, est ainsi placée sous le maître-autel de sa basilique, à Rome.

Lorsqu'un caveau contenait le tombeau du saint, le besoin de le mettre en rapport direct avec l'église, de le faire voir facilement aux fidèles sans qu'ils descendissent dans la crypte même, fit que dans plus d'une basilique, au-dessous de l'autel et dans le lieu que nous indiquions précédemment, on ouvrit un soupirail à travers les voûtes souterraines : on le nomma *fenestra, cataracta, jugulum.* Par cette ouverture, le fidèle passait la tête pour intercéder le saint, ou faisait descendre sur son tombeau un linge qui devenait une relique précieuse; les papes en envoyèrent dans toute la chrétienté : on les nommait *sanctuaria, sudoria, brandea, palliola* [1].

L'ouverture pratiquée sous l'autel de quelques églises primitives pour permettre de voir le tombeau du saint placé dans la crypte, sans y descendre, devait être disposée comme celle de la châsse de Saint-Georges au Vélabre, que nous avons dessinée au n° 136; la découverte récemment faite de la confession de l'église de Saint-Marc, à Rome, indique qu'on usa de cette disposition dès le règne de Constantin. La basilique de Saint-Pierre au Vatican offrait aussi un *jugulum,* et le plan de l'abbaye de Saint-Gall prouve que cet usage se transmit jusqu'au ix$^e$ siècle et dans le Nord, car l'église qui y est tracée fait voir en même temps une crypte contenant le tombeau du saint et les escaliers d'entrée et de sortie, *sarcophagum sancti corporis..... in cryptam introitus et exitus;* puis devant le maître-autel, loin des escaliers de la crypte, au lieu où les marches du sanctuaire s'interrompent, on lit : *Accessus ad confessionem,*

---

[1] Dom Bouillart, *Histoire de l'abb. de Saint-Germain-des-Prés.* Raoul-Rochette, *Tableau des catacombes,* page 84.

# ARCHITECTURE MONASTIQUE. 215

ce qui indique bien un *jugulum* d'où l'on pouvait voir la confession sans y descendre. L'ouverture externe de ce soupirail n'était pas toujours pratiquée dans la construction verticale située au-dessous de l'autel, comme dans les deux exemples donnés aux planches 136 et 137; quelquefois elle était dans une position horizontale et percée à travers le pavé du chœur ou de la nef, alors on l'appelait *umbilicus*. Nous donnons ici le plan et la coupe de celui qui se voit à la basilique de Sainte-Prisque, à Rome. (Pl. 137.)

N° 137. Plan et coupe de la crypte de Sainte-Prisque.

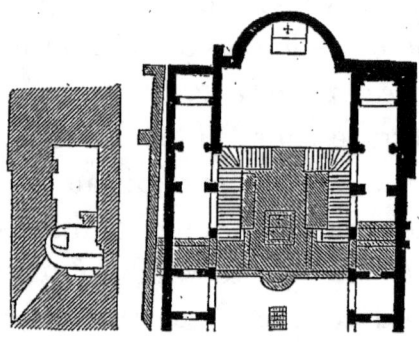

*Décoration des cryptes.* — L'ornementation des cryptes latines suivit la marche qu'on observe dans celle des basiliques elles-mêmes : emploi de riches matières, marbres et porphyres, arrachés par les premiers chrétiens aux temples des idoles; peintures dans le style de celles des catacombes, mosaïques analogues à celles qui se voient dans les églises. La sculpture d'ornement y est rare : la crypte de Saint-Marc de Rome a l'immense intérêt, pour l'histoire de l'art chrétien, de présenter des sculptures dans lesquelles on reconnaît l'influence antique modifiée par l'abandon de la pratique du dessin et du ciseau. Le luxe de la matière vint remplacer dans ces réduits souterrains ce qu'en d'autres temps l'art seul devait faire : on lit dans Anastase [1], que les colonnes et les arcs de la crypte de Saint-Pierre au Vatican étaient ornés de tentures précieuses et de chérubins d'or; le tombeau, en bronze doré, portait une croix d'or massif pesant cent cinquante livres, donnée par Constantin; une autre croix d'or pesant cent livres avait été offerte par Bélisaire : on y voyait la représentation de ses victoires. Les grilles du tombeau, les candélabres étaient en argent. Plus tard, le pape Léon III couvrit toutes les parois de la crypte de lames d'or; le sol lui-même avait employé quatre cent cinquante-trois livres de ce métal; on y avait exécuté des épisodes de l'ancien et du nouveau Testament. Adrien Ier remplaça par des statues d'or celles du Christ, des apôtres Pierre et Paul, de saint André, qui, dans l'origine, étaient en argent; il est probable que Charlemagne contribua pour beaucoup à ces décorations par les nombreux trésors qu'il offrit à ces deux pontifes.

### K. SCULPTURE D'ORNEMENT.

Les transformations diverses que les religieux constructeurs firent successivement subir à l'architecture païenne pour l'harmoniser avec les nouvelles exigences du christianisme ne se reconnaissent pas moins sur les détails nécessaires à la décoration des édifices sacrés que sur l'ensemble. Sans doute on imita d'abord autant que possible les modèles laissés par l'antiquité, comme on le voit sur des chapiteaux corinthiens des basiliques de Saint-Paul hors les murs, de Saint-Laurent et autres, dans lesquels la maladresse du ciseau apprend bientôt à quels artistes on doit en attribuer la sculpture; mais les premiers chrétiens ne restèrent pas serviles imitateurs, bien qu'ils s'écartassent peu des principes de l'architecture païenne.

---

[1] Anast. *Vita Sylvestri, papæ*, § 17; *Leonis III, Adriani I*.

N° 138. Chapiteau et détails à l'église de Saint-Laurent.

En suivant avec soin, dans les basiliques latines de l'Italie, la marche successive de ces innovations chrétiennes, on les voit d'abord timides et ne s'attachant qu'à modifier le fleuron du chapiteau corinthien ou quelques-unes des moulures ornées du ionique; puis, dès le v$^e$ et le vi$^e$ siècle, se présentent des compositions complètes, dans lesquelles l'aigle ou la colombe viennent remplacer la volute corinthienne pour soutenir l'abaque; on voit aussi des chapiteaux dont le bas offre l'aspect d'un panier tressé, en remplacement des nombreuses feuilles épanouies. Le travail du ciseau et de petites croix grecques mêlées aux ornements ne peuvent laisser aucun doute sur l'authenticité de ces sculptures.

N° 139. Chapiteau à Parenzo.

N° 140. Chapiteau à l'église de Sainte-Agnès. Reproduit dans la crypte de l'église de la Nativité, à Bethléem.

A la basilique primitive de Saint-Laurent, les piédestaux des colonnes sont ornés, tant au gynéconitis qu'au sol inférieur, de croix grecques accompagnées de rosaces et de l'alpha et l'oméga; on voit aussi des ornements sculptés sur les dosserets portés par les chapiteaux du premier étage, exemples de travaux de sculpture des premiers siècles chrétiens. (Voir la pl. 138.)

Les entablements complets furent peu en usage, puisque des arcs les remplacèrent dans la plupart des basiliques de l'Italie; mais des corniches de couronnement furent indispensables dans mainte circonstance, et les religieux constructeurs durent plus d'une fois en faire exécuter. Nous avons déjà mentionné celles qui se voient aux absides des églises monastiques des Quatre-Saints-Couronnés et de Saint-Martin-des-Monts, planche 92. Nous renvoyons aussi aux porches des basiliques de Saint-Laurent, de Saint-Georges au Vélabre et de Saint-Vincent, n°s 73, 74 et 75.

Aux VIII<sup>e</sup> et IX<sup>e</sup> siècles, l'ornementation devint plus barbare : un fragment de sculpture incrusté au porche de l'église de Sainte-Marie in Cosmedin, et qui porte une date du règne d'Adrien I<sup>er</sup>, est une indication certaine de l'état d'abaissement de l'art à cette époque; on en trouve d'autres preuves dans les chapiteaux du portique de l'atrium de Saint-Clément, construit sous Nicolas I<sup>er</sup>, et dans lesquels il n'y a plus aucune proportion entre les parties : on n'y voit du corinthien que l'abaque et de maigres volutes d'angles; le fleuron est une sphère striée; de grandes feuilles aiguës et formant un rang unique donnent à ce chapiteau un aspect barbare. A l'intérieur du même édifice, le ciborium présente quatre chapiteaux moins écrasés que les précédents et de forme plus corinthienne, mais l'abaque manque complétement; quatre volutes sans grâce et à peine indiquées occupent chaque face; un seul rang de feuilles, couvertes de stries par le sculpteur ignorant, décore la partie basse.

N° 141. Chapiteau du ciborium de la basilique de Saint-Clément.

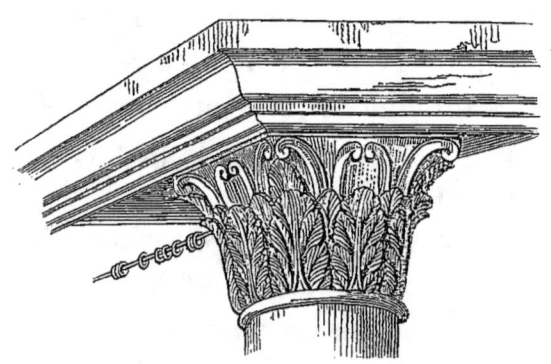

L'ordre ionique ne fut pas traité d'une manière plus heureuse que le corinthien durant cette période, ainsi qu'on peut le voir à la chapelle de Saint-Zénon, exécutée dans l'église de Sainte-Praxède, sous le règne de Pascal I<sup>er</sup>, en 817; plusieurs chapiteaux ioniques en décorent la face antérieure : leur abaque est formé d'un lourd biseau décoré de dents de scie; le centre de la volute est couvert d'une rosace grossière, le reste porte des tresses et des cordes exécutées d'une manière barbare. (Voir la pl. 114.)

On voit au sommet de la façade de la basilique de Saint-Clément, reconstruite par Nicolas I<sup>er</sup>, une corniche dans laquelle les modillons sont ornés de tresses et d'entrelacs, comme ceux qu'on sculptait dans nos contrées durant le XI<sup>e</sup> siècle. Le chambranle de la porte de l'atrium est dans le même style.

La sculpture d'ornement s'améliora en Italie après l'an 1000; elle ne cessa de suivre une marche ascendante durant les XI<sup>e</sup> et XII<sup>e</sup> siècles; au XIII<sup>e</sup> elle était dans un état très-florissant, comme on peut s'en convaincre aux magnifiques cloîtres de marbre élevés auprès des basiliques de Saint-Paul hors les murs et de Saint-Jean-de-Latran, aux ambons et au trône épiscopal placés à Saint-Laurent hors les murs, enfin au porche de la même église, exécuté sous Honorius III; là, les chapiteaux ioniques sculptés alors, les moulures ornées de l'entablement, indiquent qu'on revenait à Rome, durant ce siècle, à une ornementation plus sage, plus harmonieuse et mieux conçue, bien que le ciseau donnât encore aux feuillages et aux autres détails de la sculpture des arêtes aiguës, des formes acerbes qui caractérisent en général la sculpture du moyen âge en Italie. La renaissance fut bien préparée par le XIII<sup>e</sup> siècle, et plus encore par la marche latine non interrompue que suivit l'art chrétien dans les états de l'église. (Voir la planche n° 73, qui reproduit, sur de grandes dimensions, les détails de sculpture exécutés sous Honorius III, pour décorer le porche de la basilique de Saint-Laurent hors les murs.)

## BASILIQUES LATINES DANS LES GAULES.

### PLANS.

Les descriptions faites par Grégoire de Tours, Fortunat, Sidoine-Apollinaire, l'auteur de la Vie de saint Doctrovée et quelques autres, des églises construites pendant les premiers siècles chrétiens dans les Gaules, démontrent qu'elles étaient disposées comme celles de l'Italie. Ainsi, à l'égard de leur plan général, on voit qu'elles étaient précédées d'un atrium : « in itinere illo quod inter portam atrii basilicæ beati Martini et ecclesiam civitatis est, » dit Grégoire de Tours[1]. Sidoine-Apollinaire, décrivant l'église construite à Lyon par l'évêque Patient, dit qu'elle était précédée d'un triple portique décoré de colonnes et qui ne pouvait être qu'un atrium entouré de galeries sur trois de ses faces, comme celui de la basilique de Saint-Clément, et ceux que les papes élevaient alors à Rome[2]. Les baptistères étaient en France, comme dans le reste du monde chrétien, des édifices isolés, circulaires, ou en polygone. Nous avons cité le passage dans lequel Grégoire de Tours dit : « Les baptistères sont construits en rond; au milieu est un enfoncement où l'on descend. » Auprès de la basilique de Childebert, à Paris, était le baptistère, nommé Saint-Jean-le-Rond; il devait être placé comme celui qui est figuré auprès de la basilique de Trieste, planche 115. Devant celle du prieuré de Saint-Julien-le-Pauvre, à Paris, s'élevait un baptistère situé à peu près comme celui de la basilique de Torcello gravée à la planche 106. On voit encore à Aix, à Fréjus, des baptistères octogones. La partie principale des églises renfermant les nefs se divisait par des lignes de colonnes de marbre, ainsi qu'on le

---

[1] Grégoire de Tours, liv. II, p. 249.
[2] Anast. *Vita Symmachi:* « Fecit triporticum ante oratorium sanctæ crucis. »

voit dans les récits de Grégoire de Tours, du moine Gislemar, de Fortunat, à l'occasion de la basilique construite à Clermont par Namatius, huitième évêque de cette ville, de l'abbatiale de Saint-Vincent à Paris, par saint Germain, de la basilique élevée par Childebert dans cette dernière ville, édifice dont deux colonnes ont été découvertes en 1847 au parvis Notre-Dame. Le sanctuaire était quelquefois établi, comme en Italie, dans une nef transversale donnant à l'édifice la forme d'une croix : « Ab utroque latere ascellas eleganti constructas opere : totumque ædificium in modum crucis habetur expositum[1]. » Cette description s'applique à l'église de Namatius; l'abbatiale de Saint-Vincent, à Paris, était disposée de même : on nommait aussi cet édifice la *Sainte-Croix*. Enfin, une abside semi-circulaire formait la tête des églises : « inante absidem rotundam habens, » dit encore Grégoire de Tours de la basilique de Clermont, ce qui complète les dispositions générales des plans et les assimile entièrement à ceux de l'Italie. L'église abbatiale de l'Ara-Cœli, à Rome, dont nous donnons le plan au n° 142, indique la disposition que devaient présenter ces édifices en croix; celui de l'abbaye de Saint-Gall, gravé à la planche 15, fait voir que dans le nord, au commencement du IXe siècle, le plan des églises abbatiales avait la plus grande analogie avec ceux des basiliques élevées précédemment dans les contrées méridionales de l'Europe, comme nous avons eu déjà plus d'une fois l'occasion de le faire remarquer à l'égard des distributions intérieures; ce plan d'église est en forme de croix latine, toutes les distributions intérieures sont établies suivant le système adopté dans les basiliques latines qu'on vient d'examiner, sauf la contr'abside située à l'occident et dont nous essayerons plus loin d'expliquer la présence.

[1] Grégoire de Tours, liv. II, p. 180.

# ARCHITECTURE MONASTIQUE.

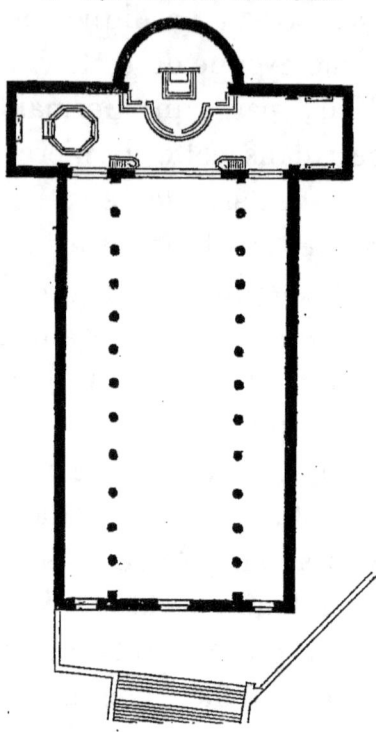

N° 142. Plan de l'Ara-Cœli.

On sait que chez nous, comme dans les contrées méridionales du monde chrétien, quelques églises étaient construites sur un plan circulaire : celle de Saint-Germain-le-Rond à Paris, édifice mérovingien, était dans ce cas. La célèbre basilique construite par Perpetuus sur le tombeau de saint Martin, à cinq cent cinquante pas de la ville de Tours, présentait un *altarium* ou sanctuaire de forme ronde, auquel on arrivait par trois nefs renfermées dans un *capsum* ou construction quadrangulaire disposée comme les basiliques dont les plans ont été précédemment examinés; l'ensemble de cet édifice rappelait le Saint-Sépulcre de Jérusalem[1].

---

[1] Grégoire de Tours, liv. II, p. 178. Voir, pour plus d'éclaircissements, la note de M. C. Lenormant à la fin du 1ᵉʳ volume de l'édition de Grégoire de Tours, publiée par MM. Guadet et Taranne. J. Renouard, 1836, Paris, in-8°.

### FAÇADES.

Ce qu'on lit à l'égard des façades de nos églises monastiques et de leur décoration n'est pas moins conforme aux précieux restes qui se voient encore à Rome, et avec lesquels nous avons pu donner une idée approximative des premières constructions des moines architectes.

Étienne d'Orléans, évêque de Tournay au XIIe siècle, s'exprime ainsi à l'égard de l'église abbatiale de Saint-Pierre-et-Saint-Paul à Paris, fondée vers 508 par Clovis sur la montagne Sainte-Geneviève, édifice qui fut détruit en 857 par les Normands : « Elle était, dit-il, de construction royale, décorée au dedans et au dehors de mosaïques, *comme les ruines en offrent la preuve.....* [1] » Ces mosaïques placées au-dehors ne pouvaient être qu'une imitation de celles de Rome que nous venons de faire connaître.

Le métal fut employé dans le nord, comme en Italie, pour la couverture des basiliques. Clotaire rétablissant l'église de Saint-Martin, à Tours, la fit couvrir en étain [2]. Celle que Félix, évêque de Nantes, éleva à saint Pierre et saint Paul, était couverte de même métal [3], et, suivant le récit de l'auteur de la vie de saint Doctrovée, premier abbé de Saint-Vincent, depuis Saint-Germain-des-Prés à Paris, « les toits de cette abbatiale, formés de lames de bronze doré, produisaient des éclats de lumière qui éblouissaient les yeux lorsque les rayons du soleil venaient à les frapper, ce qui avait fait nommer cet édifice *le palais doré de Germain.* » Enfin, à l'égard des vitraux et des clôtures qui les

---

[1] Étienne d'Orléans, évêque de Tournay, *Recueil des historiens de France,* t. VII, p. 72.
[2] Grégoire de Tours, liv. IV, p. 59.
[3] *Fortunat.* lib. III, § 2.

maintenaient dans les fenêtres, Grégoire de Tours, Fortunat, saint Ouen dans la Vie de saint Éloi, nous font connaître l'analogie que présentaient nos églises avec celles du midi de l'Europe.

### DISPOSITIONS INTÉRIEURES.

Les basiliques latines de l'Italie ne furent pas moins, pour les dispositions intérieures que pour les plans et les façades, les modèles dont s'inspirèrent les religieux constructeurs de la Gaule : ainsi les pavés de leurs églises étaient des mosaïques, comme l'indique Gislemar dans sa description de l'abbatiale de Saint-Vincent, à Paris, construite par saint Germain : « le pavé, dit-il, est composé de toutes sortes de pièces de rapport[1]. » Le style de ces mosaïques, construites à la manière romaine, est bien déterminé par la découverte, faite en 1847, d'un fragment du pavé de la basilique construite par Childebert sur une partie de l'emplacement actuel de la cathédrale de Paris; on y voit des croix grecques et le triangle[2]. Sur ces pavés s'élevaient les colonnes des nefs. Le même Gislemar dit que l'abbatiale de Saint-Vincent « était bien percée et soutenue de grandes colonnes de marbre[3]. » Les colonnes de la basilique de Childebert sont en marbre dit *grand antique*, noir et blanc[4].

La décoration des nefs était exécutée au moyen de la peinture ou de la mosaïque à fond d'or. Grégoire de Tours dit que la femme de Namatius, huitième évêque de Clermont, bâtit hors des murs de la ville l'église de Saint-Étienne, et, comme

---

[1] Gislemar, *Vita Sancti Doctrov.* Act. SS. ord. S. Bened. tom. I.
[2] Voir la 27ᵉ livraison de la Statistique de Paris, A. Lenoir.
[3] Gislemar, *loc. cit.*
[4] Ces colonnes sont déposées au musée des Thermes.

elle voulait l'orner de peintures, elle lisait l'histoire des temps passés, indiquant aux peintres ce qu'elle en voulait faire représenter sur les murs [1]. Pour ce qui concerne la mosaïque, le même Grégoire nous apprend que « l'évêque de Châlons, Agricola, construisit une église soutenue par des colonnes, ornée de marbres de diverses couleurs et de peintures en mosaïque [2]. » Gislemar en dit autant de l'abbatiale de Saint-Vincent, et ajoute qu'elles étaient sur fond d'or [3]. Enfin Étienne d'Orléans, évêque de Tournay, décrivant les ruines de l'abbatiale de Sainte-Geneviève, à Paris, dit : « elle était décorée au dedans et au dehors de mosaïques, et ornée de peintures [4]. »

A l'instar de celles des basiliques de l'Italie, les nefs de nos premières églises abbatiales étaient surmontées de plafonds ; celui de Saint-Vincent, à Paris, présentait de riches lambris dorés [5]. On apportait beaucoup de soin à les décorer, car Grégoire de Tours rapporte que l'évêque de cette ville, Perpetuus, faisant construire la grande basilique de Saint-Martin, détruisit la première chapelle ; mais jugeant que le plafond de cette chapelle était d'un travail précieux et qui ne devait point périr, il construisit en l'honneur des bienheureux apôtres Pierre et Paul une autre basilique, dans laquelle il fixa ce plafond [6]. Une voûte n'aurait pas été transportable.

Des tentures étaient placées dans les arcades intérieures de nos églises ; c'est encore l'évêque Grégoire qui nous l'apprend, au sujet des efforts que faisait la reine Clotilde pour convertir Clovis à la religion chrétienne, puis, à l'occasion du baptême

---

[1] Grégoire de Tours, liv. II, p. 181.
[2] *Idem*, liv. V, p. 331.
[3] Gislemar, *Vita Sancti Doctrov.* Act. SS. ord. S. Bened. tom. I.
[4] *Historiens de France*, t. VII, p. 72.
[5] Gislemar, *loc. cit.*
[6] Grégoire de Tours, liv. II, c. XIV, p. 177.

de ce prince : « La reine Clotilde fit décorer l'église de tentures et de voiles, essayant si elle pourrait attirer à la foi, par cette pompe, celui qu'elle n'avait pu toucher par ses exhortations [1]. » Et plus loin, « des toiles peintes ombragent les rues, les églises sont ornées de tentures, on dispose le temple du baptistère [2]... »

L'enceinte du chœur renfermait l'ambon et l'anologius; on lit dans les actes de Dagobert que ce roi faisant décorer l'abbatiale de Saint-Denis, saint Éloi, qu'il avait chargé de ce soin, fit le pupitre de lecture : « Operuit quoque Eligius lectorium [3]. »

Au delà du chœur, un voile était suspendu à la partie antérieure du sanctuaire : « Dans la guerre de Sigebert et de Chilpéric, un officier de ce premier prince, courant à l'abbatiale de Saint-Denis pour piller, se saisit du *grand voile* de soie rehaussé d'or et de pierreries qui masquait le tombeau du saint martyr réuni à l'autel [4]. » « Dans une église d'Auvergne, une alouette étant entrée, éteignit les lumières, puis, pénétrant dans le sanctuaire *par-dessous le voile,* elle faillit éteindre la lampe [5]. »

L'autel et le ciborium s'élevaient derrière le voile et la clôture du sanctuaire; saint Ouen, contemporain de Dagobert, nous a laissé une description du magnifique tombeau que ce roi fit faire à saint Denis par saint Éloi, et du ciborium qui le surmontait : « Ce monument en marbre, dit-il, formait un petit dôme soutenu par quatre colonnes et couvert en argent; la face en était très-riche : l'or et les pierres précieuses y brillaient de toutes parts; » une colombe d'or surmontait le tout, comme on

---

[1] Grégoire de Tours, liv. II, p. 211.
[2] *Idem, ibid.* p. 217.
[3] *Gesta Dagoberti,* c. xx.
[4] Grégoire de Tours, liv. IV, c. xlviii.
[5] *Idem, ibid.* p. 89.

en voyait à Rome. Enfin le sanctuaire et l'abside de ces premières basiliques des Gaules étaient décorés de marbres, comme nous en avons signalé dans celles de Saint-Laurent, de Sainte-Agnès, de Saint-Georges au Vélabre : « Parietes ad altarium opere sarsurio ex multo marmorum genere exornatas habet[1]. »

Tous ces rapprochements suffisent pour démontrer : 1° la parfaite analogie qui existait entre nos basiliques latines des premiers siècles et celles de l'Italie; 2° l'influence que le Midi exerçait encore sur les arts du Nord, comme on le remarque dans les périodes antérieures au christianisme.

### SCULPTURE D'ORNEMENT.

La marche suivie par la sculpture d'ornement appliquée aux premières églises des Gaules fut la même que celle qui est précédemment tracée, page 217, pour l'Italie. On y observe d'abord une imitation plus ou moins intelligente du chapiteau corinthien, dans lequel le fleuron du tailloir est remplacé par le caprice de l'artiste, et présente tantôt une demi-feuille d'acanthe, tantôt une palmette grossière, une rosace ou de simples chevrons tracés sur un corps saillant d'une forme arrondie ou en biseau : ces observations se font sur les chapiteaux de Montmartre[2], de la crypte de Jouarre, puis sur ceux qui ont été découverts il y a peu d'années dans les clochers de Saint-Denis et sur le parvis Notre-Dame. Parmi ces derniers, les uns proviennent de l'antique abbatiale mérovingienne; l'autre, qui a fait partie de la basilique de Childebert, est déposé aujourd'hui au musée des Thermes, à Paris. Des croix grecques se voient sur plusieurs de ces chapiteaux et ne laissent aucun

---

[1] Grégoire de Tours, liv. II, p. 180.
[2] *Statistique de Paris,* monographie de l'abbaye de Montmartre, A. Lenoir.

doute sur leur origine; il y en a sur un de ceux de Montmartre et sur celui qui fut trouvé en 1799 à l'abbatiale de Saint-Germain-des-Prés[1], pl. 146; on reconnaît déjà sur ces fragments l'esprit novateur qui devait conduire plus tard aux nombreuses productions de ce genre qui signalèrent l'époque carlovingienne et les premiers siècles des Capétiens.

N° 143. Chapiteau à Jouarre.

N° 144. Chapiteau à Saint-Denis.

N° 145. Chapiteau à Montmartre.

[1] *Statistique de Paris*, monographie de l'abbaye de Saint-Germain-des-Prés, A. Lenoir.

N° 146. Chapiteau de Saint-Germain-des-Prés.

Pour ce qui concerne les entablements et autres membres d'architecture, l'imitation de l'art antique fut encore la base des premières compositions chrétiennes dans les Gaules, et nos provinces du Midi restèrent longtemps dans cette voie, lorsque déjà le Nord s'était adonné à un style nouveau; les fragments de corniches de l'église abbatiale de Vaison et de la métropole d'Avignon que nous publions ici suffisent pour en donner la preuve.

N° 147. Corniche à Vaison.

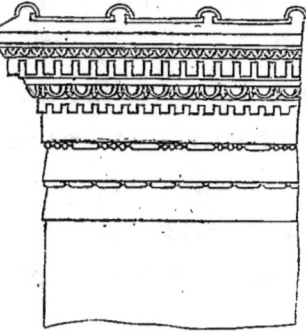

N° 148. Corniche à Vaison.

N° 149. Corniche et chapiteau à Notre-Dame-des-Doms, à Avignon.

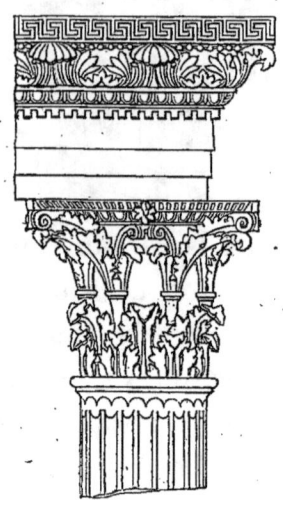

## L. SYSTÈMES DE CONSTRUCTION.

Les divers modes de construction employés par les moines des premiers siècles pour édifier leurs basiliques ne sont pas sans intérêt pour l'étude, puisqu'ils fournissent des caractères qui permettent de reconnaître leur âge : en Égypte, ils employèrent le grand et le petit appareil, puis la brique; la Grèce et l'Asie présentent l'emploi des mêmes matériaux, auxquels se mêlent de nombreux fragments de l'art antique quelquefois disposés avec goût.

En Italie, les constructions des premiers religieux, aux IV$^e$ et V$^e$ siècles, reproduisent plus ou moins exactement les systèmes en usage lors de la décadence de l'empire. La maçonnerie des basiliques de Sainte-Agnès et de Saint-Laurent hors les murs, de Sainte-Balbine sur l'Aventin, à Rome, est composée de deux rangs de moellons sur lesquels s'appuient une ou deux lignes de briques en liaison, système alterné qui fut remplacé par la brique seule.

N° 150.
Maçonnerie des églises
de Saint-Laurent,
de Sainte-Agnès et de Sainte-Balbine,
à Rome.

N° 151.
Maçonnerie
de la basilique de Constantin,
à Trèves.

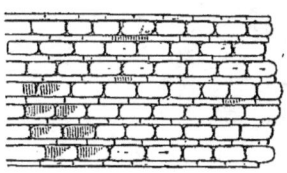

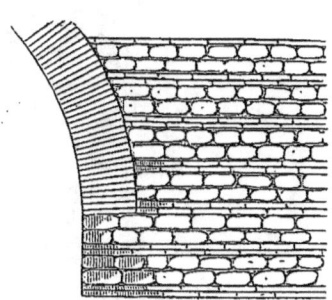

On a vu qu'en France, pays boisé de toutes parts, les premiers religieux employèrent d'abord la charpente, et qu'ils construisaient *stramine vilique materia,* selon l'expression de Mabillon[1].

Durant la période mérovingienne nos provinces présentaient aussi la maçonnerie alternée : on en voit des exemples à la basse-œuvre de Beauvais, à l'église de Savenières, à Saint-Martin d'Angers, dans la citadelle de Metz, à la crypte de Saint-Laurent de Grenoble; les plus anciennes constructions chrétiennes de Trèves, et particulièrement la basilique de Constantin, devenue la cathédrale, sont ainsi établies. La cathédrale de Bonn, sur le Rhin, nous en fournit de même un exemple sur la partie méridionale du chœur. Ce système de maçonnerie, qui n'était déjà plus précisément celui des Romains tel qu'on le trouve dans la plupart des édifices antiques, présentait encore cependant avec lui assez d'analogie, pour que les écrivains du temps, en le désignant, aient dit qu'il était établi à la manière romaine, *more romano.*

[1] *Ann. O. S. Bened.* t. II, p. 244, anno 782.

N° 152. Arc construit en briques et en moellons.

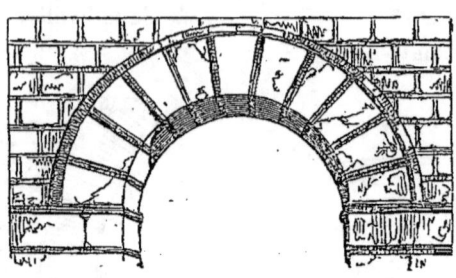

On voit aussi paraître en France, durant la période mérovingienne, l'appareil réglé en pierre : on en trouve la preuve dans un passage des Actes de saint Ouen, reproduit par Alexandre Wiltheim[1]; on y lit : « Nam is qui acta D. Audoeni condidit, ita de basilica D. Petri Rothomagensi scripsit : *Miro opere, quadris lapidibus, gothica manu, a primo Clothario Francorum rege, olim nobiliter constructa fuit.* » *Quadris lapidibus* n'était pas nouveau, si ce n'est peut-être pour la ville de Rouen, dont les églises étaient en bois[2]. Quant à l'expression *gothica manu*, elle doit s'appliquer aux entrepreneurs et maçons méridionaux qui se chargeaient d'aller bâtir au loin, ainsi qu'au système de maçonnerie et aux marbres employés alors à la construction des basiliques chrétiennes : en effet, les Goths qui, sous Clotaire, habitaient encore les provinces méridionales des Gaules, possédaient, indépendamment des bonnes traditions des constructeurs romains, dont ils avaient beaucoup de monuments sous les yeux, les marbres nécessaires à la décoration des basiliques; ces hommes actifs et entreprenants les exploitaient dans les Pyrénées, leur nouvelle patrie. Sidoine-Apollinaire, décrivant

---

[1] *Diptychon Leodiense ex consulari factum episcopale,* Liége, 1659, in-f°, appendice, p. 22.
[2] Grégoire de Tours, « Ad basilicam Sancti Martini, quæ super muros civitatis ligneis tabulis fabricata est, confugium faciunt, » lib. V, p. 170.

l'église construite à Lyon par l'évêque Patient, dit qu'elle était précédée d'un triple portique décoré de colonnes en marbre d'Aquitaine.

Les fragments de colonnes trouvés en 1807 dans les substructions de la basilique de Saint-Pierre et Saint-Paul, depuis Sainte-Geneviève, à Paris, fondée par Clovis, sont des marbres d'Oléron [1]. Les colonnes qui se voient encore à l'abbatiale de Montmartre, celles qui ont été retrouvées en 1847 dans les substructions de la basilique de Childebert, au parvis Notre-Dame, offrent des profils de la décadence, et la matière est le marbre noir et blanc appelé *grand antique*, qui s'exploitait auprès de Toulouse, nouvelle capitale des Goths, où de récentes découvertes ont fait voir des traces d'exploitation ancienne.

Les marbres blancs destinés aux bases et aux chapiteaux de ces colonnes, ainsi qu'à d'autres parties des basiliques des Gaules, ont la même origine pyrénéenne, comme on peut le voir à Montmartre, et au chapiteau de la basilique de Childebert déposé aujourd'hui au palais des Thermes, à Paris. On comprend que les Goths, habitués à tailler et à remuer les marbres de la seule contrée qui en fournît alors, aient été appelés par les rois mérovingiens à les mettre en place dans les basiliques construites durant cette période.

Ces migrations de constructeurs méridionaux indiquent des associations maçonniques dont les Romains avaient certainement donné l'exemple, et l'origine gothique de ces constructeurs n'aurait-elle pas eu de l'influence sur le nom généralement adopté chez nous pour désigner les constructions du moyen âge? Un fait absolument analogue se produisit en Italie : les Lombards, aussi étrangers aux arts que les Goths, s'étant emparés de l'Italie du nord, devinrent, par imitation,

---

[1] Nous possédons des échantillons de ces colonnes.

hardis constructeurs, et donnèrent leur nom à l'architecture chrétienne des cinq premiers siècles de la liberté religieuse dans cette contrée.

### DÉDICACE.

Lorsqu'une église monastique était terminée, on y célébrait les cérémonies de dédicace; ce n'est pas ici le lieu de décrire ces fêtes religieuses : nous citerons seulement un fait qu'on trouve dans Aimoin et relatif à l'abbaye de Saint-Germain-des-Prés : il démontre qu'on bénissait l'œuvre et qu'on faisait la dédicace, dans les premiers siècles du christianisme en France, lorsque les substructions sortaient de terre ; Aimoin s'exprime ainsi : « Childebertus acceptam beati Vincentii stolam Parrhisius defert, ædificatamque SOLO TENUS, secundum beatissimi Germani dispositionem, basilicam, nomini ejusdem sancti levitæ ac martyris dedicari fecit[1]. »

### STYLE BYZANTIN.

#### A. COUR SACRÉE, AREA.

Les descriptions de Procope[2], les anciens monastères du mont Athos et de l'Égypte, font connaître que loin des villes les maisons religieuses de l'Orient offraient, dès les v$^e$ et vi$^e$ siècles, des enceintes militaires qui en faisaient de véritables forteresses (voir à la page 56). Nous avons indiqué par les planches 44 et 50 quel était le caractère des portes et des avant-porches, ornés d'arceaux et de mosaïques, dont étaient décorées ces enceintes. Le voyageur Ruy Gonzalez de Clavijo,

[1] Aimoin, *Hist.* liv. II, c. XXIX.
[2] Procop. *De ædificiis*, c. VI, 5; et *Bell. Vand.* c. II, 26.

qui visita Constantinople en 1403, parle ainsi de l'avant-porche du monastère de Saint-Jean : « Et d'abord, au-dessus de l'entrée de la première porte de cette église, il y avoit une figure de saint Jean, très-riche et bien pourtraitée d'ouvrage de mosaïque; ensemble, avec cette porte, un haut pavillon porté sur quatre arceaux, et faut passer dessous pour entrer au corps de l'église; et le ciel dudit pavillon et ses parois sont imagés d'images et de figures très-belles en œuvre de mosaïque..... Et tôt après ledit pavillon on trouve une grande cour entourée de maisons à galeries hautes, avec arceaux en bas, et dans ladite cour beaucoup d'arbres et de cyprès. » Parlant plus loin de l'église monastique de Saint-George, il s'exprime ainsi : « Au devant de la porte, il y a une grande cour avec plusieurs jardins et maisons, et le corps de l'église est au milieu de ces jardins [1]. » Le plan de la Sainte-Laure, gravé à la page 14, planche 11, fait voir l'église isolée dans une cour plantée d'arbres.

La forme allongée qu'avaient les premières églises de l'Orient, ce qu'indiquent, comme on le verra plus loin, la basilique de D'jémilah et les descriptions des temples élevés originairement à Byzance par Constantin, ne s'opposait pas à ce que l'*area* sacrée fît complétement ou en partie le tour de l'édifice; on en voit un exemple analogue, mais moderne, à la basilique de Saint-Démétrius de Smyrne, dont nous avons levé le plan, que nous reproduisons à la page suivante, au n° 153. Cet édifice n'est pas isolé de toutes parts dans l'*area;* il est rattaché par son narthex au mur occidental de l'enceinte sacrée, dont la seule entrée est établie au septentrion.

---

[1] *Constantinople en 1403,* par Ruy Gonzalez de Clavijo. *Revue d'architecture,* par M. C. Daly, 1841, M. Mérimée, col. 161.

N 153. Plan de l'église de Saint-Démétrius, à Smyrne.

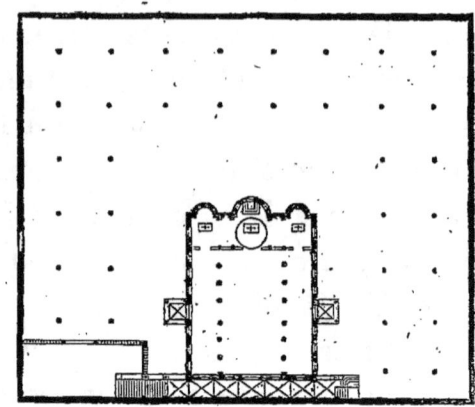

Lorsque les temples byzantins devinrent circulaires ou en polygone, puis enfin carrés, le péribole les enveloppa plus facilement encore. L'église des saints Marcellin et Pierre, auprès de Rome, construite par Constantin sur un plan circulaire, et sans doute l'un des premiers exemples en Occident d'une église construite suivant les idées byzantines, était entourée d'une *area* qui fut retrouvée en 1594 par Bosio. L'église de Sainte-Sophie à Salonique, construite par Justinien, est au centre d'une grande cour; celle du monastère de l'Ecs-Miazin à Érivan, de même; dans les petites villes et les villages, le péribole s'établit autour des églises les plus minimes lorsque l'espace le permit; on en voit un auprès de Modon, autour d'une petite église ruinée, dont nous reproduisons le plan à la page suivante, au n° 154, d'après la gravure publiée par la commission de Morée.

Le plus ancien exemple de cette disposition, qui paraît avoir été générale, était l'église des Saints-Apôtres, élevée par Constantin dans la nouvelle capitale de l'empire; Eusèbe, qui la décrit, s'exprime ainsi : « Circa ipsum templum erat ingens area. »

N° 154. Plan d'une église auprès de Modon.

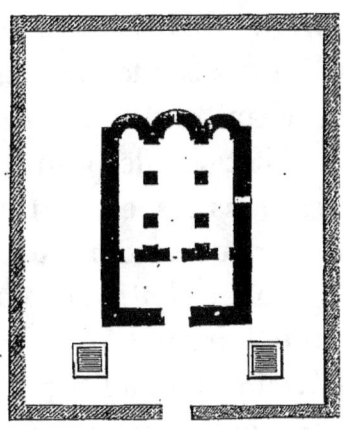

Les mosquées d'Akmet, de Soliman, à Constantinople, et beaucoup d'autres, imitées servilement des églises grecques, et construites en général par des chrétiens pour les Turcs, sont ainsi disposées.

La cour sacrée des premières églises de l'Orient différait donc de celle des basiliques latines, puisqu'elle enveloppait complétement l'édifice, rappelant en cela le τέμενος ou sol sacré dont étaient environnés de toutes parts le temple de Salomon, ceux de l'Égypte et de la Grèce. Eusèbe, décrivant la basilique des Saints-Apôtres, élevée à Byzance par Constantin, nous apprend en outre que cette cour était entourée de portiques comme le préau d'un cloître; il s'exprime ainsi : « Circa ipsum templum erat ingens area, cujus ad quatuor latera porticus erant sibi invicem conjunctæ[1]..... » Cette enceinte, décorée de portiques sur ses quatre faces, enveloppait ainsi complétement l'espace libre, l'*area*, au milieu de laquelle

---

[1] Euseb. *Vita Const.* lib. IV, c. LVIII.

s'élevait l'édifice. Le même Eusèbe, décrivant l'église construite à Tyr par l'évêque Paulin, dit que l'*area* était environnée de quatre galeries soutenues par des colonnes entre lesquelles étaient des treillis de bois. Bosio a retrouvé des galeries enveloppant l'église des saints Marcellin et Pierre. (Voir le plan, plus loin, au chapitre du *Style byzantin en Occident*.)

Dès l'origine, les habitations de prêtres et de gardiens des temples furent établies dans les enceintes sacrées, et ce fut ainsi qu'on logea les religieux autour du catholicon des monastères; l'*area* devint donc le cloître, comme on le voit sur le plan du couvent de Sainte-Laure à l'Athos, page 14, planche 11, et sur ceux de l'Ecs-Miazin, publiés par Chardin[1] et M. Dubois de Montperreux[2]; Constantin en avait donné l'exemple lors de la construction de la basilique des Saints-Apôtres, ainsi que nous l'apprend Eusèbe : « Plurima habitacula ad usum eorum qui locum custodiebant, porticibus applicata, earum longitudinem æquabant[3]. » Le même auteur parle des chambres, *cubicula*, placées autour de l'*area* du temple octogone d'Antioche, dédié à la Vierge[4]. Gonzalès de Clavijo en dit autant de l'église monastique de Saint-Jean, à Constantinople. C'était une imitation des cellules de prêtres établies auprès du temple de Salomon, de ceux de l'Égypte, et quelquefois aussi des *cella* de la Grèce et de Rome. Des logements pour les prêtres gardiens du temple sont construits autour des mosquées; on les voit à la Solimanie de Constantinople.

La surface de l'*area* ou place qui faisait le tour de l'édifice était généralement plantée d'arbres : c'était encore un souve-

---

[1] Chardin, *Voyage en Perse*.
[2] Dubois de Montperreux, *Voyage au Caucase*.
[3] Euseb. *Vita Const.* lib. IV, c. LVIII.
[4] *Idem, ibid.*

nir du τέμενος des Grecs, qui contenait le bois sacré. L'église de Sainte-Sophie, à Salonique, est au milieu d'une cour plantée; celle de Saint-Baradias, dans la même ville, s'élève dans un jardin : c'est ainsi que se présente la grande basilique de Saint-Démétrius à Smyrne. Toutes les fois que la place permit d'avoir un grand espace, les chrétiens d'Orient y firent des plantations : les Turcs ont conservé cet usage. Dans les monastères des Grecs, l'enceinte sacrée formant le cloître même, comme nous l'avons observé plus haut à l'égard de la Sainte-Laure, des plantations y donnent un abri aux religieux. (Voir le plan page 14, planche 11, et la précédente description de l'église de Saint-Jean, par Clavijo, le confirme.)

Dans les villes populeuses, où le terrain était précieux, les chrétiens orientaux se bornèrent quelquefois à faire précéder leur temple d'un *atrium* seulement, comme en Occident. La petite église de Navarin, dont le plan a été publié par la commission de Morée et que nous reproduisons ici, présente cette disposition.

N° 155. Église de Navarin.

ÉGLISE.

B. Narthex.
C. Dôme central.
D. Bas-côtés.
E. Sanctuaire.
F. Avant-nef.

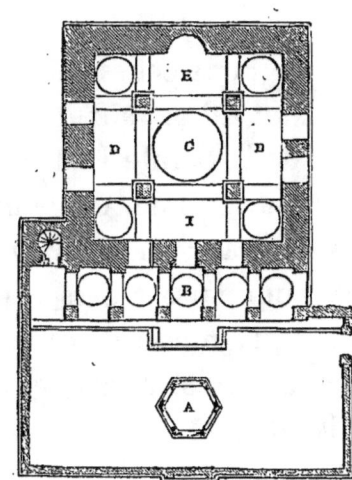

ATRIUM.

A. Phiale.

## ARCHITECTURE MONASTIQUE. 241

FONTAINE, Πηγή φιάλη, LAVACRUM.

Une fontaine destinée aux ablutions recommandées aux chrétiens avant d'entrer dans l'église s'élevait devant la façade et dans l'intérieur de l'enceinte sacrée, comme celle que les Occidentaux plaçaient au milieu de l'*atrium*. Constantin en fit une devant la basilique des Saints-Apôtres; Eusèbe la nomme *Basilicæ lavacrum*[1]. Justinien en donna une à l'église de Sainte-Sophie; elle était en jaspe, un jet d'eau s'élevait au milieu. Une autre fontaine destinée aux prêtres se composait de douze lions et de douze daims en marbre lançant de l'eau dans des coquilles. Devant la basilique de Saint-Démétrius à Salonique on voit encore une fontaine byzantine composée de huit colonnes supportant des arcades; au milieu est une grande cuve de marbre blanc sculpté. Le voyageur Clavijo décrit l'église de Saint-Jean à Constantinople; il dit : « Et contre la porte par où l'on entre au corps de l'église, il y a une belle fontaine sous un dôme porté par huit colonnes, etc. » Cette forme présentant un édicule surmonté d'une voûte fut celle que les Byzantins adoptèrent de préférence; la vue du *Rossicon*, monastère de l'Athos, qui a été donnée p. 33, pl. 20, présente une phiale ainsi disposée; nous y joignons celles du *Zographe* et d'*Iviron*, autres monastères du mont Athos, aux n°[s] 156 et 157, p. 242.

La phiale du couvent de la Sainte-Laure, au même lieu, est décorée, à l'intérieur de sa coupole, de peintures relatives aux merveilles historiques de l'eau : on y voit flotter Moïse enfant, la mer s'entr'ouvrant pour laisser passer les Hébreux, l'eau sortant du rocher sous la baguette de Moïse, puis guérissant les lépreux; saint Jean y baptise Jésus, enfin l'eau sainte rajeunit ceux qui la puisent[2].

[1] Eusèbe, liv. III, c. L.
[2] *Annales archéologiques*, mars 1846. Didron, p. 143.

Nos 156 et 157. Phiales du Zographe et d'Iviron.

Le plan de la petite église de Navarin, que nous donnons à la page 240, planche 155, présente dans l'*atrium* une phiale d'ablution en A ; elle est hexagone. Dans l'*area* de l'église de Modon, publiée, comme celle-ci, par la commission de Morée, sont deux bassins d'ablution de forme carrée[1]. (Voir la planche 154, page 238.)

Les Turcs imitèrent les phiales des Byzantins : toutes les cours de leurs mosquées en contiennent une. La plus riche et la plus analogue à celles dont nous donnons ici les dessins, que nous ayons recueillie en Orient, se voit à la mosquée d'Akhmet à Constantinople.

### BAPTISTÈRE.

Les chrétiens d'Orient eurent, ainsi que les Occidentaux,

---

[1] Commission de Morée, *Modon*.

des baptistères isolés devant leurs églises; ils les établirent, comme nous, sur un plan circulaire d'abord, dans la pensée, sans doute, de rappeler la mer d'airain du temple de Jérusalem. L'empereur Justinien fit établir auprès de l'église de Sainte-Sophie un édifice isolé destiné à donner le baptême; Paul le silenciaire et l'auteur grec anonyme en parlent ainsi : « Justinien, avant l'achèvement de Sainte-Sophie, fit faire un petit édifice circulaire surmonté d'une coupole dorée; il était consacré à saint Jean, précurseur du Christ, et fut appelé le Baptistère. » Le luxe apporté à la décoration de ces monuments ne le cédait pas à celui qui ornait les basiliques; la coupole dorée que nous venons de mentionner au baptistère de Sainte-Sophie en serait déjà une preuve suffisante, si l'auteur qui le décrit n'ajoutait que l'empereur y fit placer des portes en bronze incrustées d'or et d'ivoire.

Gonzalez Clavijo, décrivant l'église de Saint-George à Constantinople, dit : « Et devant la porte de l'église, en dehors, il y a un bassin pour baptiser, bien grand et beau, et au-dessus un dôme porté sur huit colonnes de marbre blanc, taillé à toutes manières de figures[1]. » D'Agincourt a publié d'après un ménologe grec du IX$^e$ ou du X$^e$ siècle, conservé à la bibliothèque du Vatican, une peinture sur laquelle on voit un baptistère byzantin offrant une grande analogie avec ceux des Latins que nous avons reproduits à la page 102, n$^{os}$ 61 et 62.

Au moyen âge, le baptistère des Grecs prit, comme en Occident, plusieurs formes, et le polygone prévalut; on en voit encore un exemple dans la ville de Trébisonde sur la mer Noire; il est entièrement décoré de peintures à l'intérieur. A l'époque, sans doute, de la chute de l'empire grec, on renonça au baptistère apparent; le vase destiné à la cérémonie fut

---

[1] Clavijo, *loc. cit.*

réduit et fabriqué en cuivre : de nos jours il est porté par les prêtres dans la maison du catéchumène; l'emploi des cuves baptismales en métal remonte à l'antiquité chrétienne : nous avons indiqué précédemment celle du baptistère de Constantin à Rome, qui était en argent; la fille du roi Sapor fut baptisée dans une conque en même matière.

### B. PLANS DES ÉGLISES.

*I<sup>re</sup> disposition.* — Aux premiers siècles de l'Église, les Occidentaux possédaient, en présence même du paganisme, des lieux destinés à leurs réunions religieuses [1]; ils commencèrent à y créer leur architecture sacrée, en pliant à leurs convenances l'art des anciens, comme on l'a vu dans les précédents chapitres. En Orient il en fut de même, et là, comme en Italie, c'était avec leurs deniers qu'ils élevaient des temples [2] : ainsi furent construites les églises de Nicomédie, de Néocésarée et tant d'autres, ce que la petite basilique des premiers siècles chrétiens, découverte à D'jémilah par la commission scientifique d'Algérie, confirme par les nombreuses inscriptions en mosaïque répandues dans les compartiments de son pavé, et qui portent les noms de ceux qui contribuèrent à son édification. Nous reproduisons, à la page suivante, une partie de ce beau pavé qui, par le style de sa composition, par celui des ornements qui l'encadrent, indique évidemment que la construction de l'édifice est antérieure au règne de Constantin, et probablement aussi à l'époque des persécutions contre les chrétiens. La commission d'Algérie l'a fait connaître d'une manière complète en publiant des détails en grand et coloriés.

---

[1] Lampridius, *Vita Alexandri Sever.* p. 129.
[2] S. Gregor. Nyssen.

N° 158. Mosaïque de l'église de D'jémilah.

Les emplacements qu'occupaient les églises aux lieux les plus apparents de ces villes, devant les palais des empereurs et des préfets[1], indiquent assez qu'elles étaient construites avec luxe et sur des proportions étendues[2]. Elles étaient disposées d'abord comme les basiliques latines; le bois jouait un grand rôle dans leur construction, car, dans la première des trois villes que nous venons de citer, Dioclétien et Galerius, craignant de causer un incendie général en brûlant l'église, se contentèrent de la démolir[3]. La basilique de D'jémilah a été retrouvée sous des monceaux de cendres et de charbon indiquant qu'elle était couverte en bois, comme toutes celles de l'Occident; et lorsque Constantin, donnant la liberté à l'Église, transporta le siége de l'empire à Byzance, les premiers temples qu'il éleva en Orient furent imités encore des basiliques païennes et des synagogues : l'empereur, consacrant dans sa nouvelle capitale une église à la sagesse divine, la fit construire sur un plan allongé; elle fut incendiée dans une sédition du cirque; les nefs étaient couvertes en bois[4]. Celle de Saint-Jean-Studius, qui se voit encore à Constantinople, est ainsi disposée. Les grandes églises de Salonique, de Bethléem, du mont Sinaï, sont distribuées de la sorte, et les Grecs modernes reviennent à cette forme pour les temples qu'ils élèvent dans leurs villes renaissantes.

---

[1] Lactant. *De moribus persecutor.* n° 12.

[2] Apud omnes Græcos pariter et barbaros ante persecutionem..... quis numerum ecclesiarum in singulis urbibus, quis illustres populorum concursus in ædibus sacris cumulate possit describere? Quo factum est ut priscis ædificiis jam non contenti, in singulis urbibus spatiosas ab ipsis fundamentis extruerent ecclesias. (Eusèbe, *Hist. ecclésiast.* liv. VIII, c. 1.)

[3] Lactant. *loc. cit.*

[4] Ædis forma dromica fuit : δρομικόν dictum videtur a stadiis cursoriis, quæ in majorem longitudinem quam latitudinem porriguntur. (Codinus, *Descript. Sanctæ Sophiæ.*)

# ARCHITECTURE MONASTIQUE.

Nous devons mentionner ici quelques différences qui distinguent certaines basiliques de l'Orient de celles qu'on élevait dans nos contrées : celle de D'jémilah, qui, en raison du beau style de ses mosaïques, doit être antérieure au règne de Constantin, et a dû être brûlée pendant les persécutions de l'Église, est dépourvue des porches extérieur et intérieur; l'entrée est latérale; la clôture du sanctuaire était une haute construction solide contre laquelle venaient s'appuyer les architraves des colonnes : c'était une véritable *cella* dans l'édifice même. On n'y voit aucune trace de sacristie ni d'abside.

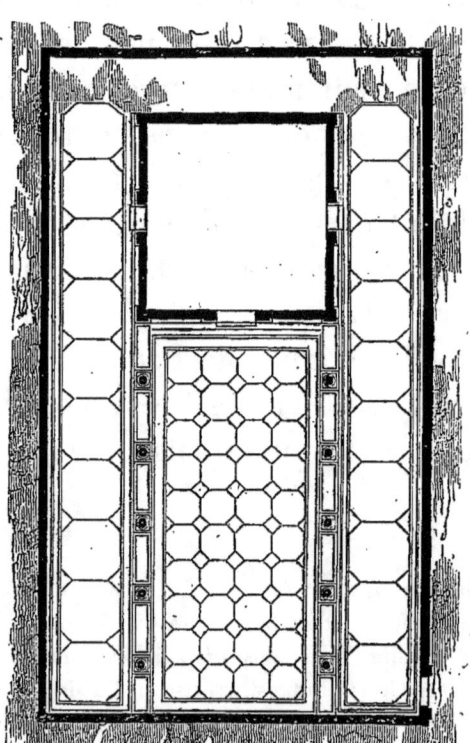

N° 159. Plan de la basilique de D'jémilah.

Les temples de Salonique présentent en général un porche extérieur, ou exo-narthex, et un portique intérieur, éso-narthex, ce qu'on ne voyait pas aux basiliques d'Occident, qui n'avaient ordinairement que l'un ou l'autre. Nous avons recueilli à Athènes le plan d'une basilique en ruine, dans laquelle les colonnes qui séparent ordinairement les nefs étaient remplacées par des murs longitudinaux; on y avait pratiqué des portes de communication et des fenêtres, de sorte que les trois nefs formaient pour ainsi dire autant d'églises distinctes sous un même toit. Ces salles latérales et closes étaient peut-être destinées aux femmes : on voit ainsi une nef particulière servant de *gyneconitis* à la kapnicarea d'Athènes.

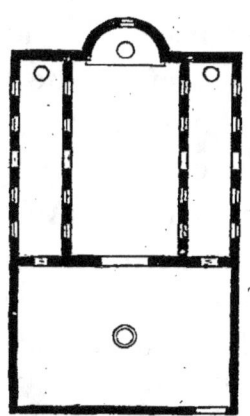

N° 160. Basilique à Athènes.

Mais bientôt, et dès le règne de Constantin, des idées nouvelles firent modifier, en Orient, la forme des édifices sacrés : durant une période assez longue on les éleva sur des plans circulaires ou en polygones. La Syrie donna l'exemple lorsque l'empereur et Hélène sa mère y firent élever des temples sur les lieux les plus célèbres par la vie du Christ. La douzième année de son règne, Constantin en fit construire d'analogues dans une partie des provinces orientales de l'empire[1]; Rome

---

[1] Euseb. *De ædific. a Constantino constructis.*

même eut les siens[1]. Nous chercherons quelle fut l'origine de cette innovation et l'influence qu'elle dut exercer sur l'architecture chrétienne de l'Orient, qui, de ce moment, se caractérisa et prit une physionomie particulière, due à l'emploi général des dômes et des voûtes, en remplacement des toits et des plafonds des Latins, immense pas dans la voie de progrès que se traçait déjà l'architecture chrétienne. On verra plus loin qu'une partie du symbolisme qui se développa dans nos temples, ainsi que de nombreuses formes adoptées dans les détails de la décoration architecturale de l'Occident, sont dues à l'art byzantin, que nous nous proposons d'examiner ici.

Sainte Hélène fonda sur le mont des Oliviers, à Jérusalem, la grande église de l'Ascension, à l'endroit même où la tradition voulait que le Christ eût quitté la terre. Ce monument était circulaire, comme l'indiquent les récits des auteurs et le plan dessiné sur des tablettes de cire, au VIIe siècle, par l'évêque Arculfe, et gravé dans les Annales des Bénédictins [2]. Sur le sol étaient précieusement conservées, sous un immense

---

[1] Les églises de Sainte-Constance et des saints Marcellin et Pierre. (*Torre Pignattara*.)

[2] *Acta sanct. ord. sanct. Bened.* IIIe siècle, p. 2. « In toto monte Oliveti nullus alius locus altior esse videtur illo, de quo Dominus ad cœlos adscendisse traditur, ubi grandis ecclesia stat rotunda, ternas per circuitum cameratas habens porticus desuper tectas. Cujus videlicet rotundæ ecclesiæ interior domus sine tecto et sine camera, ad cœlum sub aere nudo aperta patet, in cujus orientali parte altare sub angusto protectum tecto constructum extat. Ideo itaque interior illa domus cameram supra collocatam non habet, ut de illo loco in quo postremum divina institerent vestigia, cum in cœlum Dominus in nube sublevatus est, via semper aperta et ad æthera cœlorum directa oculis in eodem loco exorantium pateat..... in loco vestigiorum Domini, area grandis per circuitum rota desuper explanata collocata est..... in cujus medietate non parva patet pertusura, per quam desuper apertam, vestigia pedum Domini plane et lucide impressa in pulvere demonstrantur.... » etc. Le voyageur décrit ensuite les lampes qui sont tracées sur son plan, et qui éclairaient jour et nuit les vestiges des pas du Seigneur, ainsi que la ville de Jérusalem, à travers les fenêtres vitrées devant lesquelles on les avait fait suspendre. (Voir la Revue d'architecture, année 1851. A. Lenoir.

*tegimen* en bronze, les dernières empreintes des pieds du Christ. Cet édifice, entièrement ouvert à son sommet, comme les temples hypèthres des anciens, laissait voir la voûte céleste, et, comme le dit l'évêque de Jérusalem Cyrille[1], « c'était la porte par laquelle le Sauveur s'était élevé au ciel. »

N° 161. Plan de l'église de l'Ascension à Jérusalem.

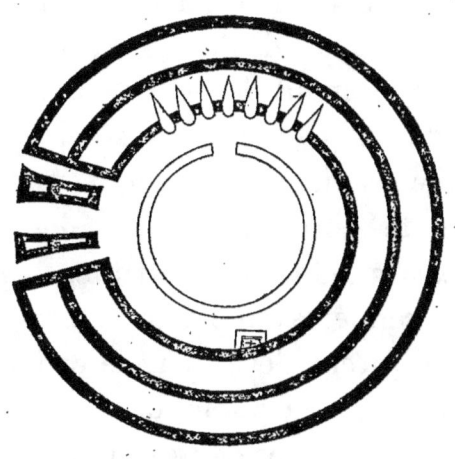

Ce triomphe du Christ dans la voûte éthérée, ce temple circulaire qui encadrait le lieu même où la tradition plaçait ce triomphe, durent produire sur les imaginations orientales un effet si neuf, si saisissant, que dès lors tous les temples chrétiens de ces régions s'élevèrent sur des plans analogues, et conçus de manière à porter un dôme immense sur lequel la peinture ou la mosaïque figurèrent le Christ triomphant entouré des anges. Le dôme de l'église de Saint-George à Constantinople offrait la représentation de Jésus-Christ quand il monta au ciel[2]. La belle mosaïque byzantine exécutée à Salonique, dans le dôme de l'église de Sainte-Sophie, représente la

---

[1] Cyrill. *in Catechum.* 14.
[2] Ruy Gonzalez de Clavijo, *Revue d'architecture,* 1841, par C. Daly, 170.

figure colossale de Jésus dans une gloire soutenue par deux anges aux ailes déployées; on lit, au-dessous, ces mots en caractères grecs : « Hommes de Galilée..... ce Jésus qui, en vous quittant, s'est élevé dans le ciel, viendra de la même sorte que vous l'y avez vu monter [1]. »

De nombreux temples circulaires ou en polygone s'élevèrent donc de ce moment dans tout l'empire oriental; les plus célèbres étaient : l'église de la Vierge, dans la vallée de Josaphat [2]; le Temple d'or, à Antioche, dédié aussi à la Vierge [3]; l'église de l'Ascension, sur le mont des Oliviers. On voit encore à Salonique l'église de Saint-George, construite par Constantin, l'une de celles qu'il éleva dans tout l'empire [4] (voir la pl. 162). A Rome, les églises de Sainte-Constance et des saints Marcellin et Pierre (*Torre Pignattara*) furent construites de même par l'empereur. Jusqu'aux premières années du règne de Justinien, des temples ainsi conçus furent élevés dans la capitale de l'empire, comme l'indiquent les descriptions de Procope [5] et d'anciens voyageurs [6]. Cet auteur cite les églises monastiques de Saint-Jean ἐν Ἑβδόμῳ et de Sainte-Marie Péribolique, que Clavijo décrit ainsi : « Le corps de l'église de Saint-Jean est comme une grande salle ronde, et au-dessus un dôme très-élevé, etc. Le corps de l'église de Sainte-Marie Péribolique est une salle ronde et haute. » Saint Arculfe cite plusieurs églises circulaires

---

[1] *Bulletin du comité des Arts*, 1848, 5ᵉ nᵒ, Description de M. C. Texier.

[2] *Acta sanct. ord. sanct. Bened.* IIIᵉ siècle, part. 2.

[3] Eusèbe, liv. III, c. L. « Templum aureum; interius vero basilicam ipsam ad summam altitudinem erexit, figura quidem octaedri constructam, plurimis vero circumquaque cubiculis et exhædris, et tam subterraneis locis quam solariis circumdatam. » Abulpharega, p. 85 de l'Histoire universelle. « Struxit Antiochæ templum octogonum, nomine Beatæ Virginis..... »

[4] *Bulletin du comité des Arts*, 1848, 5ᵉ nᵒ. Ch. Texier.

[5] L'église monastique de Saint-Jean ἐν Ἑβδόμῳ. Procop. *De ædificiis*, lib. I, c. VIII.

[6] Ruy Gonz. de Clavijo, *Rev. d'archit. 1841. Constantinople en 1403*, par M. Mérimée.

dans la même ville de Constantinople[1]. Nous avons recueilli à Athènes le plan d'une église octogone à exèdres dédiée aux Apôtres, et conçue dans la première pensée byzantine.

N° 162. Église de S<sup>t</sup>-George à Salonique.    N° 163. Église des Saints-Apôtres à Athènes.

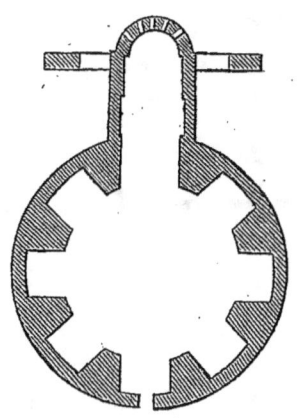 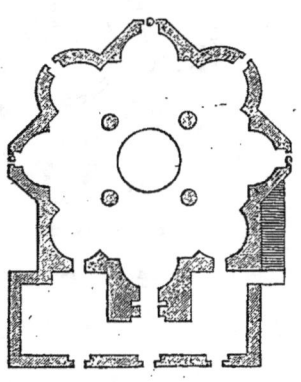

*2<sup>e</sup> disposition.* — Les chrétiens orientaux reconnurent bientôt combien un édifice entièrement circulaire ou en polygone était incomplet pour réunir la foule des fidèles d'une manière commode, car on voit Constantin lui-même y apporter des modifications : en effet, ce prince, élevant un temple (*ædem*) sur le tombeau de Jésus-Christ, lui donna la forme circulaire, mais il y ajouta une basilique (*basilicam*) : les expressions d'Eusèbe ne laissent aucun doute à cet égard[2]; le plan dessiné par saint Arculfe, au VII<sup>e</sup> siècle, indique cette construction accessoire[3]; c'est encore aujourd'hui la disposition de l'église du Saint-Sépulcre. (Voir le plan de saint Arculfe, n° 164.)

---

[1] « Ejusdem civitatis rotunda miræ magnitudinis lapidea ecclesia, etc. » (*Voyage de saint Arculfe*. Ann. O. S. Bened. III<sup>e</sup> siècle, p. 2.)

[2] Euseb. *in Oratione de laudibus Constantini*, c. IX : « In provincia Palestina, apud civitatem quæ Hebræorum regia quondam fuit sedes, in ipso urbis meditullio, ad locum Dominici sepulcri, *basilicam immensæ amplitudinis*, et *ædem* sacram in honorem sanctæ Crucis omni magnificentiæ genere exornavit. »

[3] *Voyage de saint Arculfe*, Act. S. O. S. B. III<sup>e</sup> siècle, 2<sup>e</sup> p.

N° 164. Plan de l'église du Saint-Sépulcre, à Jérusalem, tracé par saint Arculfe.

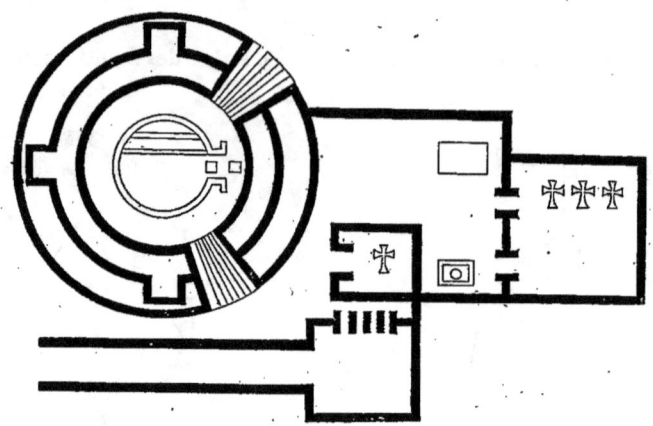

Plus tard, l'empereur, construisant à Constantinople le célèbre temple des Saints-Apôtres, dans lequel il fit préparer sa sépulture, lui donna, selon Grégoire de Naziance [1] et Procope [2], la forme d'une croix latine; il surmonta le sanctuaire d'un dôme, comme le fait entendre Eusèbe, qui décrit ce monument; enfin le topographe anonyme de Constantinople dit que la nef était couverte en bois. Il résulte de tous ces faits réunis que cette église, construite dans son ensemble sur les données des grandes basiliques latines, présentait avec elles cette différence qu'un dôme s'élevait au centre de la croix, au dessus du sanctuaire, pour rappeler le temple circulaire de l'Ascension à Jérusalem, et le triomphe du Christ. On voit encore à Salonique une église sous le vocable de Saint-Élie, et qui par sa disposition est analogue à celle des Saints-Apôtres; elle forme

---

[1] *Somnium Anastasiæ*, carmen IX, t. II, p. 79.
[2] Procop. *De ædificiis Justiniani*, p. 13, s'exprime ainsi : « Hinc inde procurrentia transversi spatii latera inter se æqualia sunt; spatii vero in directum porrecti pars illa quæ vergit ad Occidentem alteram superat quantum satis est ut figuram crucis efficiat »

une croix latine; quatre piliers voisins du sanctuaire portent une coupole élevée [1].

L'adjonction du dôme à la basilique fut une cause de progrès pour l'art des Byzantins; placée au centre de la croix, la coupole nécessita la construction de quatre piliers épais pour la porter, on relia entre eux ces piliers par des arcs doubleaux et des pendentifs pour compléter les moyens de support direct; le poids du dôme conduisit à voûter les transepts, puis la nef principale, pour offrir contre les poussées une force suffisante et une liaison intime entre toutes les parties; et ce besoin supprima les colonnades continues de la basilique latine. L'abandon des charpentes et des plafonds employés dans les églises d'Occident fut la conséquence de ces innovations obligées.

*3ᵉ disposition.* — Constantin avait adopté d'abord, en Orient, la forme latine, plus tard le cercle et le polygone; enfin il avait formé un ensemble réunissant ces combinaisons, et en avait constitué, ainsi qu'on vient de le voir, un nouveau plan d'église byzantine; ses successeurs apportèrent dans les formes une modification notable : la croix latine ou à longue branche fut abandonnée pour faire place à la croix grecque, dont les quatre parties sont égales; le symbolisme dut en être la première cause : la combinaison de quatre *gamma*, lettre de l'alphabet grec donnant le chiffre trois, formait une croix grecque qu'on nommait *gammada*, et qui rappelait la Trinité. L'ancienne église construite autour du puits de la Samaritaine à Sichem, et qui fut dessinée par saint Arculfe au VIIᵉ siècle, était disposée de la sorte. (Voir les nᵒˢ 165 et 166.) Ainsi, le dôme et la croix à branches égales, caractères distinctifs du temple chrétien de l'Orient, étaient deux symboles de foi, intimement liés l'un à l'autre.

---

[1] *Bull. du comité des Arts,* 1848, 5ᵉ nᵒ. M. Ch. Texier.

N° 165. Gammada.

N° 166. Plan de l'église construite au-dessus du puits de la Samaritaine, tracé par saint Arculfe.

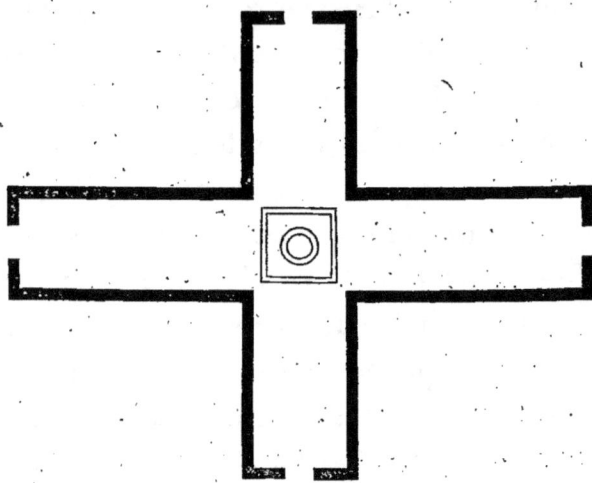

Le style byzantin devenant l'art particulier aux Grecs schismatiques, la modification du plan parut sans doute nécessaire pour l'exprimer. L'architecture d'Orient, après les essais de Constantin et de ses successeurs, prit, sous le règne de Justinien, la physionomie qui la distingue complétement de celle des chrétiens occidentaux. Ce dernier prince ayant construit des monastères sur toute l'étendue de l'empire, depuis Carthage[1] jusqu'à la mer Noire, de l'Asie Mineure à l'Adriatique, le système nouveau y prévalut.

On remarque d'abord, en examinant le plan des églises

[1] Procop. *Bell. Vand.* II, 26.

construites au commencement de ce règne, que la partie centrale, surmontée de la coupole, est très-développée comparativement au reste de l'édifice : la cause en est dans le souvenir récent encore des temples circulaires ou en polygone de Constantin et d'Hélène, qui eurent pour première origine celui de l'Ascension, à Jérusalem. L'église de Saint-Vital, à Ravenne[1], et celle qu'on nomme la petite Sainte-Sophie, à Constantinople, jointe originairement à une maison religieuse, sont dans ce cas : la première s'élève sur un polygone rappelant le temple de la Vierge, à Antioche[2]; les bas-côtés ne sont que d'étroites galeries. Le plan de la petite Sainte-Sophie, consacrée à Sergius et à Bacchus, et dont la construction précéda celle du grand temple de Constantinople chrétienne, offre déjà des dispositions transitoires qui permettent de suivre les progrès de l'art byzantin. Comme à l'église de Saint-Vital de Ravenne, la partie centrale est très-developpée, le polygone se retrouve dans la partie externe des piliers du dôme, des exèdres se courbent aux dépens des galeries latérales; mais déjà les murs qui enveloppent l'édifice forment un plan carré plus convenable qu'un polygone : amélioration importante pour la stabilité des constructions et pour leur aspect extérieur. Le narthex devient une salle longue occupant toute la largeur du temple, et s'ouvrant seulement par quelques arcades. (Voir le plan à la page suivante n° 167.) Quant à la croix grecque elle est exprimée dans le plan par les quatre ouvertures principales placées aux points cardinaux, c'est-à-dire : 1° à l'entrée de la nef circulaire, 2° au fond, vers l'abside, 3° et 4° vers les galeries latérales.

---

[1] Voir plus loin le plan au chapitre relatif à l'influence byzantine en Occident.
[2] Euseb. *loc. cit.*

# ARCHITECTURE MONASTIQUE. 257

N° 167. Église de Sergius et Bacchus, à Constantinople.

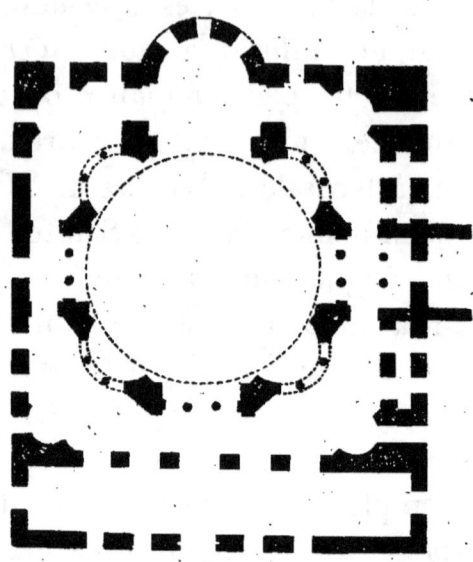

Ce plan servit de base aux auteurs de celui de la grande église de Sainte-Sophie, qui n'en est qu'un développement; en effet, ce dernier présente d'abord à l'extérieur une masse carrée sur laquelle, à l'orient, l'abside forme une saillie semi-circulaire; aux quatre angles sont tracées des salles irrégulières dans lesquelles pénètrent des exèdres : jusqu'ici l'analogie est complète. La nef de Sainte-Sophie est oblongue; elle porte une coupole centrale et deux demi-coupoles : là existe une différence qui est produite par la grande extension donnée dans le plan à deux salles carrées décorées de colonnes, et qui établissent à l'intérieur de l'édifice la forme d'une croix grecque. Sur le nouveau plan comme sur le premier, les narthex sont des salles longues occupant toute la largeur de l'édifice, disposition qui devint générale, comme on peut le voir sur le plan de l'église de Sainte-Sophie, placé à la page suivante, et sur les petits plans d'églises monastiques ou cléricales gravées aux n°s 169, 170 et 171.

N° 168. Plan de l'église de Sainte-Sophie.

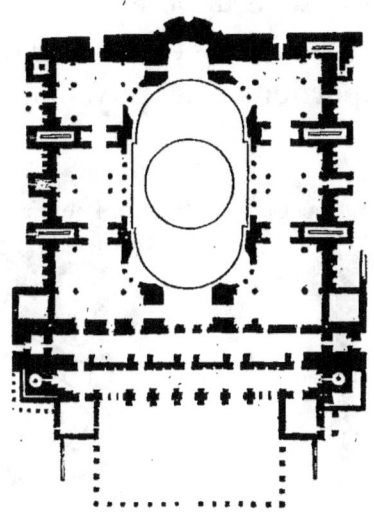

Il est probable que les églises monastiques construites dans les premières années du règne de Justinien offraient de l'analogie avec celles que nous venons d'examiner : malheureusement elles ont été, comme celles des périodes antérieures, renouvelées pour la plupart à diverses époques, et les types primitifs disparurent pour faire place aux modifications qu'apporta chaque âge.

*4ᵉ disposition.* — Le règne de Justinien, si brillant pour l'architecture chrétienne, avait produit cependant, en raison de la nouveauté du style byzantin, des plans encore imparfaits; après lui les empereurs fondèrent de nombreuses églises monastiques ou cléricales : ces édifices furent distribués avec une connaissance plus approfondie des besoins du culte; de meilleures proportions s'établirent entre les diverses parties; les irrégularités qu'on remarque dans les précédentes églises disparurent pour faire place à une symétrie bien entendue, basée sur la bonne construction; puis on supprima les exèdres décorés de colonnes qui contribuaient à rompre la régularité intérieure. Les sacristies, placées dans l'axe des nefs latérales ou près du sanctuaire, se terminèrent, à l'orient, par de petites absides saillantes ou prises dans l'épaisseur des murs, et conservant par leurs proportions une physionomie particulière à l'Orient.

N° 169. Catholicon, à Athènes.   N° 170. Panagia Nicodimo, à Athènes.

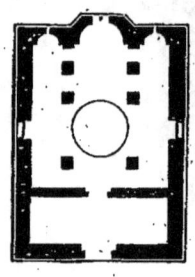
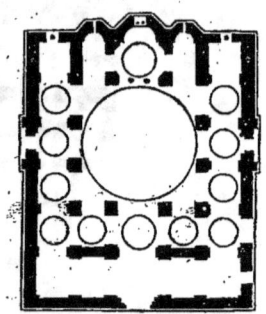

Ce fut dans cette voie d'amélioration que furent dirigées les constructions religieuses des Grecs pendant toute la période qui sépare le règne de Justinien de la prise de Constantinople par les Turcs, au milieu du xv$^e$ siècle; les églises de la plupart des monastères s'élevèrent ainsi disposées, et généralement par la main des religieux. Nous n'avons pu donner ici qu'un aperçu rapide de la grande variété que présentent les plans des églises monastiques de l'Orient, qui, bien que conçues dans un même système, offrent toujours entre elles des différences notables qui indiquent la fécondité de conception des Orientaux; et lors même que les conquêtes qui suivirent les croisades placèrent une partie de l'empire grec sous la dépendance de princes de l'Occident, ce système de distribution se reproduisit dans des églises de monastères évidemment élevées sous leur puissance; il suffit de visiter celles de la Vierge à Mistra auprès de Sparte, et de Daphni, sur la route d'Éleusis. Dans ce dernier monastère, qui appartint aux bénédictins, l'église, contrairement à l'usage adopté dans tous ceux de l'Orient, n'est point isolée, et le cloître qui s'appuie contre une de ses faces latérales, comme on le faisait en Occident, dénote que la maison religieuse a été reconstruite, sinon fondée, par les Vénitiens ou les princes français d'Athènes; l'église, dont le porche a la forme latine, est néanmoins distribuée suivant le système oriental.

N° 171. Monastère de Daphni.

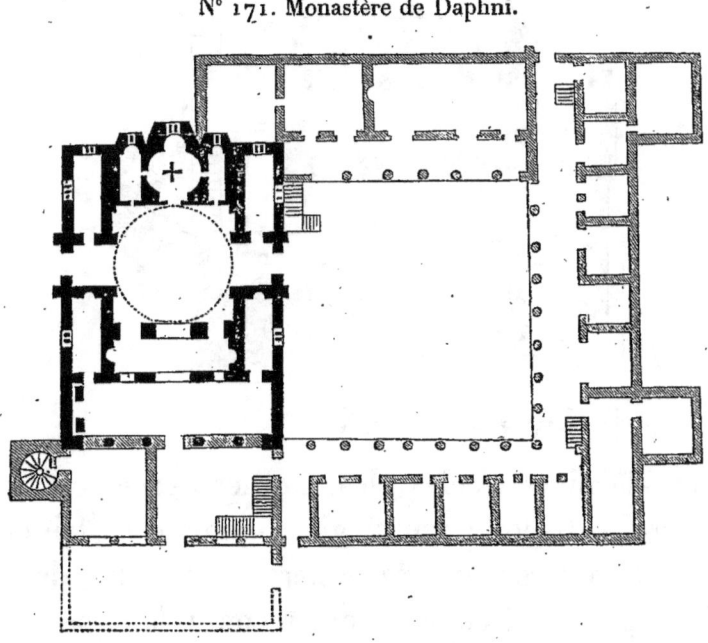

L'église du monastère de la Vierge, à Mistra, située auprès de l'enceinte de la maison religieuse, s'appuie contre une colline; le grand porche du nord, décoré de colonnes, et construit dans le système occidental, servait d'entrée aux hommes; les femmes arrivaient au *gyneconitis*, ou tribune du premier étage, par les escaliers pratiqués sur la colline.

N° 172. Église monastique de la Vierge, à Mistra.

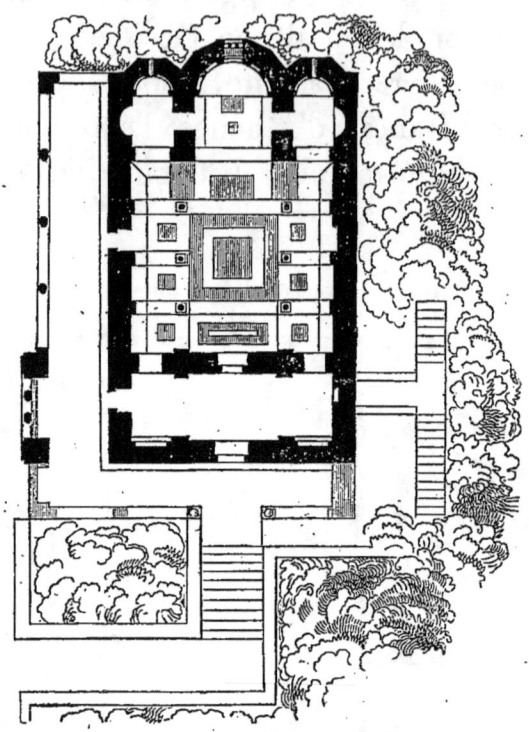

Dans les derniers siècles, les chrétiens grecs ont renoncé généralement à disposer leurs églises comme le faisaient les Byzantins, et sont revenus de préférence au plan de la basilique latine; est-ce parce qu'ils ont reconnu la supériorité des formes allongées pour réunir un grand nombre de fidèles, ou en raison des rapprochements qui furent tentés entre les églises grecque et romaine? Est-ce aussi pour éviter l'imitation des mosquées, qui, depuis les conquêtes des Turcs, n'ont cessé d'être construites comme des églises byzantines? Cette dernière hypothèse est admissible, car, pour tout ce qui concerne la décoration peinte ou sculptée de leurs temples, les Grecs sont encore aujourd'hui dans la voie tracée durant les premiers siècles du moyen âge en Orient : l'architecture serait restée dans la même direction, si quelque raison puissante n'y avait fait renoncer.

### C. FAÇADES.

*1re disposition.* — Les transformations qu'on vient de suivre en examinant les plans des églises orientales durent influer sur la marche qui fut suivie lorsqu'on éleva les façades; en effet, Constantin ayant construit d'abord des basiliques semblables à celles de l'Occident, elles s'offrirent sous le même aspect que celles que nous avons fait connaître en étudiant les formes de l'architecture latine, c'est ce qu'on observe à la basilique de saint Jean Studius à Constantinople, à celle de Saint-Démétrius et à l'Eski-Djouma de Salonique, puis à un grand nombre de petites basiliques répandues dans tout l'empire d'Orient. Mais lorsque l'empereur éleva les églises circulaires ou en polygone dont nous venons de tracer les plans, l'architecture extérieure de ces édifices dut offrir des dispositions fort différentes, par le fait même de ce changement de formes. Les nouveaux plans imposèrent nécessairement, au sommet des édifices, la construction de vastes coupoles, dont les formes n'étaient pas nouvelles sans doute; le tope de l'Asie, le tholus des Grecs, le Panthéon de Rome, la coupole Sassanide, étaient des exemples antérieurs, mais dès son origine, le dôme byzantin offrit avec ses devanciers une différence notable. La coupole devant offrir, à l'intérieur, une peinture de l'ascension du Christ, et ne pouvant, par conséquent, s'ouvrir à son sommet comme celle du Panthéon d'Agrippa, on l'éclaira par des fenêtres établies à sa base pour donner du jour au sujet peint qui en avait motivé la construction. Ces fenêtres, dont l'église de Saint-George, à Salonique, et celle des saints Marcellin et Pierre à Rome, élevées par Constantin, ont été pourvues, ne s'opposèrent pas, dans l'origine, à ce que ces premiers édifices byzantins eussent encore une physionomie antique.

Ainsi, l'église des saints Marcellin et Pierre, auprès de Rome (*Torre Pignatarra*), l'un des édifices sacrés du temps de Constantin, surmontés de coupoles apparentes dont on connaisse la disposition, présentait un dôme surbaissé comme les faisaient les Romains; une corniche couronnant les murs verticaux y limitait le segment sphérique à sa base, et c'était audessous de cette corniche que s'ouvraient les fenêtres destinées à éclairer la voûte. La description que fait Eusèbe de l'église des Saints-Apôtres élevée à Byzance par Constantin indique clairement qu'une partie de l'édifice était surmontée de terrasses, ce qui ne pouvait avoir lieu qu'autour de la coupole, puisque le reste de l'édifice était couvert en charpente.

Les premières applications qui furent faites aux édifices chrétiens de l'Orient, d'une voûte sphérique au point central, eurent donc comme résultat, à l'extérieur, de présenter : 1° un dôme surbaissé; 2° des couronnements horizontaux portant terrasse autour de ce dôme; 3° des fenêtres en œil-de-bœuf ou de forme ordinaire pratiquées dans les murs cylindriques enveloppant la salle ronde surmontée de la coupole. Les nefs et autres constructions accessoires élevées à la manière des Latins venaient s'appuyer contre cette construction cylindrique (le plan de l'église du Saint-Sépulcre tracé au VIIe siècle par saint Arculfe ne peut laisser aucun doute à cet égard); et de cette alliance de constructions de forme latine et de la rotonde surmontée d'un dôme, dut résulter pour les façades un mélange d'art antique et de style des églises primitives.

Les premiers moines de l'Orient durent construire et décorer les façades de leurs oratoires ou chapelles à peu près comme le firent ceux des provinces occidentales de l'empire. D'anciennes petites églises disposées comme celles des Latins, qui se voient dans plusieurs contrées de la Grèce, et particulièrement dans l'Attique et la Morée, peuvent donner une idée du style que devaient avoir ces premiers essais des religieux; mais lorsque, sous Constantin, le symbole de l'ascension du Christ fut un dôme dominant les églises, ils pensèrent à imiter, dans des proportions restreintes, il est vrai, ce qui se faisait alors sur les grands temples de la chrétienté orientale. L'Égypte et la Nubie nous ont conservé quelques-uns de ces dômes qu'élevèrent les moines sur les monuments antiques dont ils firent leurs églises dès l'origine. Dans ces contrées, plus qu'ailleurs, la disette des bois de construction dut leur faire adopter de bonne heure ces voûtes sphériques. Entrés dans cette voie par imitation ou par nécessité, ils s'y maintinrent, et suivirent l'impulsion qui dirigeait alors l'art oriental dans une route nouvelle.

*2ᵉ disposition.* — Après le règne de Constantin, le schisme de l'Église grecque se dessinant de jour en jour d'une manière plus nette, l'architecture chrétienne de l'Orient s'éloigna de plus en plus des formes adoptées par l'Église latine; les couvertures en bois furent abandonnées pour faire place à des voûtes solides; on renonça aux pignons et aux frontons nécessités par ces charpentes; les terrasses, voisines d'abord de la coupole, s'étendirent bientôt sur la totalité des édifices qui, de ce moment, ne furent plus couronnés, au sommet de leurs façades, que par des corniches horizontales, exprimant au dehors les terrasses qui surmontaient l'ensemble; un dôme unique dominait ces constructions carrées. C'est ainsi que se présente l'église monastique de Sergius et Bacchus à Constantinople, qui fut construite au commencement du règne de Justinien; on voit dans la même ville et à Athènes deux temples chrétiens qui peuvent faire juger de l'aspect que devaient présenter ces édifices cubiques : l'un est situé dans le quartier des bains de la capitale de l'empire, le second est la panagia Nicodimo, à l'orient d'Athènes, vers le mont Hymette.

N° 173. Façade d'église au quartier des bains, à Constantinople.

La première de ces deux églises, gravée au n° 173, et dont nous ignorons le vocable, paraît d'une construction ancienne, bien que postérieure à la seconde période de l'art byzantin, ce qu'indique la forme du dôme. Toutefois on y a conservé, comme dans l'exemple suivant, les dispositions cubiques adoptées pendant les deux siècles qui s'écoulèrent entre le règne de Constantin et celui de Justinien.

La panagia Nicodimo, gravée au n° 174, est d'une époque

moins ancienne que le précédent édifice, ce qui est indiqué clairement par la forme contournée de son dôme, et les nombreuses fenêtres géminées qui sont pratiquées sur ses façades.

N° 174. Façade de la Panagia Nicodimo, à Athènes.

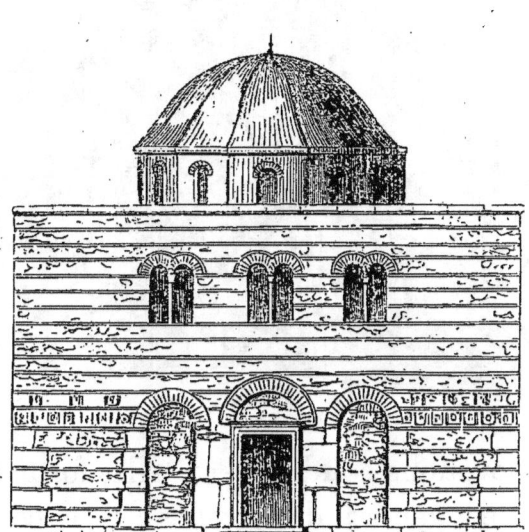

*3ᵉ disposition.* — Lorsque Justinien fit rétablir l'église de Sainte-Sophie, détruite par les factions du cirque, des dispositions nouvelles furent prises pour construire et décorer ce vaste édifice; elles imprimèrent à l'art byzantin une marche qui n'avait pas encore été suivie.

Déjà, dans ce monument, on entrevoit l'idée de multiplier les dômes, ce qu'on fit dans les monastères du mont Athos, et ce dont la ville de Constantinople présente de nombreux exemples : ce fut un des caractères de cette troisième période. On remarque aussi à l'église de Sainte-Sophie une autre pensée des architectes, celle de faire usage de l'extradossement des voûtes pour porter directement les tuiles ou les plombs de couverture, et par ce moyen éviter les charpentes.

N° 175. Église de Sainte-Sophie, à Constantinople.

Ces deux innovations conduisirent à des formes toutes nouvelles pour l'aspect général des façades : 1° la coupole principale restant, comme dans l'origine, au centre de la croix, on en groupa de plus petites autour de sa base. Ainsi, à l'église du *Pantocrator*, à Constantinople, des dômes secondaires surmontent les transepts et la partie antérieure de la nef; à celle de *Sainte-Théodosia* de la même ville, de petites coupoles s'élèvent aux quatre angles du monument. Dans les monastères du mont Athos on a varié aussi la place qu'occupent ces constructions supérieures des églises : les dômes, fréquemment au nombre de sept ou de neuf, y sont ordinairement consacrés à des saints, sauf celui du centre de l'édifice, toujours réservé au Tout-Puissant. 2° A cette époque, les Grecs en établissant les constructions des nefs et des transepts, les surmontèrent de voûtes cylindriques extradossées et directement couvertes à l'extérieur de tuiles ou de métal; il en résulta que le sommet des façades présenta des

34.

formes courbes aux points où les Latins élevaient des pignons aigus.

Ce système de construction s'étendant des grandes nefs aux collatéraux, au narthex, aux chapelles secondaires, tout l'édifice prit un aspect particulier, dans lequel la ligne droite, horizontale ou biaise, fut bannie des parties hautes, et les courbes des cintres, se dégageant, indiquèrent à l'extérieur toutes les voûtes de l'édifice. Nous citons comme exemples les façades des églises du *Pantocrator*, de Μονὴ τῆς χώρας, de *Theotocos tou Libou*, à Constantinople ; elles présentent tous les développements de ce système d'architecture religieuse ; et lorsqu'en 996 les Vénitiens construisirent leur basilique de Saint-Marc, ce fut dans cette voie qu'ils l'établirent, parce qu'alors, en Orient, ces dispositions étaient en pleine faveur.

N° 176. Façade du Pantocrator, à Constantinople.

# ARCHITECTURE MONASTIQUE.                        269

N° 177. Façade de l'église de Μονὴ τῆς χώρας, à Constantinople.

N° 178. Façade de l'église de Théotocos, à Constantinople.

De belles églises monastiques de Venise, construites au XVIᵉ siècle, sont dans le même cas, et de nos jours cette disposition curieuse s'est renouvelée dans la grande basilique de Tine, l'antique Tenos, l'une des îles de l'Archipel.

Nº 179. Façade de l'église de Tine.

*4ᵉ disposition.* — Un quatrième mode se présente sur les façades byzantines : il peut être considéré comme présentant une alliance des architectures chrétiennes de l'Orient et de l'Occident ; c'est un retour aux premières dispositions transitoires de Constantin, et la cause en est due peut-être aux tentatives qui se firent pour rapprocher les églises grecque et romaine. Ce système a exprimé par des frontons et des pignons l'inclinaison des toits, bien que les Byzantins n'aient pas employé la charpente dans leurs constructions anciennes, du moins depuis Justinien. Les principales églises d'Athènes, monastiques ou autres, présentent ces formes occidentales.

N° 180. Façade du Catholicon, à Athènes.

Il nous suffira de citer le Catholicon, les Incorporels, les églises de Saint-Théodore, de Saint-Taxiarque de cette ville, celles des monastères de Daphni sur la route d'Éleusis, de Vatopedi et d'Iviron au mont Athos ; toutes présentent des frontons ou des pignons aux extrémités de leur nef principale, des transepts, et quelquefois même du narthex. Cet emploi du fronton se multiplie, dans certains cas, sur une seule et même façade, au point de la couronner par une découpure anguleuse. Athènes et Mistra, auprès de l'antique Sparte, en fournissent des exemples curieux. Dans la première ville, la Kapnicaréa, église isolée sur l'axe de la grande rue nouvellement percée de la porte du Pirée au mont Hymette, rappelle, par ses nombreux pignons, les faces latérales de certaines églises du moyen âge en France : de Saint-Séverin à Paris, dont chaque chapelle est surmontée d'un fronton.

N° 181. Façade latérale de la Kapnicaréa, à Athènes.

L'église de la Vierge à Mistra, appartenant à un ancien monastère, présente cette particularité sur son porche latéral et sur les trois nefs de la façade principale; le système d'extradossement se montre aussi, dans la même église, à l'extrémité des transepts et sur les voûtes qui les avoisinent.

Enfin, si l'alliance de l'architecture de l'Église latine et de celle de Byzance vient d'être reconnue dans les exemples qui précèdent, c'est aussi le lieu d'indiquer l'influence qu'exerça sur l'art oriental celui qui était en faveur dans nos contrées pendant le moyen âge; l'Occident, qui avait emprunté tant de formes au génie fécond de l'Orient, lui porta les siennes par la conquête. Le célèbre monastère de l'*Ecs-Miazin* à Érivan, publié par Chardin et dessiné depuis par M. Dubois de Montperreux, présente sur la façade de son église un porche à deux étages, surmonté d'un pignon, comme celui de la cathédrale de Vérone.

N° 182. Façade de l'église d'Ecs-Miazin.

L'église de Sainte-Sophie, à Trébisonde, offre sur son porche latéral l'ogive, le quatre-feuilles et des sujets sculptés de l'Ancien et du Nouveau Testament, exécutés dans le style occidental; la puissance des Villehardouin et des Gui de la Roche, en Grèce, est écrite sur les églises de Kalcis, de Mistra, et du monastère de Daphni, dont les clochers et autres constructions secondaires font voir des ogives, des trilobes, des sculptures, qui dénotent avec évidence l'introduction de formes et d'usages empruntés à l'Europe.

### FAÇADES LATÉRALES.

Les églises circulaires ou en polygone des premiers âges byzantins n'avaient pas, en quelque sorte, de façades latérales, puisque leurs contours s'offraient dans tous les sens sous le même aspect; cependant, puisqu'elles étaient orientées, il y avait le côté du nord et le côté du midi. Lorsque la forme carrée fut adoptée, après le règne de Constantin, deux façades latérales résultèrent de cette disposition; elles sont ordinairement décorées d'arcades feintes et de niches, cintrées, en briques posées sur un ou plusieurs rangs; l'*opus reticulatum,* ou de riches appareils entremêlés de terre cuite, se développent sur ces façades. On en voit de beaux exemples aux grandes églises de la Vierge (Μονὴ τῆς χώρας), de Théotocos, etc. à Constantinople. En général, on ouvrit, au milieu de chaque façade latérale, une porte conduisant au transept, qui venait y aboutir. Toutes les périodes de l'art présentent quelques rares exemples de porches précédant ces ouvertures secondaires. Au-dessus des portes sont ordinairement pratiquées des fenêtres éclairant les extrémités des transepts et s'harmonisant, par leurs formes extérieures, avec les pignons courbes ou aigus qui caractérisent plusieurs phases de l'architecture néogrecque. Indépendamment de ces dispositions principales, on y remarque souvent des fenêtres éclairant les galeries supérieures destinées aux femmes.

L'exo-narthex occupant toute la largeur de l'édifice, à l'occident, il présente ses extrémités sur les façades latérales : là on reconnaît souvent mieux qu'en le voyant en face, s'il est couvert en appentis ou sur l'extradossement de sa voûte. Il est ordinairement éclairé par une fenêtre à chacune de ses extrémités.

Les façades latérales présentent quelquefois des dispositions particulières; ainsi, sur celles de l'église de Sainte-Sophie de Constantinople, on voit de hautes tours carrées et appliquées contenant les escaliers du gynéconitis; elles ont l'aspect de grands contre-forts (voir la planche 175). On remarque de nombreux degrés sur la face méridionale de la petite église des Saints-Apôtres, à Athènes, dont le plan est gravé au n° 162 : c'est l'escalier qui conduit aux terrasses établies autour du dôme. Une église de la même ville, dont le nom nous échappe, présente, à l'extrémité des transepts, de nombreuses ouvertures à hauteur d'appui, et par lesquelles les fidèles peuvent faire des prières du dehors. Enfin on rencontre assez fréquemment, aux extrémités des transepts, des absides circulaires ou en polygone, semblables à celles qui occupent le fond du sanctuaire. Nous citons comme exemples, l'église de Saint-Élie à Salonique, celles des monastères de Vatopedi, d'Iviron, au mont Athos, et de nombreux temples arméniens.

FAÇADE ORIENTALE, ABSIDES.

*1<sup>re</sup> disposition.* — L'église de l'Ascension, élevée à Jérusalem par sainte Hélène, n'offrait à l'orient aucune construction saillante en dehors du cercle, pour exprimer un sanctuaire ou une abside (voir le plan au n° 161); mais, lorsque Constantin fit bâtir l'édifice circulaire qui couvrait le Saint-Sépulcre, ce fut dans cette direction qu'il éleva la basilique, composée de plusieurs nefs, enveloppant : 1° le sommet du Golgotha, 2° l'autel d'Abraham, 3° le lieu bas où fut trouvée la croix (voir le plan d'Arculfe au n° 163). Là déjà on voit tous les éléments des sanctuaires tels qu'ils furent établis dans la suite et probablement sur cette base originelle. Ainsi en avant, auprès de la courbe du Saint-Sépulcre, était le lieu du crucifiement; on le rappela au moyen âge par l'autel de Jésus en croix ou par un Christ sur le jubé (voir le plan de Saint-Gall); plus loin, se présentait l'autel d'Abraham ou du sacrifice, où se mit plus tard la sainte table; au fond était la crypte. Toutes les églises circulaires ou en polygone, qui s'élevèrent en grand nombre sous Constantin, furent accompagnées d'un sanctuaire saillant, puis d'une abside à l'orient, c'est ce qu'on remarque à celle qui se voit encore à Salonique et qui date du règne de cet empereur (voir le plan n° 162); on verra plus loin, à l'article qui concerne les édifices byzantins en Occident, que ce fut la disposition qu'on y adopta généralement.

*2ᵉ disposition.* — Lorsque, vers le règne de Justinien, les églises devinrent quadrangulaires, l'abside seule forma une saillie sur la façade orientale; l'architecte plaça le sanctuaire entre la nef et le mur du fond de l'édifice (voir les plans gravés du n° 166 au n° 171). Dès les premières périodes de l'art néogrec, des fenêtres étaient pratiquées dans le mur courbe de l'abside : il y en a cinq à celle de l'église de Saint-George à Salonique, trois à la petite et à la grande Sainte-Sophie : c'est le nombre le plus ordinaire; dans ce cas, elles étaient établies en l'honneur de la Trinité, comme on l'apprend des historiens de Justinien.

Les absides sont uniques sur ces façades; on n'avait pas encore disposé les nefs non plus que les sanctuaires de manière à les terminer par des absides secondaires, ainsi que nous l'avons fait observer en examinant les plans. Durant cette seconde période de l'art, les façades orientales des temples offraient, comme les autres, des couronnements horizontaux qui complétaient l'aspect cubique qu'offrait l'ensemble du monument.

*3e disposition.* — Sous les successeurs de Justinien, les absides furent plus fréquemment établies sur un plan en polygone que sur un cercle; on en éleva trois de préférence à une seule, excepté lorsque l'édifice offrait des dimensions très-restreintes. De ces trois absides, celle du milieu était en général plus forte et plus élevée que les deux autres, ainsi qu'aux basiliques latines; elles avaient quelquefois, comme on le remarque à celles de la panagia Nicodimo d'Athènes, deux rangs de fenêtres;

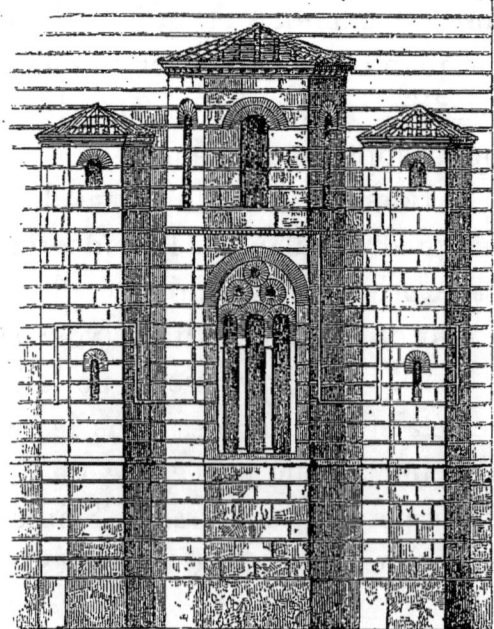

N° 183. Abside de la Panagia Nicodimo.

celles de l'étage inférieur étaient séparées par deux colonnes, placées soit dans une seule baie, qui alors était trilobée, soit aux deux angles saillants du prisme formant l'ensemble de l'abside, ou à ses trois faces les plus en avant, lorsqu'elle présentait cinq ou un plus grand nombre de faces : c'est ce qui s'observe au Théotocos à Constantinople.

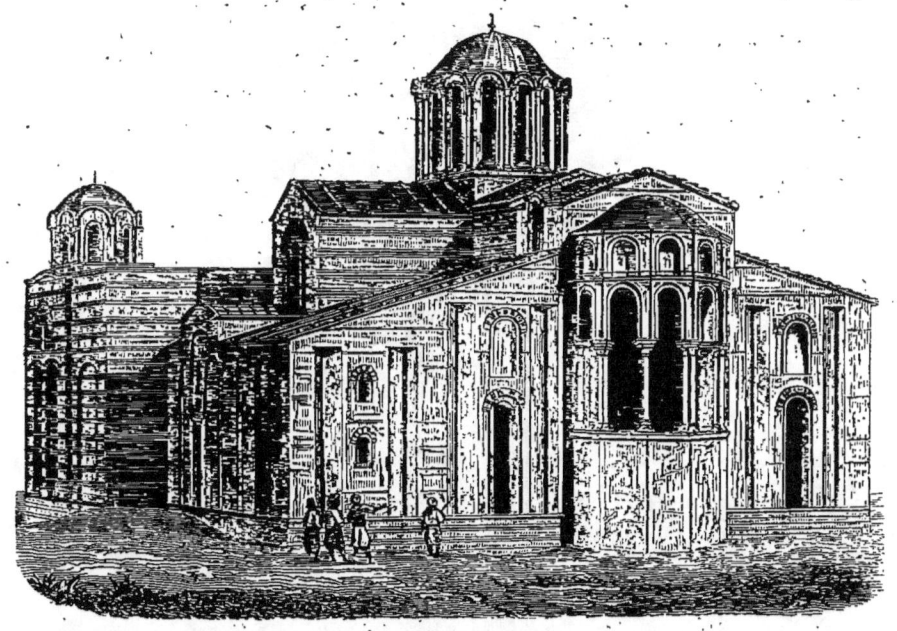

N° 184. Abside du Théotocos.

On remarque à cette église que, pour donner aux petites absides la forme prismatique, on a ménagé dans le mur oriental de l'édifice des tranchées profondes dont l'une des parois complète le prisme des absides.

La planche 185 fait connaître comment on disposait, aux angles des absides prismatiques, les colonnettes destinées à séparer les fenêtres de l'étage inférieur. Ces colonnettes étaient doubles, l'une occupant l'intérieur et l'autre la partie externe de l'abside; un pilastre placé entre elles deux recevait les scellements d'une grille de fer servant de clôture à la baie. Deux larges dalles de pierre taillées en biseau formaient l'une la base commune, l'autre un couronnement sur lequel reposaient les cintres de deux fenêtres et l'angle saillant de l'abside prismatique.

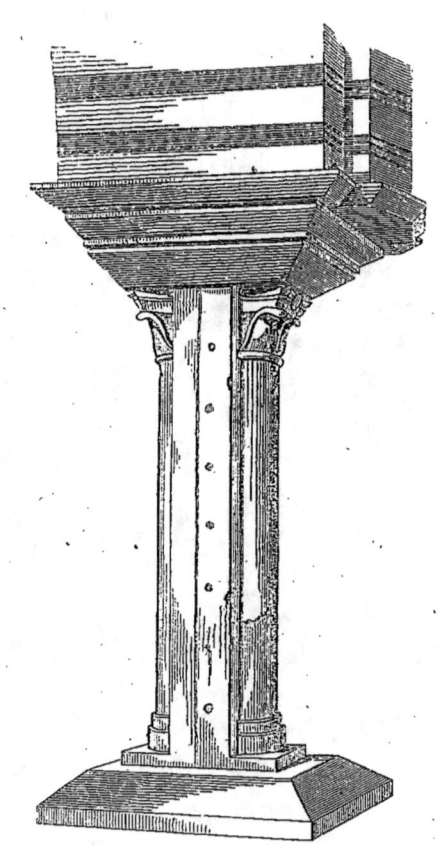

N° 185. Angle d'abside en polygone, au Théotocos.

Il arrive souvent que le second étage de fenêtres de l'abside principale est remplacé par une série de niches semi-circulaires, enrichies par un appareil de briques plus compliqué que dans les autres parties du monument.

N° 186. Détail de niche.

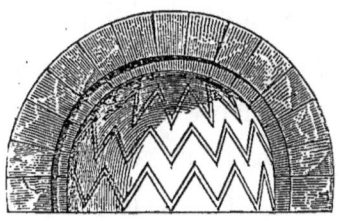

Les diverses combinaisons que nous indiquons ici s'appliquant, en général, aux édifices de la troisième période de l'art, ces absides se trouvent indistinctement sur des façades couronnées par le système de pignons extradossés ou par celui des pignons aigus. L'église de Mésembria, sur la mer Noire, offre des créneaux surmontant les absides.

N° 187. Abside de Mésembria.

Nous devons signaler ici deux exemples curieux d'arcs-butants fort anciens et maintenant la poussée des voûtes absidales. L'église circulaire de Saint-George à Salonique, dont la construction remonte certainement à Constantin, fait voir deux grands arcs-butants, placés latéralement au sanctuaire, aux points où commence l'abside; M. Charles Texier, qui a étudié avec soin ce monument, s'exprime ainsi à cet égard : « Les murs « latéraux du cœur se rattachent à la muraille circulaire, et l'on « voit, à n'en pouvoir douter, que toute cette construction est « de la même époque. A droite et à gauche de l'hémicycle sont « deux grands contre-forts (arcs-butants) qui supportent la « poussée de l'arc, et qui sont évidemment du même temps[1]. » La planche gravée au n° 162 est un plan de cet édifice; on y remarque aux deux côtés de l'abside, à une certaine distance, les plans des deux arcs-butants. Ces derniers consistent chacun en un demi-cintre allant s'appuyer contre les parties élevées de l'hémicycle.

Nous avons dessiné, à l'abside principale de l'église du monastère de la Vierge (Μονὴ τῆς χώρας) à Constantinople, un grand arc-butant à deux rangs de cintres; la construction est absolument la même que celle de l'édifice, qu'on doit faire remonter au ixe ou au xe siècle, en raison des colonnes engagées en briques dont sa façade est décorée, et du système général de couvertures extradossées qui y règne : ces deux exemples suffisent pour indiquer que les arc-butants furent employés par les Byzantins pour soutenir les grandes constructions religieuses, avant qu'on y eût songé en Occident.

On sait que, dans nos contrées, on voit à peine quelques exemples d'arcs-butants fort rares, aux édifices romans; ils ne se développèrent d'une manière complète qu'au xiiie siècle. (Voir pl. 188, à la page suivante.)

Plusieurs voûtes sphériques byzantines des premiers siècles sont contre-butées de la sorte.

---

[1] *Bulletin du Comité des arts*, 1848, 5e numéro.

N° 188. Arc-butant à l'église de Μονὴ τῆς χώρας.

Les édifices de petites dimensions, comme le catholicon des monastères, présentent des absides qui ne sont éclairées que par une seule fenêtre; quelquefois elle est géminée, une colonnette la séparant en deux parties : l'ensemble de la façade qui porte l'abside est disposé avec goût; on y remarque fréquemment d'étroites ouvertures placées au fond des niches qui occupent l'extrémité des nefs latérales ou des sacristies; elles sont pratiquées dans l'épaisseur du mur oriental du temple, où elles se présentent sous la forme d'une barbacane; le Catholicon d'Athènes, qui était, avant le dernier siège de cette ville, l'église d'un monastère où résidait l'évêque, présente plusieurs exemples de ces étroites ouvertures pratiquées aux deux parties de mur voisines de l'abside. (Voir la pl. 189.)

N° 189. Abside du Catholicon.

On voit, en Morée, quelques absides de petits édifices; elles sont soutenues en l'air sur des consoles ou par une espèce de voûte en trompe, simple ou multiple. Les architectes byzantins adaptèrent ce genre d'absides aux chapelles plutôt qu'à des édifices assez étendus pour être considérés comme des églises; ils durent en faire usage aussi aux clochers, aux tours, aux édifices particuliers dans lesquels ils établirent des oratoires. (Voir aux n°s 190 et 191, ci-après, deux exemples de ces absides.)

N<sup>os</sup> 190 et 191. Petites absides en Morée.

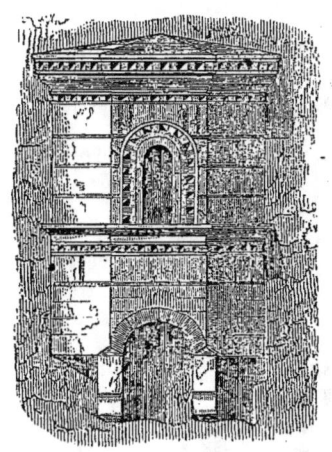
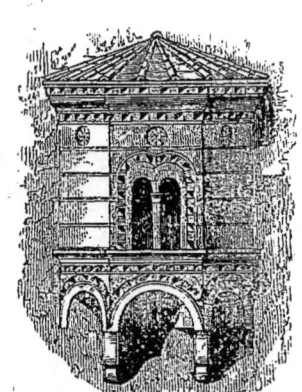

Enfin, lorsque les chrétiens grecs commençaient à abandonner leur art national et construisaient leurs temples à peu près comme des basiliques de l'Occident, en y conservant encore cependant la coupole centrale, comme un type dont ils avaient peine à se dessaisir, ils élevèrent des absides et des façades orientales absolument comme celles des Latins : nous en donnons un exemple que nous avons recueilli à Athènes, auprès de l'Acropolis, à une petite église dont nous ignorons le vocable; elle est appuyée contre les rochers de la citadelle, et donne entrée à une grotte profonde pratiquée par la nature. Le style mixte de cet édifice lui donne de l'intérêt, parce qu'il le rapproche des églises surmontées de dômes, qui commencèrent à s'élever en Occident vers le XVI<sup>e</sup> siècle. (Voir la pl. 192, à la page suivante.)

N° 192. Abside d'une église auprès de l'Acropolis.

DÉCORATION.

Les premières églises cléricales ou monastiques de la chrétienté orientale étaient, comme celles de l'Occident, construites en général avec le moellon et la brique, et quelquefois on en disposa les matériaux de manière à former une décoration établie par la maçonnerie même. Nous avons donné dans la première partie des Instructions du Comité des arts, page 117, des détails de maçonnerie en briques assez riches pour qu'on admette qu'ils restèrent toujours apparents. On en voit de semblables à plus d'une église de Constantinople, de Salonique et d'Athènes ; les enduits tinrent aussi, comme en Occident, leur place dans la décoration de plus d'une église monastique du rite grec. Ainsi, il est certain qu'il y en avait sur la façade de celle du monastère de la Vierge, Μονὴ τῆς χώρας, ornée de colonnes engagées construites en briques, et qui n'ont pu rester apparentes. (Voir cette façade, pl. 177, et le détail, pl. 208.)

Les bronzes à leur état ordinaire, ou enrichis par l'or et la sculpture d'ornement, furent souvent employés pour décorer les façades; Eusèbe, décrivant l'église des saints Apôtres à Constantinople, dit que sa terrasse supérieure était ornée de découpures en bronze et en or[1]. De riches appuis en marbre, couverts d'entre-lacs, de rosaces et de croix byzantines, se remarquent au-dessous des fenêtres ou dans les entre-colonnements des portiques; de longues inscriptions sont sculptées en relief dans les moulures de couronnement du temple de Sainte-Théodosia à Constantinople. On voit sur les façades latérales de l'église de Sainte-Sophie de Trébisonde, des sculptures chrétiennes présentant des sujets de l'Ancien et du Nouveau Testament[2]; le Catholicon d'Athènes, édifice construit entièrement en marbre, possède, à l'extérieur, une décoration exécutée avec luxe (voir la pl. 180); on y remarque de nombreuses croix entrelacées, des animaux chimériques, les emblèmes des évangélistes et autres figures symbolisées. Nous devons signaler ici la présence d'un zodiaque exécuté dans l'antiquité et dont les artistes chrétiens ont tiré parti pour la décoration de la façade; ils y ont approprié cette production de l'art grec en y gravant de nombreuses croix entre les signes. Cette église est peut-être la seule de la chrétienté qui possède un zodiaque païen, peut-être aussi fut-elle la seule en Orient qui ait présenté sur sa façade ce genre de décoration. (Voir la façade, pl. 180.)

La mosaïque fut employée à l'extérieur des églises grecques

---

[1] « Totum vero solarium reticulatis quibusdam anaglyphicis ex ære et auro fabrefactis erat circumdatum. » (Euseb. lib. IV, c. LVIII.)

[2] Voir l'ouvrage publié par M. Ch. Texier sur l'Asie Mineure.

comme un moyen riche et durable d'en décorer les façades; celle qui, à Constantinople, avait été consacrée à la Vierge Péribolique, c'est-à-dire protectrice des remparts, selon le sens que lui donne Procope[1], offrait ce genre de peinture au dehors. Clavijo, qui la vit en 1403, la décrit ainsi : « Le corps « de l'église, du côté du dehors, est tout imagé d'images et de « figures de toute façon, riches et faicticement travaillées d'or, « azur et autres couleurs. » Il y en eut, sans aucun doute, d'autres exemples qui sont détruits. Une peinture du manuscrit de Jacobus Monacus, conservé à la Bibliothèque nationale, représente une façade byzantine ornée de sujets peints. (Voir pl. 193, p. suiv.) Cette façade, par ses formes cubiques et les lignes horizontales qui en couronnent les diverses parties, peut être classée au nombre des édifices de la seconde période de l'art; elle est surmontée de cinq dômes, dont un plus élevé que les autres. La base de ce dôme central contient un demi-cintre dans lequel est figuré, par la peinture ou la mosaïque, un grand sujet religieux; le reste de la façade est décoré par des marbres. Le peintre a représenté, en outre, deux apôtres dans les baies latérales ou des bas côtés, disposition dont nous donnons un exemple analogue sur la planche 194. Enfin, l'arcade principale contient de nombreuses figures d'anges, d'apôtres et de fidèles, groupés autour de la Vierge et en adoration devant le Christ triomphant et porté dans une gloire par quatre chérubins, motif de peinture qui décorait généralement la coupole centrale des églises byzantines.

La basilique de Saint-Marc, à Venise, imitée des églises grecques, offre d'immenses tableaux en mosaïque sur sa façade, ainsi que des ornements courants : ils peuvent donner une idée exacte de ce qui se voyait en Orient.

---

[1] Procop. *de Ædif.* I, c. 3.

N° 193. Façade peinte, tirée d'un manuscrit.

A Athènes, le Catholicon, la petite église de Saint-Taxiarque, située auprès du Portique d'Auguste, et celle de la Vierge du Grand Monastère, offrent des exemples de peinture à l'extérieur; sur le premier de ces trois monuments, l'architecte a ménagé, dans la partie basse des façades, un large champ situé au-dessous des sculptures, et qui était destiné à recevoir des enduits pour peindre; sur la face méridionale de l'édifice sont encore des restes de cet enduit, sur lequel est figuré un saint George à cheval, accompagné de plusieurs personnages.

La seconde église a conservé toute sa décoration peinte; on y voit sur la façade principale un jugement dernier : le Christ occupe le sommet du tableau, autour de lui sont les apôtres, plus bas les élus situés à sa droite, et les damnés à sa gauche; une grande flamme s'échappe du trône de Jésus et se dirige sur ces derniers. Auprès de la porte principale de l'édifice sont les restes de deux grandes figures de saint Pierre et de saint Paul.

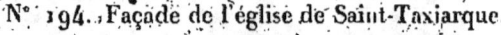

N° 194. Façade de l'église de Saint-Taxiarque.

L'église de la Vierge du Monastère à Athènes présente des peintures placées sous un dais qui surmonte la porte principale. Les petites chapelles que l'on rencontre fréquemment en Orient conservent aussi quelques traces de peinture, mais elles sont beaucoup moins importantes que celles que nous venons de signaler.

N° 195. Façade de l'église de la Vierge du Monastère, à Athènes.

Les Grecs modernes, qui conservent plus d'une tradition de l'art byzantin, décorent aussi de peintures les églises qu'ils élèvent de nos jours. Dans l'île de Tine, où ils ont consacré un grand temple à la Vierge, la façade offre des peintures d'ornement encadrant les fenêtres et les archivoltes du porche qui précède les nefs. (Voir la pl. 179.)

### DÔME.

Après avoir donné un aperçu rapide des dispositions d'ensemble des églises byzantines, nous entrerons, comme nous l'avons fait pour le style latin, dans les détails qu'il est utile de suivre afin de connaître cet art si peu examiné encore : le dôme nous a paru mériter une étude particulière, puisqu'il est une des parties le plus caractéristiques des édifices chrétiens de l'Orient.

Les premiers dômes, imités servilement de ceux de l'antiquité païenne, ne présentaient, au-dessus des constructions qu'ils dominaient, qu'une calotte sphérique, comme Agrippa fit établir celle du Panthéon à Rome : la coupole, humble encore, était pour ainsi dire tout à l'intérieur, ne montrant au dehors que ce qui suffisait pour indiquer sa présence ; déjà, des fenêtres placées auprès de sa base éclairaient la voûte, c'est ainsi qu'elles étaient disposées à l'église des saints Marcellin et Pierre sur la via Labicane auprès de Rome, et construite par Constantin à l'instar des édifices circulaires de l'Orient.

N.° 196. Église des Saints Marcellin et Pierre.

Sous les successeurs de ce prince, et lorsque le christianisme libre commençait à posséder des temples plus dignes de lui, le dôme, symbole du triomphe du Christ, s'éleva plus hardi au-dessus des églises byzantines ; on le voit déjà, dans tout le développement d'un hémisphère, dominer celle de Sergius et Bacchus, construite à Constantinople durant les premières années du règne de Justinien (voir la planche 226). Cette innovation faisant craindre aux constructeurs une trop forte poussée de la voûte au dehors, des piliers butants furent établis autour de la coupole, pour suppléer les murs qui, dans les âges précédents, enveloppaient et soutenaient sa base.

La grande église de Sainte-Sophie fait voir un nouveau progrès dans la disposition du dôme principal : l'élevant en hémisphère, comme celui de l'église de Sergius, au-dessus de toutes les constructions de l'édifice, les architectes établirent, sur le grand cercle horizontal, un nombre considérable de fenêtres qui soutiennent la calotte sphérique sur leurs trumeaux, et déjà cette ceinture de baies, qu'il fallut couronner d'une corniche, présente au dehors l'aspect d'un tambour cylindrique, très-minime, il est vrai, par sa hauteur relative, mais qui dut conduire plus tard à ceux que l'on construisit dans toute la chrétienté orientale, et qui, grandissant dans des proportions considérables, portèrent les dômes à une hauteur telle qu'ils dominaient toutes les autres constructions des villes; ils remplissaient mieux que dans l'origine l'intention première, d'exprimer le triomphe religieux[1]. Ces cylindres isolés, soutenant dans l'espace de pesantes coupoles, étaient le résultat d'un nouveau progrès dans l'art de bâtir; nous avons recueilli sur les monuments eux-mêmes un nombre suffisant d'exemples de ces constructions curieuses, pour faire connaître les diverses combinaisons employées par les architectes grecs, au moyen âge; la série en est reproduite sur les pages suivantes, et, bien que nous ne puissions la présenter comme complète, elle mettra le lecteur au fait de la généralité des formes.

[1] Voir le dôme de la planche 175.

# ARCHITECTURE MONASTIQUE.

1° DÔMES ORNÉS D'ARCADES ET DE COLONNES.

N° 197. Dôme de l'église de Μονὴ τῆς χώρας.

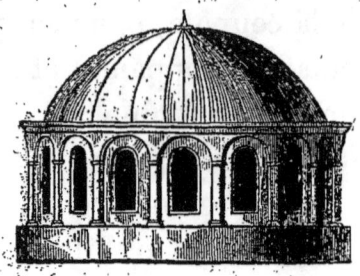

N° 198. Dôme du Catholicon d'Athènes.

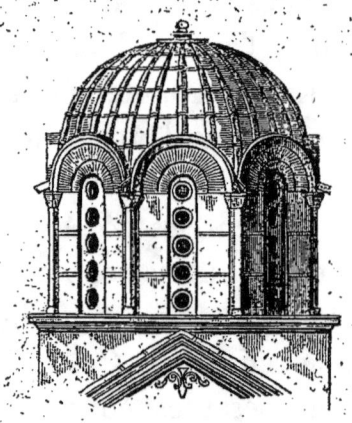

N° 199. Dôme de l'église de Saint-Théodore.

2° DÔMES SOUTENUS PAR DES CONTRE-FORTS.

N° 200. Dôme de l'église de Mésembria.

N° 201. Dôme du monastère de Daphni.

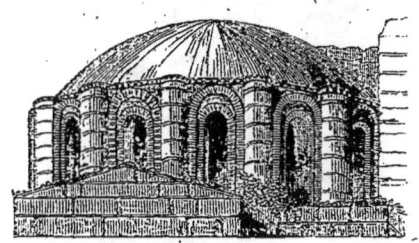

N° 202. Dôme de l'église de Patras.

# ARCHITECTURE MONASTIQUE.

### 3° DÔMES SIMPLES.

N° 203. Dôme de la Panagia Nicodimo, à Athènes.

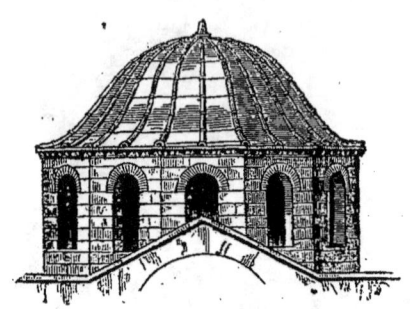

N° 204. Dôme de l'église voisine de Saint-Taxiarque à Athènes.

### COUVERTURE.

Eusèbe, décrivant l'église des Saints-Apôtres, élevée par Constantin, dit qu'elle était couverte avec du bronze remplaçant les tuiles, pour préserver l'édifice des eaux pluviales[1]; il ajoute plus loin que ce métal était doré et qu'il éblouissait les yeux. Il est probable que le temple d'or que l'empereur consacra à la Vierge, dans la ville d'Antioche, et que

---

[1] « Æs tegularum loco, impositum universo ædificio, monumentum adversus imbres præbebat. » (Euseb. lib. IV, c. LVIII.)

décrit le même auteur, devait son surnom, ainsi que notre église de Saint-Germain-le-Doré, à une couverture de métal placée sur le dôme et les terrasses qui l'entouraient. Le texte que nous avons cité à la page 152, écrit en Orient par saint Jérôme, indique assez que, dans cette contrée, plus d'un édifice religieux offrait de la dorure sur ses parties supérieures. Justinien fit dorer aussi les dômes de son église de Sainte-Sophie ainsi que celui du baptistère. Ce luxe de couverture des églises byzantines ne fut pas général, et, chez les moines, il devait se présenter moins qu'ailleurs. La plupart des temples monastiques ou autres, qui se voient encore aujourd'hui dans l'Orient, sont couverts de tuiles disposées à la manière de celles que fabriquaient les Romains; et dans les temps modernes on a fait usage de tuiles creuses comme celles qui sont employées dans le midi de l'Europe. Le plomb fut aussi mis en œuvre, à une époque ancienne, pour couvrir les toits, les coupoles et les voûtes extradossées qui surmontaient les nefs des églises grecques, depuis le règne de Justinien. Le voyageur Clavijo cite plusieurs églises couvertes de la sorte, en 1403, et entre autres celle de Sainte-Marie de Blacherne. Des gouttières en marbre ou en métal servaient à porter au dehors les eaux pluviales qui tombaient sur ces couvertures.

### FENÊTRES.

Les fenêtres des églises byzantines sont généralement construites en plein cintre; cette forme n'a cessé de se maintenir autour des dômes; dans les grands édifices, la base des coupoles, au-dessus du grand cercle de la demi-sphère, forme une espèce de galerie à jour dont les trumeaux sont étroits, en raison du grand nombre d'ouvertures, de sorte que la coupole est suspendue sur de minces pieds-droits. A une

## ARCHITECTURE MONASTIQUE.

époque déjà ancienne de l'architecture byzantine, les dômes étant supportés par un tambour cylindrique ou prismatique, les fenêtres ne s'ouvrirent plus dans les courbes mêmes de la coupole, mais dans cette base qui la soutenait en l'air. (Voir les précédentes planches, du n° 197 au n° 204.)

Sur les petits édifices, tels que le Catholicon d'Athènes et la plupart des églises monastiques, les fenêtres des dômes sont établies dans un grand appareil de marbre ou de pierre dont les joints se dessinent profondément comme des bossages. Une petite colonne saillante occupe chacun des angles du tambour en polygone qui supporte la coupole, et sur les chapiteaux de ces colonnes reposent les retombées des archivoltes dont sont encadrées les fenêtres. Au monastère de Saint-Luc, auprès du Parnasse, la décoration des trumeaux extérieurs voisins des fenêtres est formée de tablettes de marbre couvertes d'entrelacs et de croix grecques.

Les fenêtres en arcades qui décorent les dômes ou les diverses façades des édifices les plus anciens sont fréquemment couronnées par des cintres doubles, c'est-à-dire construits avec deux rangs de briques, système qu'ont généralement employé les Romains lorsqu'ils ont établi de grands arcs. On voit même au monastère de Daphni des exemples de trois cintres concentriques.

Les églises d'Athènes et de Constantinople présentent souvent des fenêtres géminées, c'est-à-dire divisées au milieu par une colonnette, de manière à former deux fenêtres dans une seule; l'arc supérieur lui-même se double, et le chapiteau de la colonne devient la retombée commune : ces dispositions de fenêtres ont été souvent en usage dans l'architecture romane ainsi que dans le style ogival. Nous n'avons remarqué de ces fenêtres doubles qu'à un seul dôme, celui de l'église de Saint-

Théodore d'Athènes[1]; sur les façades, elles sont communes. Là particulièrement, ces fenêtres géminées, qui sont d'une époque moins ancienne que les arcades simples, se présentent sous plusieurs aspects : ainsi il arrive le plus généralement que la division a lieu sous un grand cintre qui enveloppe la double fenêtre ; la planche 205 en offre un exemple. On voit aussi quelquefois que les deux arcs qui surmontent les baies sont libres dans la maçonnerie de l'édifice, comme on peut le remarquer à la planche 206.

N°ˢ 205 et 206. Fenêtres à la Panagia Nicodimo, à Athènes.

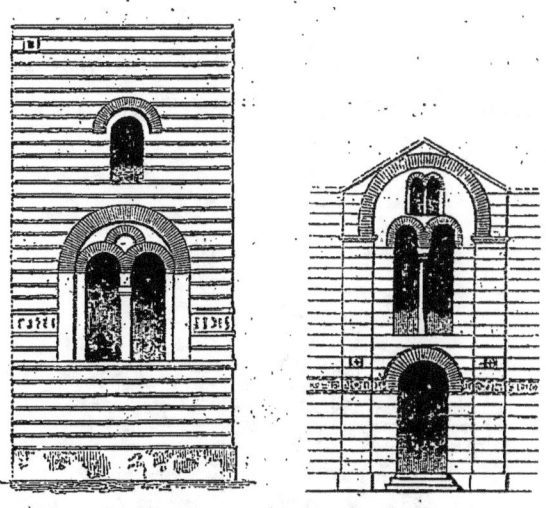

Une troisième disposition de fenêtres assez commune est trilobée, c'est-à-dire qu'elle forme à son sommet trois arcs, dont deux colonnettes supportent les retombées ; on en voit un exemple à l'abside de la panagia Nicodimo dessinée au n° 183. Un autre genre de trilobe se présente aussi fréquemment; on y voit trois arcs, dont l'un complet, qui occupe le milieu, est étayé par deux quarts de cercle placés latéralement de ma-

[1] Voir la planche 199.

# ARCHITECTURE MONASTIQUE. 299

nière à former un trèfle. Ces fenêtres offrent, avec celles de l'architecture du moyen âge en Occident, cette différence que deux meneaux ou supports divisent la fenêtre en trois parties inégales, déterminées par les dimensions des trois arcs, de sorte que l'ensemble présente l'aspect d'une croisée cintrée ordinaire, accompagnée de deux demi-fenêtres plus basses. L'église nommée Kapnicaréa, à Athènes, et située dans l'axe de la grande rue nouvelle qui, de la porte du Pirée, conduit au mont Hymette, présente une fenêtre ainsi disposée dans chacun des nombreux pignons qui forment sa façade occidentale. L'église de Saint-Théodore, dans la même ville, a de ces fenêtres sur ses façades; les trilobes ne sont pas toujours évidés dans leurs divisions : celle du milieu seulement est ouverte; les deux autres ne forment, par leurs demi-cintres, que des décharges de l'arc principal.

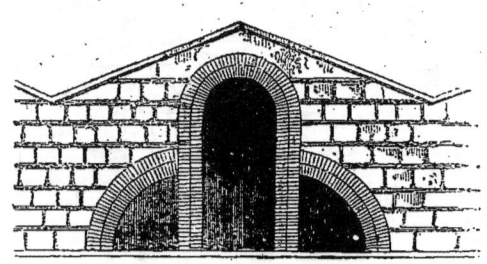

N° 207. Fenêtre trilobée.

Le temple du monastère de la Vierge (Μονὴ τῆς χώρας), à Constantinople, offre sur sa face latérale un exemple curieux de ce genre, c'est un trilobe complet dans lequel les deux meneaux ou supports sont deux fortes tables de pierre placées dans le sens de l'épaisseur du mur et séparant trois ouvertures réelles. (Voir la pl. 208.)

N° 208. Fenêtre de l'église de Μονὴ τῆς χώρας.

D'autres systèmes de fenêtres se présentent dans plusieurs grands édifices : ils offrent quelque analogie avec ceux que nous venons d'indiquer. On en voit à l'église monastique du Pantocrator, à Constantinople, et au Théotocos, dans la même ville. (Voir les planches 209, 176 et 178.)

N° 209. Fenêtre de l'église du Pantocrator

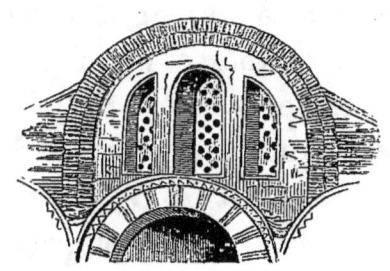

CLÔTURES DES FENÊTRES.

Les chrétiens de l'Orient firent usage, comme les Occidentaux, de treillis pour clore les fenêtres de leurs églises. Eusèbe, décrivant celle de Tyr, dit que les bas côtés de la nef étaient éclairés par des fenêtres fermées d'un treillis de bois, d'un ouvrage délicat et chargé de nombreux ornements. Saint Jérôme, dans son commentaire du chapitre XLI d'Ézéchiel, s'exprime ainsi : Les fenêtres étaient en forme de réseaux comme des chancels : « Fenestræ quoque erant factæ in modum retis ad instar cancellorum. » Il ajoute qu'ils n'étaient pas faits avec la pierre spéculaire ou le verre, mais avec du bois poli et orné de marqueterie : « Ut non speculari lapide nec vitro, sed lignis interrasilibus et vermiculatis includerentur. » Ailleurs il parle de fenêtres fermées avec du verre en lames très-minces : « Fenestræ, quæ vitro in tenues laminas fuso, obductæ erant[1]. »

Les fenêtres byzantines furent closes, comme celles des basiliques latines, par des tables de pierre ou de marbre percées de nombreuses ouvertures. Ces trous, destinés à laisser passer le jour, sont souvent de forme circulaire ; c'est ainsi qu'on les voit au Catholicon d'Athènes, tant sur la façade occidentale, aux fenêtres qui éclairent la nef et le dôme, que sur les parties latérales et à l'orient de l'édifice, à celles qui donnent la lumière au narthex et aux trois absides. (Voir la façade et l'abside, planches 180 et 189.) Ce moyen de clore les baies de fenêtres était très-commun dans les premiers siècles de l'art néogrec : on en trouve des traces sur tous les anciens édifices de la Grèce, sur la plupart de ceux de l'Arménie et des autres contrées de l'Asie où le style byzantin fut

[1] Du Cange, Gloss. au mot *Vitreæ*.

en faveur. M. Dubois de Montperreux en a publié de nombreux exemples recueillis par lui dans le Caucase.

N° 210. Clôture de fenêtre à la façade du Catholicon.

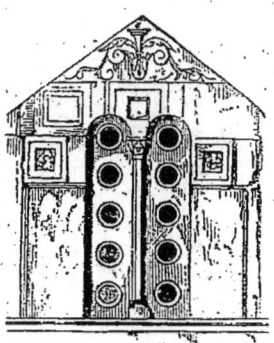

Les grandes fenêtres percées au sommet de l'église de Sainte-Sophie sont closes de la même manière; elles ont été décrites par Paul le Silenciaire; celles de l'éxo-narthex de ce temple sont fermées par des tables de marbre, ouvertes de tranchées surmontées d'un arc de cercle.

N° 211. Clôture au narthex de l'église de Sainte-Sophie.

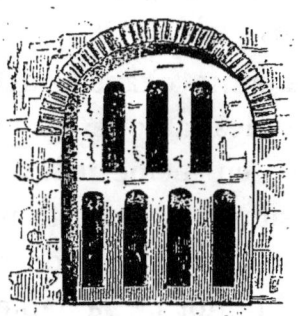

Sur le petit temple chrétien situé entre le Portique d'Auguste et le Carré d'Adrien à Athènes, et consacré à saint Taxiarque, les tablettes de marbre qui ferment les fenêtres du dôme sont percées en forme d'étoiles; à l'intérieur, ces jours étroits produisent le plus bel effet : on en voit de semblables aux dômes des églises du couvent de Saint-Luc.

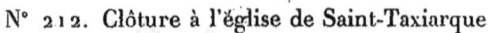
N° 212. Clôture à l'église de Saint-Taxiarque.

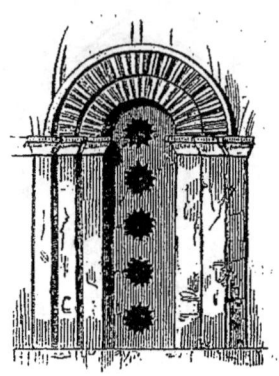

Ces ouvertures en forme d'étoiles, inventées par les Byzantins, ont été depuis fréquemment imitées par les Arabes et les Turcs dans les clôtures en marbre ou en pierre qui se voient à leurs édifices publics, ainsi qu'à celles qu'ils exécutent en bois pour fermer les baies des fenêtres de leurs maisons. Ils en pratiquent de semblables dans les voûtes sphériques dont ils couvrent leurs bains publics.

Les fenêtres d'une petite chapelle de Corfou, sur la mer Adriatique, présentent des tablettes de pierre percées suivant un système qui réunit en même temps les trous circulaires que nous venons de signaler, et les tranchées qu'on voit aux baies du narthex de Sainte-Sophie de Constantinople : dans l'axe de la fenêtre ou plutôt de la tablette de pierre qui la ferme, sont percés les trous circulaires auprès desquels s'ouvrent les deux tranchées en forme de barbacanes ; deux petits chapiteaux peu saillants servent d'impostes aux cintres dont elles sont surmontées. (Voir la pl. 213.)

304    INSTRUCTIONS.

N° 213. Clôture à une chapelle de Corfou.

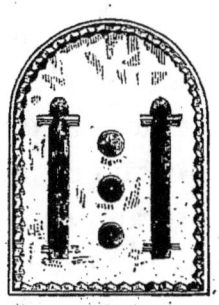

Enfin l'église de Sainte-Théodosia, à Constantinople, offre des exemples de clôtures de fenêtres découpées en imbrication comme en exécutaient les anciens, et qui doivent présenter plus d'analogie que les précédentes avec celles que cite saint Jérôme : « Factæ in modum retis ad instar cancellorum [1]. »

N° 214. Clôtures à l'église de Sainte-Théodosia.

Les Turcs, qui conservent toutes les traditions anciennes, usent du même moyen que les Byzantins pour clore les fenê-

[1] Saint Jérôme, *Commentaires du ch. XLI d'Ézéchiel.*

tres de leurs mosquées : dans des tables de marbre ou de pierre percées en imbrications, ils placent de petits morceaux de verre, comme on l'a fait durant les premiers siècles chrétiens; ils emploient encore un moyen plus facile en découpant d'abord les verres suivant les formes du dessin que doit présenter la clôture entière, et, faisant couler un mastic fluide sur les contours de ces morceaux rapprochés les uns des autres, ils les relient tous entre eux par cette pierre factice qui, en se durcissant, forme de véritables treillis comme ceux qu'on taille dans des dalles de pierre. Ce procédé a été donné aux Turcs par les Grecs, qui le nommaient γυψεμπλαστικὴ τέχνη, selon Philoponus. On a vu précédemment qu'un moyen analogue fut employé à Rome par les premiers chrétiens, puisque le treillis numéro 77, page 136, style latin, que nous avons recueilli à l'église de Saint-Laurent hors les murs, est exécuté en pierre factice. Didier, abbé du mont Cassin au XIe siècle, fit clore par ce procédé toutes les fenêtres des bas côtés de l'église de ce célèbre monastère[1].

### PORTES.

Les baies de portes qui donnent entrée aux églises monastiques de l'Orient se composent ordinairement d'un chambranle en pierre ou en marbre, décoré de moulures, et disposé comme ceux des Latins. Les profils sont très-refouillés et offrent ainsi de l'analogie avec ceux de l'antiquité grecque : quelquefois une corniche surmonte le linteau; on en voit des exemples aux portes de l'église de Μονὴ τῆς χώρας (Voir les pl. 215, 216.)

---

[1] « Fenestræ quæ in lateribus utriusque porticus sunt, gypseas quidem sed æque pulchras effecit. » (*Leonis ostiensis Opera*, recueillis par D. Dubreuil, lib. III, c. XXVII, pag. 605; et c. XXXI, pag. 613.)

Nos 215 et 216. Profils des chambranles des portes de Μονὴ τῆς χώρας.

Il est plus ordinaire de trouver immédiatement au-dessus du chambranle un arc en briques ou même en marbre, servant à décharger le linteau des constructions supérieures. Cet arc, s'il est en briques, est généralement encadré d'un rang de ces mêmes matériaux, montrant au dehors leurs angles de manière à former des denticules. Si le linteau est en pierre ou en marbre, des moulures, des ornements sculptés le décorent dans un système analogue à ceux qu'on voit sur le chambranle de la porte, de sorte que le tout forme un ensemble harmonieux ; c'est ainsi que sont disposées les portes du *Catholicon* d'Athènes. Dans ce monument, les tympans semi-circulaires situés au-dessus des linteaux ont reçu de riches ornements sculptés que, dans d'autres édifices, remplace la peinture. Il est très-rare que ce tympan soit ouvert : on en voit à l'église de Saint-Théodore d'Athènes.

Lorsque les principes de l'architecture antique furent moins observés que dans les premiers siècles chrétiens, on construisit des portes d'églises sans chambranles : c'étaient de simples arcades en maçonnerie de moellons et de briques[1]. Il n'est pas rare de rencontrer au-dessus des baies, quelle qu'en soit d'ail-

[1] Voir la plupart des façades publiées du n° 173 au n° 190.

leurs la disposition, un auvent saillant porté par des consoles et servant d'abri à une peinture religieuse. Les portes des églises du Grand-Monastère de la Vierge, de Saint-Philippe et de Saint-Jean, à Athènes, sont ainsi couronnées. (V. pl. 195.) On voit dans cette ville plusieurs arcs de portes en fer à cheval.

N° 217. Porte de l'église de Saint-Philippe, à Athènes.

Les portes placées sous les voûtes du narthex et donnant entrée directement dans le temple sont quelquefois aussi surmontées de peintures : il y en a des restes sous le porche latéral de l'église de la Vierge à Mistra. Lorsque Tavernier visita Constantinople, on voyait encore au-dessus des portes de ce temple, à l'intérieur du narthex, de riches mosaïques formant des tableaux au-dessus des chambranles, comme nous en avons donné un exemple tiré du monastère de Grotta-Ferrata (pl. 76). Les portes sont ordinairement au nombre de trois dans les églises monastiques de l'Orient : l'une sur la façade principale et donnant entrée au narthex, les autres sur chacune des faces latérales. Les grands édifices possèdent de nombreuses portes pour faciliter la circulation, mais, dans les maisons religieuses, elles seraient superflues.

Les clôtures ou vantaux mobiles, placés dans les chambranles, étaient ordinairement en bois, en bronze quelquefois en matières plus précieuses. Les formes adoptées pour leur décoration offraient d'abord une grande analogie avec celles de l'antiquité : l'église de Sainte-Sophie conserve encore les portes de bronze que fit exécuter Justinien; elles sont ornées de croix grecques, et de riches ornements disposés en méandres accompagnés de feuilles de vignes dans le goût grec, légèrement modifié par l'école de Byzance, encadrent les diverses parties de l'une de ces portes, décorée en outre d'une inscription dont les lettres sont en argent. L'auteur grec anonyme qui décrit le baptistère situé dans l'enceinte sacrée de l'église de Sainte-Sophie dit qu'on y voyait des portes en bronze incrustées d'or et d'ivoire.

Le monastère de Mégaspyléon en Morée montre de belles portes en métal dans le style byzantin; M. Didron a signalé dans les Annales archéologiques celle du réfectoire du couvent de Sémenou sur l'Athos : elle est en bois incrusté d'ivoire formant des rinceaux assez fins et d'un bon effet.

La porte de l'église du monastère de Sainte-Catherine, au mont Sinaï, est plus riche encore : exécutée en bois, les traverses et les montants sont couverts d'ornements précieux, les panneaux qu'ils encadrent contiennent de petits tableaux émaillés fort anciens et d'un travail remarquable. D'Agincourt a publié les belles portes damasquinées en argent qui furent exécutées à Constantinople et servirent de clôture à la basilique de Saint-Paul hors les murs de Rome, jusqu'à l'époque de l'incendie qui détruisit ce bel édifice[1].

Les Byzantins n'ont pas toujours employé les portes à panneaux pleins pour fermer les ouvertures; on voit à la crypte de l'église de la Nativité à Bethléem, une grille en bronze à

---

[1] D'Agincourt, *Histoire de l'art, Sculpture*, de la pl. 13 à la pl. 20.

deux vantaux, ornée de croix grecques indiquant son origine; le style simple de ce monument en dénote l'ancienneté[1].

Les baies qui donnaient entrée aux églises orientales étaient closes pendant le jour par des rideaux semblables à ceux qu'on voyait aux portes des basiliques latines : les auteurs et les monuments sont d'accord à cet égard; parmi ces derniers, la belle mosaïque exécutée à Ravenne, et qui représente l'impératrice Théodora, fait voir une porte de l'église de Saint-Vital fermée par une riche tenture que soulève un officier de la couronne pour laisser libre l'entrée du temple à la souveraine qui va présider à la dédicace. Ce voile, orné de fleurons et de bordures dorées, indique bien quel était le luxe de broderies qu'on apportait à la décoration de ces tentures.

### EXO-NARTHEX.

Le porche ou exo-narthex des églises monastiques de l'Orient est très-différent de celui des basiliques d'Occident; la précédente étude des plans de ces édifices a fait voir qu'au lieu de présenter un portique ouvert sur toute son étendue, il offre plus généralement une salle longue, placée en travers sur la façade, et ouverte seulement d'une ou de trois portes et de rares fenêtres. (Voir les plans du n° 167 au n° 170.)

Il y a cependant quelques exceptions à ce principe : l'église du Théotocos à Constantinople possède un exo-narthex dont le plan diffère de ceux qui étaient adoptés en général, en ce qu'il se développe au delà des limites de la façade et retourne sur les parties latérales du temple. (Voir la pl. 218.)

[1] *L'Architecture du V<sup>e</sup> au XVI<sup>e</sup> siècle*, par J. Gailhabaud, 4<sup>e</sup> livraison.

N° 218. Plan du Théotocos.

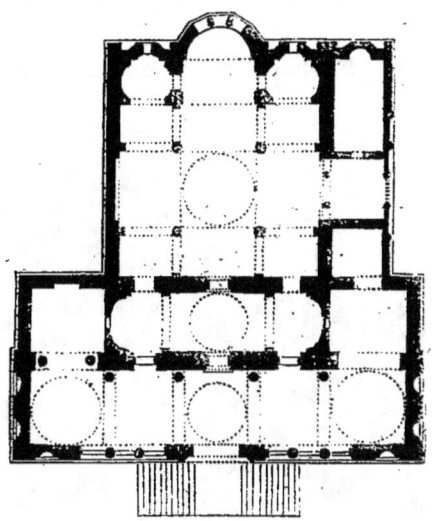

Ce narthex est ouvert à l'occident de six arcades ou fenêtres portées par des colonnes, et closes, à hauteur d'appui, par des tablettes de marbre sculpté. (Voir la façade au n° 178.)

Vers la fin de la période byzantine, les porches se rapprochèrent des dispositions adoptées en Occident : le Zographe et l'Iviron, monastères du mont Athos, l'église de la Vierge à Mistra, le monastère de Daphni auprès d'Athènes, l'église de Samari, dans le Péloponèse, en offrent des exemples dans lesquels on doit voir une influence latine. (Voir les plans aux n°s 171 et 172.)

Les constructions supérieures des narthex sont très-variées; les plus anciens devaient être couverts en appentis, c'était le moyen le plus simple et qu'on avait employé d'abord. On en voit un à la façade gravée sur la planche 173.

Les premières périodes de l'art durent produire aussi des couvertures de narthex établies avec double égout; ce système se multiplia plus tard lorsque, vers la décadence de l'architecture byzantine, les constructions à pignons aigus remplacèrent celles qui étaient couronnées par des courbes.

N° 219. Extrémité du Narthex à double égout d'une église d'Athènes.

Vers les IX° et X° siècles, on éleva souvent des narthex présentant sur leurs façades principales et latérales des arcs extradossés portant directement les plombs de couverture, et indiquant au dehors la construction interne des voûtes en berceau ou en arêtes. C'est ainsi que se présentent ceux du monastère de la Vierge (Μονὴ τῆς χώρας) et du Théotocos à Constantinople. (Voir les pl. 176, 177, 178 et 220.)

A ces extrémités des narthex, comme sur les façades principales, les cintres de couronnement offrent plusieurs degrés d'isolement de leurs courbes : au Théotocos le sommet seulement est dégagé; à l'église de Μονὴ τῆς χώρας l'arc entier est libre.

N° 220. Extrémité du Narthex du Théotocos, voûte extradossée.

Au Catholicon d'Athènes le narthex est enveloppé dans la construction générale du temple au point de ne se distinguer que latéralement par l'inclinaison du toit. Des narthex anciens et de quelque importance sont couronnés de coupoles élevées : on en voit une à chaque extrémité de celui du monastère de la Vierge, trois surmontent le narthex du Théotocos, deux édifices remarquables de la capitale de l'empire grec. (Voir les façades de ces deux édifices, n°s 177 et 178.)

Les hautes coupoles sont quelquefois remplacées, dans les narthex, par de simples calottes sphériques qu'on ne peut apercevoir du dehors, parce qu'elles ne s'élèvent pas au-dessus des murs de façade.

# ARCHITECTURE MONASTIQUE.

L'intérieur de ces vestibules est toujours surmonté de voûtes, le bois ne paraissant jamais dans les constructions byzantines; leur disposition varie entre les formes en berceau, en pendentif ou en arêtes. Les arcs-doubleaux qui divisent ces voûtes sont quelquefois supportés par des colonnes; il y en a un exemple remarquable au narthex du Théotocos à Constantinople.

N° 221. Intérieur du narthex du Théotocos.

Le même vestibule présente de curieuses fenêtres situées entre lui et l'éso-narthex : ce sont de longues arcades fermées au bas par des tables de marbre couvertes d'ornements; au-dessus s'élève un chambranle, qui était destiné à porter dans ses feuillures des chancels ou treillis en marbre;

le sommet de l'arcade est libre. La peinture et la mosaïque se partagèrent la décoration des voûtes et des murs intérieurs du narthex.

### CLOCHERS.

Les cloches ne furent adoptées que fort tard en Orient; elles y étaient remplacées par des timbres en bois ou en métal que nous avons fait connaître en examinant l'architecture latine, et, parmi ceux dont les dessins sont reproduits au chapitre qui les concerne, plusieurs servent encore aujourd'hui dans le quartier des Grecs à Constantinople; on en voit de semblables dans les monastères du mont Athos. En raison de l'emploi prolongé de ces timbres, les clochers anciens manquent en Orient, et ceux-là même qui datent d'une époque peu reculée sont rares. Les premiers clochers byzantins furent probablement cylindriques comme les nôtres; l'exarchat de Ravenne est la partie de l'Italie qui présente encore le plus d'anciens clochers ainsi construits; de là ils purent passer en Orient. Un chapiteau de l'église de Saint-Sauveur de Nevers exécuté au XIe siècle, et qui représente une église byzantine, y fait voir un clocher cylindrique à son sommet, puis prismatique, enfin carré à sa base; la décoration supérieure lui donne l'aspect d'un minaret[1]. Auprès de l'église de Sainte-Sophie de Trébisonde s'élève un clocher isolé, de forme quadrangulaire; il est décoré de peintures byzantines à l'intérieur, dans une chapelle dont le sanctuaire fait saillie; celui du monastère de Daphni auprès d'Athènes est semblable, quant à la maçonnerie, au reste de l'église, sur un transsept de laquelle il s'élève; les baies de fenêtres sont en plein cintre, et une petite coupole le surmonte, bien que son plan soit carré. L'an-

---

[1] *Annales archéologiques*, t. II, p. 114.

# ARCHITECTURE MONASTIQUE.

cienne église du Sauveur, à Mesembria sur la mer Noire, offre de même un clocher, mais on peut, comme à Daphni, en reporter l'origine à l'époque de la domination occidentale; il est surmonté d'arcatures dans le style roman.

N° 222. Clocher de l'église du Sauveur, à Mesembria.

Les monastères du mont Athos possèdent des clochers de construction postérieure à la plupart de leurs autres édifices; aucun d'eux n'est joint aux églises : ce ne sont donc que des campaniles isolés, comme on en voit fréquemment en Italie; leur forme est généralement quadrangulaire, excepté celui d'Iviron, qui s'élève sur un plan en polygone. Ces campaniles sont décorés, comme les nôtres, par plusieurs rangs de fenêtres; les cloches ont été placées dans les étages supérieurs.

Lorsqu'à la suite des croisades, les Français furent maîtres de la Grèce, leur influence agit sur les constructions religieuses comme sur les autres. Le porche de la petite église de Samari, qui dépend du monastère de Vourkano, en Morée, porte un clocher à quatre pignons, semblable à ceux que l'art roman produisit généralement dans nos contrées, avec cette différence qu'un petit dôme surmonte le toit. On voit à l'ancienne église monastique de la Vierge, à Mistra, un beau clocher dans le style ogival, auquel se mêlent quelques petits arcs en plein cintre et des trilobes. Cette tour est évidemment construite sous une direction occidentale; elle offre beaucoup d'analogie avec les clochers de la cathédrale de Palerme, et cette influence normande n'a rien qui doive étonner sous la domination française en Grèce : les relations des croisés avec la Sicile et la France étaient alors très-fréquentes. Ce clocher de Mistra est surmonté d'une voûte ovoïde et de quatre clochetons[1].

On voit à Athènes, sur la partie antérieure du Catholicon, un petit clocher ogival couvert d'un enduit qui ne permet pas d'étudier sa construction; il pourrait dater aussi de la domination française. Les clochers de l'Orient offrent, comme les nôtres, de la variété dans leurs formes : nous venons d'en indiquer plusieurs dont les plans sont carrés ou en polygone; celui de l'église de la Vierge à Tine, quadrangulaire à sa base, se décore ensuite d'une colonnade sur chacune de ses faces, puis son plan prend la forme d'une croix grecque. Son aspect est pittoresque et la dégradation des divers étages qui le composent lui donne une forme pyramidale qui est d'un bon effet. (Voir la planche 179.) Les Grecs eurent aussi des clochers-arcades : les petites églises de Saint-Taxiarque et de Saint-Théodore à Athènes en possèdent qui rappellent ceux des contrées méridionales de la France et de l'Italie. (Voir les planches 219 et 223.)

---

[1] *Choix d'églises byzantines de la Grèce*, par Couchaud, pl. 20 et 21.

N° 223. Clocher-arcade à l'église de Saint-Taxiarque, à Athènes.

N° 224. Clocher-arcade de Siphanto.

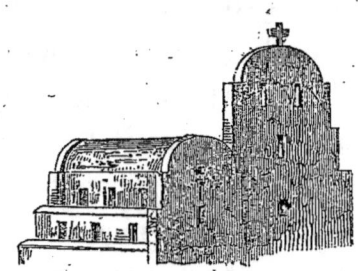

L'église de Siphanto et plusieurs autres présentent des clochers-arcades terminés par une courbe comme les constructions extradossées que nous avons fait connaître. (Voir la planche 224.)

Nous reproduisons, d'après MM. Coste et Flandin, le clocher de l'église grecque de Djoulfa à Ispahan; il s'élève au milieu de l'*area*, et se compose de deux étages carrés formés de larges arcades aiguës et surbaissées; la cloche est suspendue dans un campanile de style arabe porté par huit colonnes[1].

[1] *Voyage en Perse*, par MM. Coste et Flandin, pl. 42. (Voir à la page suivante.)

N° 225. Clocher de l'église de Djoulfa à Ispahan.

Depuis que l'Orient a quitté l'architecture byzantine, ce qui se préparait vers la fin des croisades et lors de la conquête de la Grèce par les Turcs, on a cessé, par ignorance ou pour éviter la similitude avec les mosquées, de construire des dômes sur les églises, et c'est à cette même époque qu'on doit attribuer un grand nombre de petites basiliques de forme latine qui se voient en Orient ; elles étaient d'une construction moins dispendieuse et plus facile. De nos jours, les Grecs entrent plus que jamais dans cette voie d'imitation des temples anciens de l'Occident ; le dôme, qui exprimait le triomphe du Christ et de l'Église, commence à être remplacé par un clocher quadrangulaire élevé, comme lui, au centre de la croix, ainsi qu'on en fit chez nous au moyen âge, pour exprimer la même pensée, et peut-être aussi pour éviter de reproduire la coupole des schismatiques grecs. On remarque un exemple curieux de ces tours centrales à l'église moderne de la Vierge, dans l'île de Tine, l'antique Tenos. Ce genre de construction est plus facile à exécuter qu'un dôme ; il peut être porté sur quatre piliers dépourvus de pendentifs, et sa construction est moins coûteuse ; il atteint mieux encore le but, celui d'exprimer au loin le triomphe du Christ, puisqu'il peut s'élever à une hauteur presque illimitée. On remarque toutefois au clocher de l'église de la Vierge à Tine, que les architectes grecs ne renoncent pas complétement à faire figurer le dôme au sommet de leurs édifices, car la partie centrale et la plus élevée de cette tour porte un couronnement en coupole, ainsi que les tourelles ou clochetons placés autour, aux quatre points cardinaux, et disposés de manière à former par leur plan une croix grecque. (Voir la pl. 179.)

D. nefs.

*1ʳᵉ disposition.* — Les églises circulaires construites en Orient par Constantin ou Hélène, et qui eurent une si grande influence sur les premières dispositions byzantines, n'avaient d'autres nefs qu'une rotonde surmontée d'une voûte hémisphérique : les temples de Saint-Marcellin et de Saint-George sont ainsi conçus; un cercle de colonnes isolées environnées d'une galerie s'élève dans le Saint-Sépulcre et à l'église de Sainte-Constance, édifices de la même époque. Sur ces colonnes repose la coupole centrale, soit directement, soit au sommet d'un tambour cylindrique; elles portent aussi la voûte annulaire qui surmonte la galerie.

On a vu par les plans précédemment examinés que, sous Justinien, lorsque l'art byzantin commençait à s'établir, les églises de Sergius à Constantinople et de Saint-Vital à Ravenne, eurent aussi pour nefs un vaste espace circulaire ou en polygone, entouré d'étroites galeries, bien qu'alors déjà les formes extérieures commençassent à se modifier. Des piliers pesants, surmontés d'arcs soutenant la coupole, s'élevaient sur un riche pavé; des colonnes en marbre présentaient entre ces piliers deux ordres superposés; placées sur un plan semi-circulaire, elles formaient autour de la nef centrale une suite d'exèdres surmontés de demi-coupoles, et dont l'étendue horizontale et verticale produisait des annexes considérables à l'espace occupé par la nef, soit que sa forme fût circulaire, soit qu'elle eût été tracée sur un plan en polygone. (Voir le plan de l'église de Sergius et Bacchus au n° 167 et la coupe au n° 226.)

N° 226. Coupe de l'église de Sergius et Bacchus.

Les galeries latérales portaient généralement, au-dessus de leurs voûtes, la tribune des femmes, à laquelle on arrivait par des escaliers placés de manière à éviter toute communication avec les hommes. (Voir le plan au n° 166.)

*2ᵉ disposition.* — La seconde disposition, qui donnait au plan des formes carrées et à l'ensemble de l'édifice l'aspect d'un cube surmonté du dôme, dut conduire bientôt à établir les nefs sur des plans quadrangulaires, et à renoncer au cercle ainsi qu'au polygone ; alors il fallut songer à soutenir la calotte sphérique par des pendentifs reliant une partie de son grand cercle horizontal avec les angles rentrants du plan carré. Le plan de l'église de la panagia Nicodimo d'Athènes, qui est gravé au n° 169, peut avec la coupe de cet édifice que nous donnons à la page suivante, n° 227, faire connaître d'une manière approximative quelles étaient les dispositions intérieures des temples chrétiens de l'Orient construits pendant la durée de cette seconde période de l'art.

N° 227. Coupe de la Panagia Nicodimo, à Athènes.

C'est dans un système emprunté simultanément à celui-ci et au précédent qu'est construite la grande nef de l'église de Sainte-Sophie : elle est allongée, son dôme central, établi sur un plan carré, repose sur quatre grands arcs et sur des pendentifs, au-dessous desquels sont deux ordres de colonnes précieuses arrachées aux plus célèbres temples de la Grèce et de l'Asie ; les extrémités de cette nef sont formées de deux demi-cercles qui portent chacun une moitié de coupole. Des exèdres à colonnes et semblables en tous points à ceux qui se voient aux églises de Sergius et de Saint-Vital décorent les parties orientale et occidentale de la nef de ce vaste édifice. (Voir le plan au n° 168.)

Dans les premières nefs élevées par Justinien, les souvenirs récents encore de l'art antique firent établir, sur le rang inférieur de colonnes, des architraves et des entablements complets comme ceux des anciens ; l'église de Sergius est dans ce cas ; celle de Sainte-Sophie, au contraire, présente déjà l'emploi général du plein cintre. Nous avons signalé un fait analogue qui se produisit à la basilique latine de Saint-Laurent hors les murs (page 168, planche 109). C'était à Constantinople comme en Occident une transition entre les anciens principes de l'architecture grecque et romaine qui n'admettaient sur les colonnes que l'emploi des architraves, et ceux qu'établirent dès cette époque les artistes chrétiens, dont le but fut l'emploi général de l'arc.

*3ᵉ disposition.* — L'intérieur des églises de la période qui suivit le règne de Justinien, et dont on voit de nombreux exemples sur toute l'étendue de l'empire oriental, dans les villes comme dans les monastères, offre de grandes différences avec celui des premières époques : un éso-narthex ou portique intérieur précède généralement les nefs, qui sont fort peu étendues; aux colonnes, qu'on ne rencontre plus guère alors que sous le dôme principal, sont substitués partout ailleurs des piliers quadrangulaires ou cantonnés de pilastres destinés à porter des voûtes en berceau qui couvrent les nefs et les arcs-doubleaux qui les consolident. Le premier étage contient les tribunes du gynéconitis, ouvertes soit par de simples arcades, soit par des entre-colonnements toujours surmontés de cintres. Quelquefois aussi on a supprimé la tribune des femmes, autour de la nef principale, comme dans le dessin suivant, n° 228. Dans d'autres églises cette tribune a été réservée seulement au-dessus de l'éso-narthex ou vestibule intérieur, à la place occupée dans nos temples par le buffet d'orgues.

On reconnaît à l'intérieur de ces édifices, beaucoup plus que dans l'origine, l'intention de former autour du dôme central une croix grecque, laquelle est toujours bien nettement exprimée par quatre voûtes convergentes couvrant la nef principale, le sanctuaire en avant de l'abside et les bras de la croix. Les plus petits édifices sont ainsi disposés, à moins qu'ils n'aient les proportions d'une chapelle à une seule nef, dont quelques-unes même, malgré leurs petites dimensions, présentent encore dans leur voûte en berceau deux lunettes ou pénétrations formant des appendices de la croix.

N° 228. Coupe de l'église du Théotocos.

Les transsepts ou nefs transversales sont quelquefois terminés par des absides. L'église du monastère de l'Ecs-Miazin à Érivan, celles de Vatopedi et du Zographe, couvents du mont Athos, sont dans ce cas, ainsi que la Métamorphose, église du Météore en Thessalie, et celle de Saint-Élie à Salonique.

#### COUPOLES.

Les premières coupoles byzantines, qui ne présentaient à l'extérieur qu'une faible portion de sphère, comme les établissaient les Romains, offraient au contraire, à l'intérieur, tout leur développement hémisphérique : elles furent éclairées d'abord, sur leur grand cercle horizontal, par des fenêtres en œil-de-bœuf, comme en présentait l'église des SS. Marcellin et

Pierre à Rome. La coupole élevée aussi par Constantin à Salonique, pour surmonter le temple consacré à saint George, reçoit la lumière par des jours semi-circulaires, placés de même à sa base. Cette disposition, qui était inconnue de l'antiquité, ne fut pas oubliée par les architectes de l'église de Sainte-Sophie : ils en tirèrent au contraire des effets nouveaux et qui avaient échappé à leurs prédécesseurs, en multipliant à l'infini ces fenêtres dans la base de la grande coupole et des deux moindres qui l'accompagnent. Ces ouvertures de forme allongée, et assez rapprochées les unes des autres pour n'être séparées que par d'étroits trumeaux, produisent une ligne lumineuse, vaguement interrompue dans l'espace par les minces parties solides, de sorte que les calottes sphériques semblent s'isoler du reste de l'édifice. Depuis Justinien, les grandes coupoles furent construites, en général, d'après ce système plus ou moins développé. On en voit à la panagia Nicodimo d'Athènes, et l'Occident les imita à la basilique de Saint-Marc de Venise, à celle de Saint-Antoine de Padoue, etc.

A partir des premiers siècles, comme on vient de le voir, les Byzantins se placèrent, pour l'art de bâtir, dans une voie de progrès, par laquelle ils se distinguaient plus que par l'étude ou la composition des formes architecturales; on aperçoit, dès le règne de Constantin, ce besoin d'aller plus loin que les Grecs et les Romains, par la hardiesse des constructions, marche naturelle à l'esprit humain, qui ne peut s'arrêter, et tend toujours à des créations nouvelles. L'église de Saint-George, à Salonique, montre une coupole appuyée sur les gros murs de l'édifice et placée à une hauteur peu considérable encore, relativement à l'étendue de la nef circulaire qu'elle surmonte; ce sont à peu près les proportions antiques : à l'extérieur un tambour circulaire masque cette coupole et s'élève plus haut qu'elle pour porter un toit conique destiné à la protéger. On eut la pensée, sous le règne du même Constantin, d'élever la coupole au sommet d'un tambour semblable à celui qui se voit à Salonique, puis de pratiquer dans la surface courbe de ce cylindre les fenêtres destinées à éclairer la nef circulaire et la calotte sphérique qui la surmonterait : un exemple remarquable de cette innovation se voit à Rome, à l'église de Sainte-Constance, élevée par les ordres du premier empereur chrétien. Ainsi, dès cette époque, et sous l'influence de l'art oriental, l'architecture religieuse faisait voir sa tendance à élever les édifices vers le ciel, système tout opposé à celui des païens, qui toujours, pour leurs temples, restèrent dans des proportions basses et terre à terre.

Ces coupoles, soutenues à une grande élévation par des constructions cylindriques ou tambours percés de fenêtres, furent celles qui se répandirent le plus généralement dans l'empire oriental, parce que, plus hautes que les précédentes, elles exprimaient mieux au loin, ainsi qu'il a déjà été dit, le triomphe chrétien ; elles furent plus communes aussi, parce que les nefs devenant généralement plus petites, il était utile de donner de l'air sous les coupoles centrales ou secondaires en les élevant davantage, tant pour l'effet intérieur du temple que pour l'hygiène ; elles avaient toutefois sur les premières le désavantage de ne pas laisser voir, dès l'entrée dans l'édifice, la peinture ou la mosaïque dont était décorée la calotte sphérique.

Les coupes d'églises grecques publiées sous les n[os] 226, 227, permettent de juger que les coupoles basses et larges permettaient d'apercevoir en entrant une grande partie de la voûte hémisphérique ; la troisième coupe, n° 228, au contraire, par l'élévation du dôme, indique assez qu'il fallait se placer immédiatement sous la coupole pour voir sa décoration.

#### PENDENTIFS.

Les premières coupoles, surmontant des nefs circulaires, s'appuyaient naturellement, dans toute l'étendue de leur grand cercle horizontal, sur les murs qui enceignaient ces nefs, qu'elles fussent ou non décorées à l'intérieur d'une colonnade : ainsi, à l'église de Saint-George de Salonique la voûte repose sur les gros murs; au Saint-Sépulcre, c'était la colonnade qui portait la coupole; à l'église de Sainte-Constance, les colonnes soutiennent le tambour cylindrique et l'hémisphère qui le surmonte. Mais lorsqu'on eut l'idée de donner au plan de l'église la configuration d'une croix, le plan ne pouvait plus offrir un cercle à la rencontre des branches de cette figure : c'était nécessairement un carré que produisaient des parallélogrammes se joignant à angle droit; il fallut alors aviser au moyen de placer la base de la coupole, qui était circulaire, sur un plan carré, et de donner à cette construction hardie et nouvelle assez de solidité pour traverser les siècles. Une autre condition se présentait pour résoudre le problème : il ne fallait pas, pour porter la coupole dans l'espace, embarrasser le point de réunion des transsepts ou branches de la croix avec sa base et sa tête, formant la nef et le sanctuaire.

On voit en Perse les ruines de plusieurs édifices qu'on attribue aux rois Sassanides; ils présentent, dans quelques salles carrées surmontées de coupoles, la solution de la première difficulté qui vient d'être indiquée; elle est obtenue par l'établissement, dans les angles du carré, d'arcs concentriques appliqués les uns devant les autres, et s'agrandissant jusqu'à leur jonction avec la courbe du grand cercle de la coupole, chacun de ces arcs se développant en outre suivant une projection horizontale concentrique au grand cercle. (V. p. suiv. pl. 229.)

N° 229. Pendentifs Sassanides.

Ces pendentifs ont-ils été imaginés en Perse et imités par les Byzantins, ou bien la dynastie des Sassanides, qui s'est maintenue jusqu'au milieu du VII$^e$ siècle, s'est-elle servie là d'une idée chrétienne? C'est ce que la date inconnue de ces constructions pourrait seule résoudre. Toutefois le nom de Firouz-Abad, donné par les Arabes à la ruine du palais dont l'exemple de pendentifs figurés ici au n° 229 est extrait, pourrait bien indiquer qu'il fut élevé par le roi de Perse Phirouz, qui régna vers la seconde moitié du V$^e$ siècle, lorsque l'art des chrétiens grecs avait déjà produit des édifices dans lesquels devaient paraître des pendentifs. Quoi qu'il en soit, les Byzantins développèrent, à l'intérieur de leurs temples, ce genre de voûte au point de la présenter sous tous les aspects qu'admettait cette combinaison; ils firent plus, puisque, non contents de faire porter le poids d'immenses coupoles sur les bords de ces constructions en encorbellement, ils placèrent les quatre points cardinaux du grand cercle des dômes ou du tambour pesant qui les soutenait, sur les clefs de quatre arcades immenses servant à dégager la nef principale, le sanctuaire et les transsepts à leur point de jonction, sous la calotte sphérique portée dans l'espace.

## ARCHITECTURE MONASTIQUE.

N° 230. Pendentif de l'église de la Panagia Nicodimo.

N° 231. Pendentif de l'église de Vourcano.

DÉCORATION.

Les marbres les plus précieux, la peinture et la mosaïque furent employés pour décorer les nefs byzantines; ainsi qu'en Occident, les matières dures étaient placées dans les parties basses[1], et les tableaux sacrés couvraient le sommet des parois et les voûtes. La curieuse église circulaire de Saint-George, à Salonique, qui date certainement du temps de Constantin, fait connaître le style des premières mosaïques chrétiennes en Orient. M. Charles Texier les décrit ainsi : « La grande coupole, « dont le pourtour a plus de soixante et douze mètres de déve- « loppement, est divisée en huit compartiments ornés de ta- « bleaux qui se répètent deux à deux : ce sont de riches palais « construits dans le style fantastique que l'on observe aux pein-

---

[1] Euseb. *Vita Constantini*, lib. IV, c. LVIII. « A solo ad cameram usque marmoreis crustis illud operiens. »

« tures de Pompéi; des portiques ornés de colonnes resplen-
« dissantes de pierreries; des pavillons fermés par des rideaux
« de pourpre flottant au gré du vent; des arcades sans nombre
« avec des frises ornées d'oiseaux et de dauphins; des modillons
« soutenant des corniches d'azur et d'émeraudes..... Devant
« chacun de ces temples sont de grandes figures vêtues de
« toges, et qui portent chacune une inscription en lettres grec-
« ques indiquant que ce sont les saints particulièrement hono-
« rés dans chaque mois de l'année[1]. »

Ces mosaïques sont exécutées sur des fonds d'or; le même
Constantin orna de la sorte la coupole de la basilique des Saints-
Apôtres à Constantinople: *Cameram..... totam auro imbrac-
teavit,* dit Eusèbe[2]; et l'église de la Vierge, qu'il construisit à
Antioche, devait, en partie, à une semblable décoration son
surnom de *Temple d'or.* Ces riches mosaïques, dans lesquelles,
originairement, le dessin et les compositions étaient des ré-
miniscences de l'art antique, se transmirent de siècle en siècle
durant tout le moyen âge en Orient, avec les modifications
que devaient y apporter les idées chrétiennes. Ainsi Justinien
en couvrit l'intérieur des églises du Théotocos, de Sainte-
Sophie de Constantinople et de Salonique, de Saint-Vital à
Ravenne, temples où l'on en voit encore de précieux restes;
le grand monastère de la Vierge (Μονὴ τῆς χώρας) situé dans
la capitale, vers la porte d'Andrinople, en possède qui datent
du xe siècle; l'empereur Romanos le Vieux fit faire, à la même
époque, celles qui se voient au monastère de Saint-Luc, au
pied du Parnasse; quelques fragments ont été épargnés par la
guerre à l'église de Daphni auprès d'Athènes, et le Mégaspi-
læon, en Achaïe, en fait voir de plusieurs époques.

[1] Ch. Texier, *Bulletin archéologique du Comité des arts*, 1848, 5e numéro.
[2] Euseb. *loco citato.*

Le voyageur Clavijo, qui visita Constantinople en 1403, décrit ainsi l'église du monastère de Saint-Jean ἐν Ἑϐδόμῳ : « Le corps de l'église est comme une grande salle ronde et au-dessus un dôme très-élevé.... le ciel de ladite salle est très-riche et ouvragé d'œuvre de mosaïque... et les parois sont ouvrées de jaspe bien près du pavé, puis de là jusqu'au sol ce sont mêmes dalles vertes de jaspe, et le pavé est de dalles de jaspe de beaucoup de couleurs à toutes manières d'entrelacs. »

La peinture à fresque, moins dispendieuse et d'une exécution plus prompte et plus facile que la mosaïque, fut employée concurremment avec elle pour la décoration des édifices monastiques de l'Orient, depuis l'origine de l'institution des moines jusqu'à Léon l'Isaurien, qui proscrivit les images; puis, du $x^e$ siècle jusqu'à nos jours, ce genre de peinture fut en pleine faveur dans les maisons religieuses. M. Didron a fait copier au mont Athos un précieux manuscrit qu'il a publié et qui probablement, depuis une époque fort ancienne, sert de guide aux peintres pour décorer les églises[1]; aux couvents des Météores en Thessalie, à celui de Saint-Luc situé au pied du Parnasse, au Mégaspylæon en Achaïe, la peinture à fresque a été employée avec profusion pour couvrir les parois des églises; la ville de Salamine offre un exemple précieux de ce genre de décoration; la capitale de la Grèce montre à chaque pas des édifices sacrés qui, bien que ruinés pour la plupart, contiennent de riches exemples de peintures religieuses. Nous avons dessiné à Athènes l'intérieur du Catholicon que nous reproduisons ici, afin de donner un aperçu des principales dispositions qui étaient prises pour orner les nefs et le sanctuaire des églises monastiques.

[1] *Guide de la peinture, manuel d'iconographie chrétienne grecque et latine*, Paris, imprimerie royale, 1845.

N° 232. Intérieur du Catholicon.

La coloration se répandit en outre sur tous les détails de l'architecture : l'église de Sergius et Bacchus à Constantinople, celle de Saint-Vital à Ravenne, les deux églises monastiques de Saint-Luc, auprès du Parnasse, font voir des peintures mêlées aux feuillages sculptés des riches chapiteaux, des frises, des corniches et des soffites qui les décorent. Le Catholicon d'Athènes, la panagia Nicodimo, dans la même ville, montrent de gracieux ornements peints sur les cimaises, sur les bandeaux et autres moulures saillantes qui font partie de leur architecture. Enfin, de nombreuses arabesques, d'ingénieux motifs d'ornements, décoraient les pilastres, les cadres des tableaux sacrés, et toutes les parties des murs que le peintre d'histoire ne couvrait point de sujets religieux.

### E. CHAPELLES.

Les chapelles sont rares dans les églises byzantines, cependant on en trouve le principe dès le règne de Constantin. L'église circulaire qu'il fit construire à Salonique, et qu'on y voit encore sous le vocable de Saint-George, est entourée de six cellules ou chapelles; les exèdres que mentionne Eusèbe comme décorant l'église de la Vierge à Antioche peuvent être aussi considérés de même; il y avait trois chapelles autour du temple circulaire du saint Sépulcre, saint Arculfe les indiqua sur son plan et dans sa description (voir le n° 163); elles existent encore; les édifices sacrés du règne de Justinien ne font pas voir des dispositions analogues. Lorsque l'empereur Romanos enrichit le monastère de Saint-Luc, auprès du Parnasse, d'une église, qui est encore aujourd'hui la plus remarquable de la Grèce, l'impératrice fit élever latéralement à cet édifice une seconde église plus petite, moins brillante dans sa décoration, et que l'on peut considérer comme une chapelle jointe au premier temple. La Kapnicaréa, qui est la plus importante des églises d'Athènes, présente sur sa face septentrionale une longue chapelle qui ne date pas de la construction primitive de l'édifice, et qui fut ajoutée après coup; elle est surmontée d'un dôme moins élevé que celui de la première église, et cette construction annexée est beaucoup plus négligée que le reste. Le petit temple consacré aux saints Apôtres, dans la même ville, et dont le plan est gravé au n° 162, présente des chapelles en exèdres.

Lorsque les chrétiens grecs renoncèrent à leur architecture nationale, vers le xv$^e$ ou le xvi$^e$ siècle, pour revenir aux dispositions adoptées par l'Occident, ils joignirent, comme nous, des chapelles à leurs temples. Au pied de la citadelle d'Athènes, vers le nord, s'élève une église carrée, dans laquelle on reconnaît tous les symptômes de la décadence de l'art byzantin; elle est établie devant l'ouverture d'une grotte pratiquée dans les rochers et qui forme une chapelle latérale; cet édifice est celui dont nous avons publié l'abside au n° 192. Devant le monument choragique de Lysicrates, plus connu sous le nom de lanterne de Démosthènes, dans la même ville, se présente une église en basilique vers la façade de laquelle est établie une chapelle latérale, qui en 1836 servait de charnier ou de dépôt des ossements humains produits par une fouille pratiquée dans le voisinage; on voit à l'église de Saint-Spiridion à Corfou, la chapelle funéraire du Patron; elle est placée au sanctuaire; la porte est surmontée d'un immense dais en argent couvert d'ornements repoussés et de sculptures en bas-reliefs et en ronde bosse, en même matière; deux lampes d'or sont suspendues en avant. Le tombeau du saint occupe le milieu de la chapelle; il est entièrement en argent, des peintures de grandeur naturelle décorent les parois; elles représentent des saints dont les nimbes sont enrichis de pierreries non figurées par le pinceau, mais réelles et enchâssées dans des feuilles de métal doré disposées de manière à former les nimbes autour des têtes de ces figures. L'Italie et l'Espagne offrent des exemples de ces nimbes en métal et enrichis de diamants, appliqués sur des peintures représentant des madones ou des saints particuliers pour lesquels les populations ont un grand respect.

N° 233. Chapelle de Saint-Spiridion, à Corfou.

La décoration des chapelles avait la plus grande analogie, comme en Occident, avec celle de l'édifice auquel elles étaient jointes; à l'église de Saint-George de Salonique leurs voûtes sont ornées de caissons et de représentations de toutes sortes d'oiseaux : des faisans, des perdrix et différentes espèces de canards; d'autres sont décorées de corbeilles de fruits sur un fond d'or, avec des encadrements de diverses couleurs[1]. Saint Arculfe fait mention du luxe avec lequel étaient ornées les trois chapelles du Saint-Sépulcre.

La petite église jointe à celle que l'empereur Romanos donna

---

[1] Ch. Texier, *Bulletin du Comité*, t. IV, n° 5.

aux moines de Saint-Luc est peinte sur toutes ses parois, et la chapelle de la Kapnicaréa d'Athènes offre aussi des peintures.

### MEUBLES DES NEFS.

#### STALLES.

Les nefs des églises byzantines, trop courtes pour admettre qu'un chœur fût pris à leurs dépens, ne présentaient ni jubé ni septum pour former une enceinte réservée aux chants religieux; vers le sanctuaire, un espace plus élevé d'une ou deux marches que le sol de la nef était la *solea*, où se faisaient les lectures sacrées. Les cérémonies grecques étant fort longues, et les églises ne contenant pas, comme les nôtres, de nombreux siéges destinés aux assistants, on y construisit d'étroites stalles établies quelquefois dans tout le pourtour de la nef principale, et s'étendant même, dans certaines localités, jusque sous le vestibule du temple : le voyageur Clavijo décrit ainsi les stalles qui en 1403 décoraient l'église monastique de Saint-Jean ἐν Ἑϐδόμῳ, à Constantinople : « Ladite église est bordée tout alentour de chaires de bois taillé, très-bien ouvrées, et entre chacune il y a comme un *brazero* de cuivre avec de la cendre, où le monde crache, afin qu'on ne crache pas sur le pavé. » Ces stalles étaient réservées aux fidèles; il y en a autour de l'église de Saint-Démétrius à Smyrne; la cathédrale de Patras en contient aussi un grand nombre; les chapelles de Corfou et de Livourne consacrées au culte grec sont de même entourées d'un nombre considérable de stalles en bois, placées, non pas, comme chez nous, dans le but de réunir le clergé, mais pour offrir aux fidèles qui assistent aux offices les moyens de se reposer pendant les cérémonies prolongées. (Voir à la page suivante les stalles de l'église de Smyrne.)

N° 234. Stalles à l'église de Saint-Démétrius, à Smyrne.

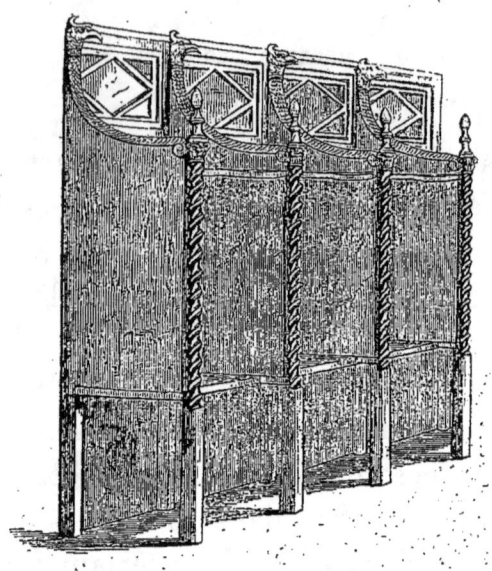

Les stalles dont nous offrons ici le dessin sont celles qui se voient dans la nef et jusque sous l'exo-narthex de l'église de Saint-Démétrius à Smyrne, dont le plan est gravé à la planche 153. A l'intérieur de l'édifice elles relient entre elles toutes les colonnes qui séparent les nefs, ne laissant libres que les entre-colonnements situés vis-à-vis les portes latérales du temple.

Ces meubles ne sont pas anciens, parce que tous ceux du vieil art byzantin ont disparu depuis la conquête des Turcs; elles conservent néanmoins l'ancienne disposition du mobilier des nefs; au milieu un ou deux siéges élevés dominent les stalles; l'un d'eux, plus important que l'autre, est toujours surmonté d'un ou de plusieurs dômes qui rappellent les formes byzantines. On remarque plusieurs de ces trônes à Athènes, à Patras. (Voir à la page suivante, planche 234, la disposition du trône et des stalles de la cathédrale de Patras.)

N° 235. Stalles à la cathédrale de Patras.

Les trônes de Smyrne sont remarquables par la sculpture dorée et les tableaux qui les décorent. Dans les communes trop pauvres pour établir des stalles, elles sont remplacées par de nombreuses béquilles rangées contre les murs et sur lesquelles s'appuient les fidèles. On en voit de semblables dans les monastères : Sonnini en signale dans ceux de l'Égypte.

### AMBONS.

Les chrétiens grecs élevaient des ambons dès les premiers siècles : on en voit un qui date des successeurs de Constantin dans la cour de l'église de Saint-George, à Salonique; ils ne paraissent pas avoir eu, comme les Latins, un *lectorium,* meuble spécialement destiné à la lecture des livres sacrés : on fixait un pupitre contre la chaire à prêcher. Les plus anciens ambons byzantins offrent de l'analogie avec ceux qui ont été examinés dans l'étude de l'architecture latine. D'Agincourt a publié, d'après un manuscrit grec conservé en Italie, une peinture qui représente un ambon; comme à ceux des Latins, on y monte par les deux extrémités; il offre seulement cette différence, qu'au sommet est un petit édicule qui porte un dôme[1]. On pense que les Vénitiens, lors de la conquête de Constantinople, enlevèrent de l'église de Sainte-Sophie une chaire qui se voit à Saint-Marc; elle est soutenue par plusieurs colonnes sur une grande table de marbre à laquelle on monte par un escalier latéral; les appuis de la chaire, formés de tablettes courbes encadrées de moulures, supportent six colonnettes disposées en cercle et que surmontent des chapiteaux d'une forme tout orientale : ils ont l'aspect de turbans; une corniche précieuse repose sur ces chapiteaux et soutient une coupole en métal doré et une grande croix. Nous ne pensons pas que cette chaire soit celle que Justinien fit exécuter pour l'église de Sainte-Sophie, la description qu'en fait l'auteur grec anonyme ne se rapportant pas au monument placé aujourd'hui à Venise : « L'empereur, dit-il, fit un ambon porté sur un socle, une voûte d'or le couvrait, elle était enrichie de perles et de pierreries; des casques en or pur surmontant des colonnettes occupaient la partie supérieure de l'ambon; la croix qui surmontait le tout était d'or et pesait cent livres; elle était ornée de perles fines. » L'ambon de Justinien fut sans doute remplacé par celui qui se voit à Venise, et dans lequel on ne retrouve aucun des caractères du style byzantin du vi<sup>e</sup> siècle.

---

[1] D'Agincourt, *Histoire de l'art par les monuments, Peintures*, pl. XXXI, n° 8.

N° 236. Chaire byzantine à l'église de Saint-Marc de Venise.

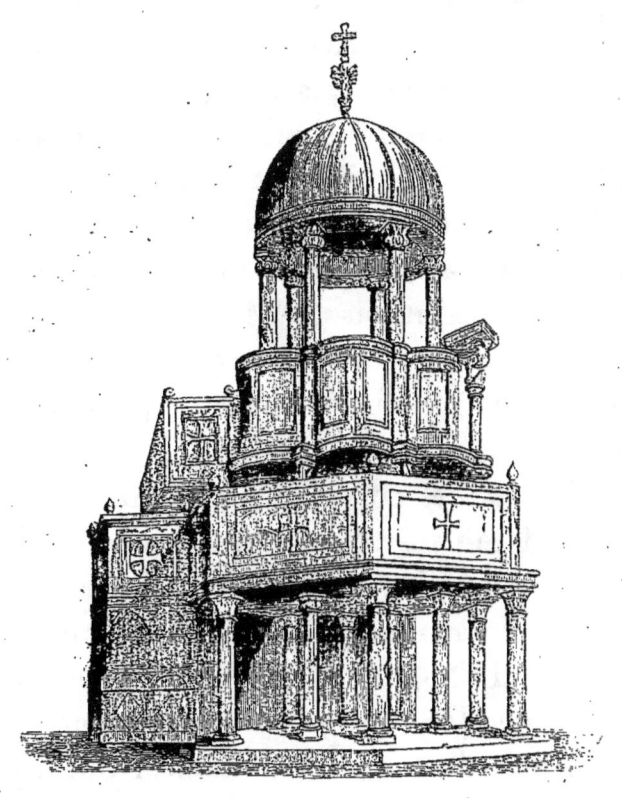

Cet ambon fut encore renouvelé après la prise de Constantinople par les Latins, et dans ce troisième meuble on rappela, autant que possible, les principales dispositions de celui de Justinien. En 1403 Clavijo vit cette chaire, qui remplaçait celle qui est à Venise; il la décrit ainsi : « Et sur le carreau d'icelle salle, il y avoit comme une chaire à prêcher, élevée sur quatre colonnes de jaspe, et semblablement revêtue de jaspe de beaucoup de couleurs, et ladite chaire était couverte d'un dôme reposant sur huit colonnes très-hautes de jaspe de couleurs variées, et là on prêchait : ensemble y lisait-on l'évangile les jours de fête. » Le pupitre y était joint comme à celle qui fut transportée à Venise.

Dans les grandes églises modernes de Smyrne et de Constantinople les chaires sont fixées à un pilier; elles offrent de l'analogie avec les nôtres; on y arrive par un escalier en bois, qui est isolé du pilier ou qui s'y rattache. Ces chaires ne sont pas surmontées d'un abat-voix comme en Occident; sur le devant est ordinairement un pupitre que supporte un aigle en bois doré, disposition fort ancienne et qu'on retrouve en Italie aux chaires de Saint-Ambroise de Milan et de San-Miniato de Florence. Cet aigle est quelquefois accompagné de l'ange, du lion et du bœuf, qui, avec lui, forment les attributs des quatre évangélistes.

Les églises byzantines possèdent un meuble spécial qui est ordinairement placé dans la nef; il est surmonté d'un dôme, et a l'aspect d'un petit ciborium isolé et portatif; la partie basse forme une armoire dans laquelle on renferme un grand nombre de tableaux qui s'appliquent à toutes les fêtes principales de l'année. Lorsque le jour de la célébration de l'une de ces fêtes arrive, on tire de l'armoire le tableau qui s'y rapporte, et on l'expose entre les quatre colonnes qui supportent le dôme, et dans une direction inclinée, pour que les fidèles puissent mieux le voir et s'en approcher. On retrouve ce meuble à l'église de Saint-Démétrius de Smyrne, à Magnésie, dans l'église des Grecs à Trieste : les fidèles viennent, pendant la fête, baiser le tableau et déposer auprès une petite pièce de monnaie. Nous avons dessiné et fait graver un de ces meubles, celui de l'église de Smyrne; c'est de tous ceux que nous avons recueillis le seul qui, par sa disposition et le dôme qui le surmonte, se rapporte bien au style byzantin; cette raison nous l'a fait choisir de préférence. (Voir à la page suivante, n° 236.)

N° 237. Meuble contenant les tableaux des fêtes.

F. CLÔTURE DU SANCTUAIRE, *ICONOSTASIS*.

Le sanctuaire des églises grecques s'étendant, comme en Occident, depuis l'extrémité orientale de la grande nef jusqu'à l'abside, il est limité, au nord et au sud, par des piliers ou des murs dans lesquels sont pratiquées les portes qui conduisent aux sacristies; son sol est ordinairement plus élevé que celui des nefs; un riche pavé le décore. La partie antérieure du sanctuaire est fermée, en souvenir du Saint des saints établi au temple de Salomon, par une cloison dans laquelle sont pratiquées une ou plusieurs portes, selon l'importance de l'église. Cette cloison est nommée *Iconostasis*, à cause des portraits et des tableaux qui la décorent; tout le luxe de l'architecture, de la peinture et de l'orfévrerie contribue à l'enrichir.

On distingue trois espèces de clôtures : les plus monumentales sont établies avec des colonnes d'un petit diamètre, souvent en marbre précieux, et à la corniche desquelles sont suspendus des voiles, ainsi que nous l'avons indiqué en décrivant la *trabes* latine. Les peintures en mosaïque qui décorent l'église de Bethléem représentent des clôtures sacrées ainsi disposées : la panagia Nicodimo à Athènes, ruinée par le feu lors du siége de 1827, a conservé sa clôture : deux colonnes en marbre vert cipolin forment trois entre-colonnements qui supportent une corniche en marbre; par une mutation opérée postérieurement à la construction primitive de l'église, le seul entre-colonnement du milieu est resté ouvert, et les deux autres ont été bouchés par de la maçonnerie recouverte de figures peintes. L'une d'elles étant détruite en partie, nous avons supprimé l'autre dans notre dessin, afin de faire mieux voir le sanctuaire et de rappeler la disposition primitive.

N° 238. Clôture sacrée à la Panagia Nicodimo, à Athènes.

Le devant du sanctuaire de l'église de Saint-Marc à Venise, par imitation de ces anciennes clôtures, est fermé par douze colonnes en marbre précieux au-dessus desquelles s'élèvent, sur la corniche, les statues des douze apôtres.

Clavijo, décrivant l'église monastique de Saint-Jean ἐν Ἑϐδόμῳ, à Constantinople, dit : « Et aux dites portes (de la clôture) il y a quatre colonnes de jaspe, etc. »

Une seconde espèce de clôture se présente dans les églises grecques, et c'est la plus ordinaire; elle forme une cloison en bois ou en construction légère, peu élevée et percée d'une ou de trois portes; de petites colonnes engagées ou de simples pilastres appliqués, la divisent en compartiments égaux : des peintures précieuses ou de grandes représentations du Christ et de sa mère, en argent repoussé, occupent les panneaux principaux; ordinairement la partie supérieure, en forme d'attique, est composée d'une suite non interrompue de petits tableaux délicats représentant les douze apôtres et les principaux faits de la vie de Jésus-Christ; une découpure en bois doré, formée de palmettes ou de rinceaux, occupe le sommet de la clôture; au centre est une croix fort riche; souvent le *Flabellum* orné de têtes d'anges est reproduit dans la longueur de la clôture : on en voit ainsi à Patras et dans la plupart des églises de la Grèce; les moindres chapelles, les plus petits temples élevés dans les monastères ou dans les villages offrent des clôtures sacrées exécutées de la sorte. La décoration en est plus ou moins riche, selon les ressources locales, cependant les peintures y sont généralement faites sur un fond d'or, suivant le système du moyen âge, qui s'est transmis jusqu'à nos jours. Des lampes sont suspendues en avant et auprès de ces tableaux. Dans les riches églises, de nombreux candélabres de très-grande dimension, et portant d'immenses cierges, forment une première décoration en avant de la clôture, et la lumière des cierges se joint à celle d'innombrables lampes suspendues à la voûte ou au plafond du temple; ces lampes, fréquemment surmontées d'œufs d'autruches, comme celles que les Turcs placent dans les mosquées, prennent quelquefois des formes singulières; on en voit à l'église de Saint-Spiridion de Corfou qui représentent des navires comme en fabriquèrent les premiers chrétiens [1].

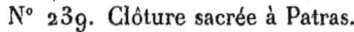

N° 239. Clôture sacrée à Patras.

Les plus belles clôtures de cette seconde espèce sont celles de l'église de Saint-Théodore à Pergame, de la cathédrale de Smyrne, de l'église grecque de Livourne, dans laquelle sont des représentations du Christ et de la Vierge, en argent, plus grandes que nature; à l'église métropolitaine de Magnésie, dans l'Asie Mineure, la partie supérieure porte trois petites tribunes saillantes surmontées de dômes, et soutenant chacune une croix accompagnée de statues des apôtres. (Voir à la page suivante, n° 240, la clôture sacrée de l'église grecque de Livourne.)

[1] *Le antiche lucerne sepolcrali*, per *Pietro Santi Bartoli*, p. III, pl. 31.

N° 240. Clôture sacrée de l'église grecque de Livourne.

Une clôture très-remarquable est celle de l'église de Saint-Démétrius à Smyrne, où des colonnes de marbre précieux forment la décoration des trois portes; elles sont ornées de bases, de chapiteaux et d'anneaux en argent massif; la porte centrale présente, en avant des colonnes, deux lions qui rappellent ceux que nous avons signalés dans les précédentes instructions sur l'architecture, et entre lesquels on rendait la justice *inter leones*.

Ces deux sortes de clôtures sacrées sont assez peu élevées

our laisser voir la décoration supérieure des faces latérales du sanctuaire, sa voûte, ainsi que celle de l'abside qui occupe le fond du temple. Il est probable que c'est ainsi que Justinien fit clore le sanctuaire de l'église de Sainte-Sophie à Constantinople, et le luxe qu'il y apporta paraîtra moins extraordinaire après les indications que nous venons de donner de quelques clôtures qui existent encore : la cloison était en bois de cèdre, comme celle du temple de Salomon. Paul le Silenciaire, qui la décrit, dit qu'elle était revêtue en argent doré, ainsi que douze colonnes accouplées qui en faisaient partie.

Enfin, on voit dans les églises grecques une troisième espèce de clôture sacrée construite légèrement comme celle que nous venons de décrire; elle s'élève jusqu'au sommet des voûtes de l'édifice, masquant ainsi complétement le sanctuaire dans toute sa hauteur. Le plus bel exemple que nous ayons à citer est celle de l'église de Saint-Spiridion à Corfou : la partie inférieure est décorée par des tableaux peints sur fond d'or et des ornements en argent repoussé; le haut, formé d'une grande peinture, représente des légions d'anges faisant un concert céleste autour d'une croix en relief portant le Christ, et placée sur l'attique de la clôture; cette croix s'élève jusqu'au plafond de l'église. La première ligne d'attiques contient, entre des pilastres, douze portraits en pied des apôtres sur fond d'or; un pareil nombre de sujets de l'histoire du Christ occupe une ligne placée immédiatement au-dessous; dans la partie inférieure de la clôture sont pratiquées trois portes fermées par des panneaux peints; c'est au-dessus de celle de droite que s'élève l'immense dais en argent que nous avons cité précédemment comme décorant l'entrée de la chapelle de Saint-Spiridion. (Voir la planche 233.)

#### VOILES ET PORTES SAINTES.

La première espèce de clôture sacrée précédemment décrite se composait de colonnes entre lesquelles s'élevait un septum à hauteur d'appui; le sommet des entre-colonnements était clos par des voiles : c'est ainsi qu'ils sont figurés dans les mosaïques de l'église de Bethléem, c'était à peu de chose près la disposition adoptée en Occident pour clore le sanctuaire des basiliques lorsqu'elles n'offraient pas d'arc triomphal auquel on pût suspendre le voile. Devant le sanctuaire grec comme devant celui de l'église latine, une ou trois portes saintes, s'élevant seulement dans la hauteur du septum, permettaient de fermer l'enceinte; les voiles suspendus au-dessus de ces portes s'ouvraient pendant une partie de la cérémonie, ainsi que ceux qui étaient placés dans les autres entre-colonnements.

Le second genre de clôture sacrée, formant cloison complète en bois ou en maçonnerie, admettait une ou trois portes saintes, selon le besoin; généralement ces portes ne s'élevaient pas plus que la hauteur d'appui; un voile suspendu au sommet de l'ouverture de la baie et descendant jusqu'à la porte sainte s'ouvrait à volonté, indépendamment de la porte. Il est probable que c'est ainsi que Justinien fit fermer les ouvertures pratiquées dans la clôture sacrée de l'église de Sainte-Sophie, car l'auteur grec anonyme qui la décrit comme formant cloison, parle de voiles brodés, puis de portes saintes exécutées en argent massif et damasquinées en or. Clavijo cite les portes saintes en argent doré de la clôture sacrée qu'il vit à l'église monastique de Saint-Jean ἐν Ἑϐδόμῳ, à Constantinople; il parle des pierreries qui les décoraient, et ajoute qu'aux baies de portes étaient certaines cloisons en drap de soie (ce sont les voiles), « afin, dit-il, que lorsque le prêtre s'en va dire

# ARCHITECTURE MONASTIQUE. 349

la messe on ne le voie point. » Cette disposition de portes saintes très-basses et surmontées d'un voile est la plus généralement adoptée, encore de nos jours, dans les églises grecques, comme elles paraissent l'avoir été dans le moyen âge, ainsi que le démontrent les anciennes descriptions qu'on vient de lire.

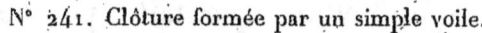

N° 241. Clôture formée par un simple voile.

Quelquefois même le voile forme à lui seul toute la clôture : il est suspendu soit à l'arc triomphal qui précède le sanctuaire, soit à une tringle de fer qui le traverse à une certaine hauteur. La précédente planche, n° 241, en offre un exemple extrait d'une église de Valachie. La clôture sacrée de l'église de Saint-Démétrius de Smyrne, déjà citée plus haut, présente un voile qui a de l'intérêt, parce que, au lieu d'une simple croix grecque dont ces rideaux sont généralement ornés, il porte un sujet peint représentant Jésus et la Samaritaine auprès du puits ; une inscription grecque l'explique. Nous en avons recueilli le dessin, placé à la page suivante sous le n° 242.

N° 242. Voile de la clôture sacrée à l'église de Saint-Démétrius.

Ce voile, portant un sujet de l'histoire sacrée, rappelle le *velum alexandrinum* des basiliques d'Occident, souvent décrit par Anastase, et particulièrement celui que le pape Grégoire IV donna, au viiie siècle, à l'église de Saint-Paul hors les murs de Rome[1]. Aujourd'hui, les portes saintes sont encore terminées en courbe à leur sommet, et leur décoration est extrêmement recherchée. Sur la clôture de troisième genre, les portes saintes ferment la baie dans toute sa hauteur, il n'y a par conséquent point de voiles; de grandes peintures sur fond d'or occupent toute la hauteur de ces portes.

### G. SANCTUAIRE ET MEUBLES DU SANCTUAIRE.

Après avoir franchi la clôture sacrée on entrait dans le sanctuaire, dont les parois étaient décorées avec des peintures

---

[1] Voir ci-dessus, p. 193 et suiv.

à fresque ou en mosaïque; le principal meuble était l'autel, originairement unique dans une église; plus tard, on en établit jusqu'à trois, ce qui fit ouvrir vis-à-vis chacun d'eux une porte dans la clôture sacrée. L'autel des Grecs n'est pas, comme en Occident, un tombeau, c'est une table rappelant celle de la cène sur laquelle le Sauveur communia les apôtres sous les espèces du pain et du vin. Elle se compose ordinairement d'une tablette de marbre ou de bois portée sur un fragment de colonne antique, sur un cippe, ou même sur quatre pieds, comme une table ordinaire. Cette ancienne disposition fut cause qu'il n'y eut pas de martyrium ou châsse maçonnée sous l'autel grec, comme on l'a vu dans les basiliques latines de l'Occident. (Voir l'autel rond, planches 238 et 241.)

L'auteur grec anonyme nous fait connaître le soin qu'apporta Justinien à la fabrication de l'autel de Sainte-Sophie. « L'empereur, dit-il, voulant le faire plus précieux et plus brillant que l'or même, fit venir les hommes les plus habiles et les consulta sur ce qu'il devait faire; ils lui dirent : Jetons dans le creuset de l'or, de l'argent, des pierres précieuses de tout genre, des perles, du bronze, de l'ambre, du plomb, du fer, de l'étain, du verre et toutes autres matières précieuses. Cet alliage, sorti du creuset, fut confié aux orfèvres, qui en fabriquèrent la sainte table, $ἁγία\ τράπεζα$, portée par quatre colonnes d'or. Lorsqu'elle fut faite, l'empereur la fit placer sur des marches en argent doré, et les colonnes du ciborium, exécutées en argent doré, s'élevèrent sur ces marches et furent ornées de pierres précieuses. Au-dessus de la coupole qu'elles portaient s'élevait une croix en or enrichie de pierreries et pesant soixante et quinze livres; elle était portée par un globe d'or massif du poids de cent dix-huit livres; des lis d'or pesant cent seize livres pendaient de ce globe. La mer ou bassin à laver fut exécutée en or et décorée de pierreries. Qui ne serait émerveillé, dit l'auteur, en voyant cet autel, ou plutôt qui pourra fixer longtemps l'éclat de ses couleurs, le brillant des métaux ou des saphirs? » Cédrénus dit que cet autel contenait de toutes les matières que l'univers peut fournir. Ὅσσα τε γῆ φέροι, καὶ θάλασσα, καὶ πᾶς ὁ κόσμος.

Cette description curieuse apprend que l'autel des Grecs, en forme de table, était surmonté, comme celui des Occidentaux, d'un *ciborium* dont l'ensemble, en harmonie avec les temples, supportait la coupole qui, depuis l'origine de l'architecture byzantine, ne cessait d'être un type particulier à cet art. Sur la surface concave de ce dôme en métal on avait figuré l'image du ciel, et du milieu pendait une boîte, *pixis*, renfermant la sainte Eucharistie; des voiles précieux suspendus au *ciborium* permettaient d'en clore les entre-colonnements, comme on l'a vu dans les basiliques latines.

L'origine du *ciborium* byzantin remonte plus haut que le règne de Justinien; on le voit paraître au-dessus de l'autel qui, dans le temple de l'Ascension à Jérusalem, s'élevait à l'intérieur de l'enceinte centrale et hypèthre, et dans la direction de l'Orient. Le dessin de l'évêque Arculfe, reproduit par les bénédictins, indique cet autel, qui est désigné ainsi : *Altare sub angusto tecto*. Ce toit était le principal élément d'un *ciborium*. (Voir le plan n° 161.)

Au centre de l'église du Saint-Sépulcre, monument contemporain du précédent et de même forme, s'élevait sur le tombeau même du Christ un édicule rond, construit d'une seule pierre : « *Rotundum inest in una eadem petra excisum tegurium.* » Une voûte en marbre, dorée extérieurement et surmontée d'une grande croix, couvrait cette rotonde, dans laquelle on peut voir l'origine de la forme hémisphérique qui depuis lors s'est maintenue jusqu'à nos jours pour surmonter le *ciborium* des Grecs. (Voir le plan n° 164.)

N° 243. Ciborium grec, tiré du manuscrit de Jacobus Monacus.

Le manuscrit grec de *Jacobus Monacus*, conservé à la Bibliothèque nationale de Paris, les mosaïques de Saint-Marc de Venise, font voir plus d'un *ciborium* byzantin; les formes en sont variées, mais dans tous le dôme oriental domine.

C'est encore dans le même principe que les Grecs modernes fabriquent les modestes *Ciboria* en bois qu'ils élèvent dans leurs églises dépouillées par la guerre; et, lorsqu'ils n'en placent pas au-dessus de l'autel, une petite coupole établie dans le plafond du sanctuaire remplace celle du *ciborium*. Cette disposition a été prise à l'église de Saint-Démétrius de Smyrne; les boîtes renfermant l'Eucharistie sont suspendues à cette voûte sphérique comme elles l'étaient originairement à celle que portaient les quatre colonnes voisines de l'autel. Un livre d'évangiles, deux ou quatre flambeaux, une croix et deux *flabellum* sur leurs pieds, forment la décoration des autels. (Voir n°ˢ 244, 245.)

N° 244. Grand autel à l'église de Saint-Démétrius de Smyrne.

N° 245. Petit autel dans la même église.

Les deux autels gravés ici ne sont pas, comme ceux qui sont figurés aux n°ˢ 238 et 241, placés sur des fûts de colonnes ou d'antiques monuments circulaires; ils sont portés sur quatre pieds en bois comme une table ordinaire.

Des tables de proposition meublaient aussi le sanctuaire, pour le service de l'autel : l'auteur anonyme qui décrit l'église de Sainte-Sophie dit : « Derrière la clôture sacrée sont quatre tables appuyées contre : elles sont dorées. »

ABSIDE, Βῆμα.

Le βῆμα, abside ou tribune des plus anciennes églises byzantines, était semblable à celui des basiliques d'Occident, il était semi-circulaire. Justinien, faisant construire celui de Sainte-Sophie, voulait d'abord qu'on y pratiquât une fenêtre, puis en demanda deux; enfin les historiens rapportent qu'au moment où on allait exécuter ses ordres, un ange vêtu de la pourpre impériale apparut aux architectes et leur dit : « Je vous ordonne d'éclairer l'autel par trois fenêtres, en l'honneur du Père, du Fils et du Saint-Esprit. » Depuis lors, en général, les églises byzantines un peu importantes présentèrent trois fenêtres à leur abside; lorsque la place ne permit pas de les pratiquer toutes trois, on n'en fit qu'une, divisée en trois baies par deux colonnettes ou deux tablettes debout formant meneaux; les églises de très-petite dimension, ou les chapelles, n'ont qu'une petite ouverture en barbacane, quelquefois divisée en deux parties par une colonnette. (Voir les n[os] 183, 189, 190, 192.)

Dans la voûte de l'abside, construite en demi-coupole, et autour des baies de fenêtres, la peinture ou la mosaïque reproduisaient des sujets sacrés analogues à ceux qu'on voit encore dans les absides des basiliques latines, avec la différence que devaient y apporter l'art et les idées des Grecs; la voûte était ordinairement décorée du Christ ou de Dieu le père entouré de saints personnages; la Vierge, assise sur un trône et tenant sur ses genoux le Christ enfant, était aussi l'un des sujets les plus fréquemment reproduits. Ce mur cylindrique servant de support à la voûte se divisait ordinairement en plusieurs zones contenant de saints personnages représentés soit en pied, soit en buste. (Voir la coupe du Catholicon, n° 232.)

MEUBLES DE L'ABSIDE.

Un ou plusieurs bancs semi-circulaires occupaient le fond de l'abside, meublée exactement comme le *presbyterium* des basiliques latines. Un de ces bancs, que nous avons dessiné à Athènes dans une petite église en ruine, est divisé en stalles taillées dans le marbre.

Nº 246. Banc de presbyterium taillé en stalles.

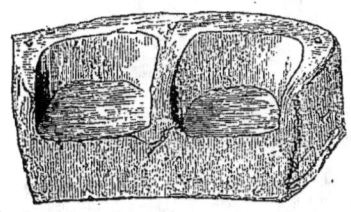

Le trône du patriarche, de l'évêque ou de l'abbé, s'élevait au milieu de l'exèdre. Paul le Silenciaire, qui décrit le trône du chef de l'église grecque à Sainte-Sophie, dit qu'il était en argent doré, ainsi que les sept siéges qui l'accompagnaient. Les peintures du manuscrit de *Jacobus Monacus*, déjà citées, font voir plusieurs trônes d'évêques ou d'abbés élevés sur des degrés, comme ceux des Latins. (Voir la planche 243.) On en trouve aussi sur les plus anciennes mosaïques de l'église de Saint-Marc de Venise; ces documents précieux constatent que durant tout le moyen âge les dispositions furent les mêmes à cet égard, et ceux qui se voient encore aujourd'hui dans quelques monastères et à l'église de Saint-Démétrius de Smyrne démontrent que l'usage s'en est conservé jusqu'à nos jours. Dans cette dernière basilique, le trône, placé devant l'ébrasement d'une des trois fenêtres de l'abside, est en marbre blanc; des consoles décorent la partie antérieure, on y monte par quatre degrés;

les places réservées aux prêtres, au lieu de former un banc qui suive la courbe de l'abside, sont établies de chaque côté du trône sur trois gradins, qui semblent être d'étroits escaliers pour monter aux faces latérales du siége épiscopal.

N° 247. Trône à l'église de Saint-Démétrius de Smyrne.

Un antique trône d'évêque se voit à l'église de Saint-Marc de Venise; il est placé aujourd'hui dans le baptistère; le sommet du dossier est orné d'une croix auprès de laquelle sont figurés saint Pierre et saint Paul; plus bas est sculpté un arbre, auprès du pied est un agneau. Les faces latérales présentent d'abord des cierges allumés au-dessous desquels, dans une région plus large, un Christ nimbé et portant l'Évangile est entouré de six ailes déployées; il est accompagné de rosaces et de deux figures d'anges soufflant dans des oliphants; la partie basse de ces faces latérales est occupée par de petites fenêtres évidées dans la masse du marbre et ornées latéralement de palmiers. La physionomie de ce meuble est orientale; il a pu être transporté à Venise lors des conquêtes de la république.

N° 248. Trône à Venise.

On voit à Ravenne un ancien trône épiscopal byzantin complétement construit en ivoire et couvert de figures et d'ornements sculptés; nous avons recueilli en Grèce une suite de meubles épiscopaux surmontés de dômes; deux des plus curieux par leurs formes byzantines appartiennent à des églises d'Athènes; les gravures placées à la page suivante, sous les n°s 249 et 250, suffisent pour en faire connaître la disposition générale.

N°ˢ 249 et 250. Trônes grecs à Athènes.

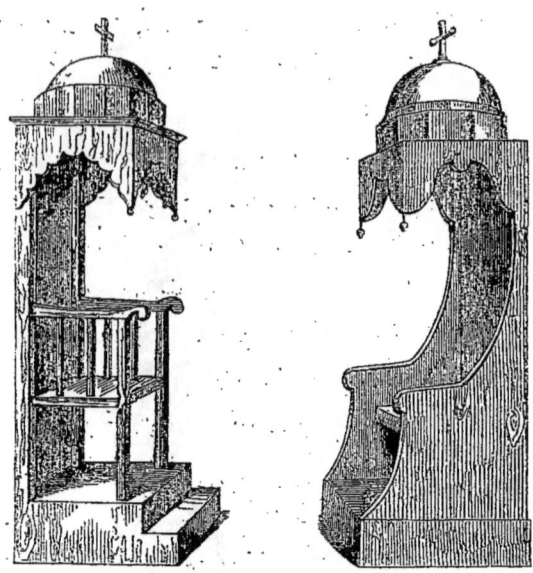

### H. CRYPTES.

Les cryptes sont rares dans les églises byzantines; on en voit cependant figurer aux descriptions que font Eusèbe et l'évêque Arculfe de deux églises de forme primitive consacrées à la Vierge sous le règne de Constantin : ainsi le temple d'or d'Antioche était, dit l'historien de l'empereur, « tam subterraneis locis quam solariis circumdatum[1]. » L'édifice circulaire élevé sur le tombeau de Marie, dans la vallée de Josaphat, était double; la partie inférieure contenait la sépulture creusée dans le roc, puis un autel; cette église basse était dans une substruction en pierre : « Inferior pars, sub lapideo tabulata, mirabili rotunda structura est fabricata[2]. » L'église supérieure, cir-

---

[1] Euseb. lib. III, c. L.
[2] *Voyage d'Arculfe dans la Terre sainte au VII° siècle. Act. S. ord. S. B. III° siècle*, 2° part.

culaire de même, contenait quatre autels, dit l'auteur : « In superiore igitur æque rotunda ecclesia Sanctæ Mariæ, quatuor altaria inesse monstrantur[1]. » Le tombeau du Christ formait une espèce de crypte au milieu de la rotonde de l'église du Saint-Sépulcre; des souterrains font partie de la basilique de la Nativité à Bethléem. A Salonique, le tombeau de saint Démétrius, situé contre le latéral gauche de la basilique, est dans un caveau carré construit en briques et surmonté d'une coupole et de pendentifs, suivant le système byzantin. Il est possible que les Turcs, en convertissant la plupart des églises grecques en mosquées, aient fait combler ou boucher des cryptes établies dans l'origine par les constructeurs.

L'Arménie, le Caucase, et les rives de la mer Caspienne possèdent des églises byzantines qui offrent peu de différences avec celles de l'empire grec; plusieurs même passent pour avoir été fondées par Justinien. M. Dubois de Montperreux en a publié un grand nombre; il en fait connaître qui s'élèvent sur des cryptes; nous citerons celles de Vordzic, au bord du Kour, province d'Akhaltsiké, et des monastères de Kiéghart, de la poudrière de Sevastopol, de la forteresse d'Inkerman, etc.

### I. DÉTAILS D'ARCHITECTURE ET D'ORNEMENT.

Les détails et la sculpture d'ornement des Byzantins n'offrent pas moins que les formes générales de l'architecture, une physionomie particulière et des compositions caractéristiques de cet art. Les chapiteaux, qui en général, dans tous les styles, sont les parties des édifices où l'étude de la forme et le soin donné à l'exécution déterminent en quelque sorte l'aspect

---

[1] *Voyage d'Arculfe dans la Terre sainte au* VIIe *siècle. Act. S. ord. S. B.* IIIe siècle, 2e part.

que doivent avoir tous les autres ornements, présentent ici des types tout nouveaux et qui se montrent dès le règne de Constantin. Les formes élégantes attribuées à Corinthe sont complétement abandonnées; celles de l'ordre ionique persistent davantage, mais dénaturées et abâtardies. Les bases des colonnes perdent leur profil attique, pour devenir pesantes d'abord, puis se dénaturer complétement ensuite dans des compositions que nous ferons connaître bientôt et qui n'ont plus rien de commun avec les formes grecques et romaines.

Les entablements, qui deviennent fort rares, quittent les proportions établies par l'antiquité, pour ne présenter, sous le règne de Justinien, que des profils capricieux; ils sont remplacés, dans les siècles suivants, par de simples couronnements en biseaux.

Les dispositions pesantes, dépourvues de feuillages saillants, qu'on voit paraître dans le chapiteau byzantin dès les premiers essais de l'art chrétien grec, ne pouvaient provenir que d'une influence étrangère au sol de la Grèce, si riche encore à cette époque en modèles remarquables de l'architecture antique. Les Perses, en lutte alors avec les empereurs d'Orient, en contact continuel avec la chrétienté asiatique sous les Sassanides, paraissent avoir donné naissance à ces formes nouvelles des chapiteaux : en effet, si l'on examine ceux qui restent encore à Chiras et à Ispahan, ainsi que les monuments de cette époque de l'art des Perses du bas-empire que dessinèrent en 1841 les artistes explorateurs envoyés par le Gouvernement français dans ces contrées[1], on y reconnaît en même temps les dernières traces de l'art antique et les formes pesantes et cubiques adoptées généralement par les Byzantins. (Voir le chapiteau sassanide à la page suivante, n° 251.)

[1] *Voyage en Perse* de MM. Coste et Flandin, 1841.

N° 251. Chapiteau sassanide.

L'Occident, trop éloigné de ce pays pour éprouver la même influence, resta pendant plusieurs siècles, ainsi que nous l'avons démontré précédemment, dans la voie tracée par l'antiquité.

Constantin, construisant dans sa nouvelle capitale la basilique des Saints-Apôtres, se plaça dans la route nouvelle qu'indiquait alors l'Asie. On peut s'en convaincre en examinant quelques chapiteaux qui proviennent de ce temple et qu'on voit encore aujourd'hui auprès de la mosquée de Mahomet II, élevée sur son emplacement; ces fragments précieux, dans lesquels on retrouve encore les derniers souvenirs de l'art antique, affectent la forme cubique, dont les Byzantins n'abandonnèrent plus les dispositions principales.

N° 252. Chapiteau de l'église des Saints-Apôtres, à Constantinople.

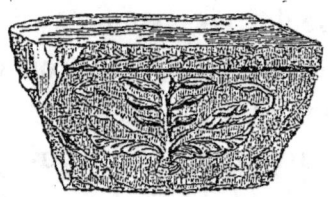

D'autres témoins de cette influence étrangère se voient à

Venise, sur les deux piliers de l'église construite à Tyr par l'évêque Paulin, et transportés à la place Saint-Marc comme un trophée des victoires de la république en Asie.

N° 253. Chapiteau de l'église de Tyr.

Cette direction donnée aux formes architectoniques du chapiteau, dès les premiers siècles chrétiens en Orient, suivit sans interruption son cours. Sous Justinien, les églises de Sergius et de Bacchus, du Théotocos, de Sainte-Sophie à Constantinople, de Saint-Démétrius et de Sainte-Sophie à Salonique, de Saint-Vital à Ravenne, de l'évêque Eufrasius à Parenzo, furent ornées dans le même système. Dès le IV$^e$ siècle, ces mêmes chapiteaux cubiques furent surmontés d'un lourd couronnement affectant la même forme qu'eux; il avait pour but de leur faire porter les retombées des arcs. On voit déjà poindre cette disposition nouvelle à des édifices construits par Constantin. Au VI$^e$ siècle, ce système avait pris un développement général, comme on le voit aux trois chapiteaux du Théotocos à Constantinople et qui sont gravés aux n$^{os}$ 254, 255 et 256, sur les pages suivantes, et à celui qui est reproduit au n° 263 comme un exemple de l'ordre ionique. En Occident ces couronnements furent adoptés dans les édifices élevés sous l'influence byzantine et y reçurent des proportions plus exagérées encore qu'en Orient, comme on peut le voir aux églises de Saint-Vital de Ravenne et de Saint-Étienne-le-Rond, à Rome.

N° 254. Chapiteau de l'église du Théotocos.

Lorsque les successeurs de Constantin élevèrent sur l'Athos, au pied du Parnasse et dans d'autres parties de l'empire, de nombreux monastères, dont plusieurs sont encore debout, ces chapiteaux cubiques furent reproduits avec quelques modifications, apportées par le caprice des artistes. On en voit qui n'offrent d'autre forme que celle d'une pyramide tronquée dont la base occupe la partie supérieure; une légère courbure les relie à l'astragale de la colonne. Nous en avons recueilli de nombreux exemples à Constantinople, à Athènes, puis en Istrie et à Venise, contrées où ils pénétrèrent d'abord avant de se répandre en Occident.

Nos 255 et 256. Chapiteaux à l'église du Théotocos.

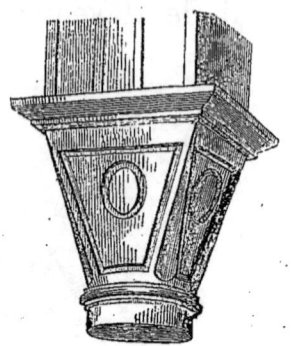

Nos 257 et 258. Chapiteaux à la Kapnicaréa d'Athènes.

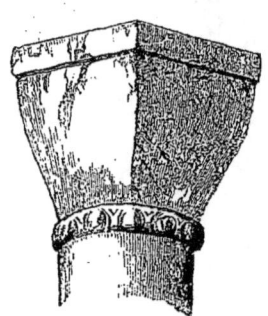
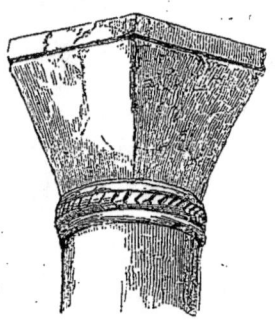

Sous la période constantinienne, les palmettes antiques, les fleurons, les feuilles d'acanthe, se répandent encore sur les lourdes surfaces planes ou courbes du chapiteau byzantin. Arrive-t-on au siècle de Justinien, le feuillage qui orne ces surfaces prend un autre caractère : il devient aigu, sans relief ; les feuilles écourtées ne présentent guère que trois folioles appliquées aux parois de la corbeille ; sur les parties saillantes elles se développent dans des entre-lacs. A Sainte-Sophie, le milieu du chapiteau présente des demi-sphères évidées selon des dessins variés ; ailleurs ce sont de grandes croix grecques, des monogrammes qui occupent cette place. Lorsque, vers la décadence de l'art byzantin, la pyramide renversée devient la seule forme en usage, elle est ornée soit par des lignes croisées renfermant de maigres feuillages dans leurs intervalles, soit par des chevrons brisés et parallèles, soit enfin par des panneaux ou des cercles saillants.

Nos 259, 260, 261 et 262. Chapiteaux byzantins.

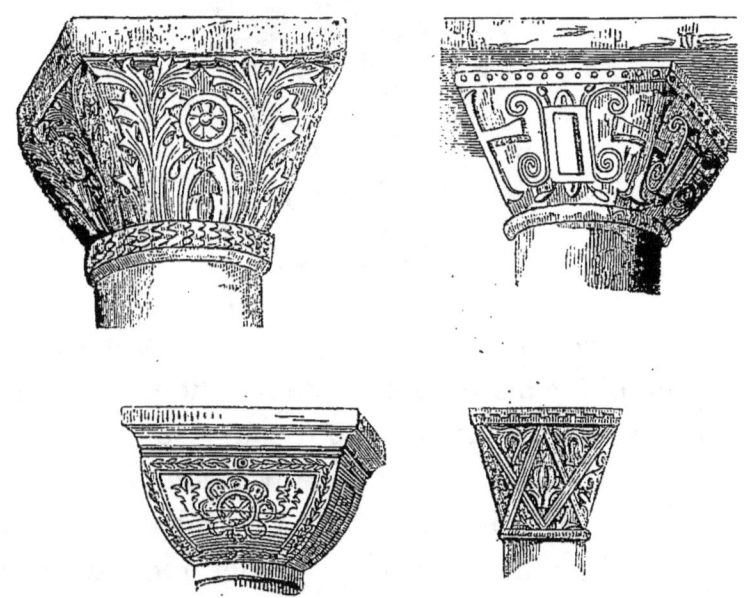

Les formes qu'on vient de suivre dans toutes leurs phases chronologiques étaient substituées, par les Byzantins, au chapiteau corinthien; ils y conservèrent en quelque sorte ses proportions élevées. Quand leur intention fut de rappeler l'ordre ionique, ils le dénaturèrent moins que le précédent : on voit à l'étage supérieur de l'église de Sergius et Bacchus, à Constantinople, de ces chapiteaux dans lesquels les formes antiques ont peu varié : de larges feuilles aiguës s'échappent du sommet des volutes pour décorer la partie antérieure; un couronnement disproportionné et présentant l'aspect d'une pyramide renversée, surmonte ce chapiteau. L'église de Saint-Marc de Venise, dont l'ensemble et les détails ont été calqués sur l'art byzantin, offre deux exemples de ionique plus abâtardi que celui dont Justinien fit décorer l'église de Sergius. (Voir la pl. 301.)

N° 263. Chapiteau ionique à l'église de Sergius et Bacchus.

Les bases de colonnes sont fréquemment imitées de celles de l'antiquité d'une manière presque identique. Dans certains édifices les architectes orientaux ont composé des bases d'une forme toute particulière et dont l'invention leur appartient entièrement. On en voit à la façade de l'église du Théotocos dont le profil singulier ne peut s'indiquer que par un dessin. (Voir le n° 264.)

N° 264. Base des colonnes de l'église du Théotocos.

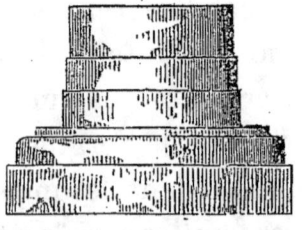

Justinien fit exécuter à l'église de Sergius un entablement complet, l'un des derniers qu'ait produits l'architecture byzantine, puisque, partout ailleurs, l'arc en plein cintre fut substitué à l'architrave. Dans cet exemple curieux, la corniche, ornée de modillons et de denticules, est, ainsi que la frise, dans des proportions peu différentes de celles qu'offrait l'art antique, mais l'architrave y est d'une épaisseur démesurée : un tore énorme en fait le couronnement, des oves renversés, des denticules sans grâce et une torsade inutile en surchargent la partie antérieure.

N° 265. Entablement de l'église de Sergius et Bacchus.

Après Justinien, presque toutes les moulures de couronnement se convertirent en lourds biseaux surmontés d'un épais carré; la sculpture décora quelquefois leur partie biaise : on en voit un exemple à la clôture sacrée de l'église de la panagia Nicodimo d'Athènes; celle de Sainte-Theodosia, à Constantinople, présente, à l'extérieur, une de ces moulures ornée d'une longue inscription grecque formée de lettres en saillie; enfin ces mêmes couronnements, qui furent fréquemment imités en Occident, du VIII<sup>e</sup> au XII<sup>e</sup> siècle, présentent souvent, en Grèce, des ornements peints destinés à les enrichir : on en voit au Catholicon et à la panagia Nicodimo d'Athènes. (Voir à la page suivante, sous les n<sup>os</sup> 266, 267, 268, 269, les quatre exemples de couronnements qui viennent d'être indiqués.)

# ARCHITECTURE MONASTIQUE.

N° 266. Couronnement de la Panagia Nicodimo.

N° 267. Couronnement en biseau à l'église de Sainte-Théodosia.

N° 268. Couronnement peint au Catholicon.

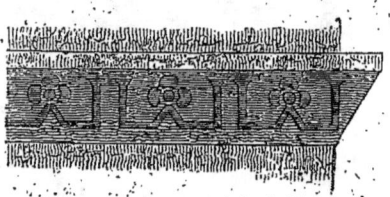

N° 269. Couronnement peint à la Panagia Nicodimo.

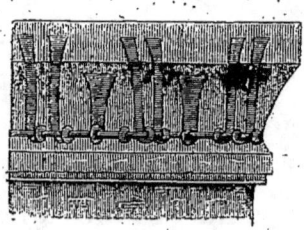

Les architectes byzantins ont fréquemment employé, pour décorer leurs édifices religieux, de larges panneaux de marbre blanc, sculptés en relief et présentant d'ingénieux enlacements de lignes droites et courbes, auxquelles se joignent des croix, des rosaces, et quelquefois des sculptures d'animaux vrais ou chimériques; placés au-dessous des fenêtres, des arcades, à l'appui des balustrades, et sur plusieurs points des édifices où ils pouvaient être utiles pour le service ou même pour la simple ornementation, ces panneaux, ordinairement conçus et exécutés avec goût, sont d'un bon effet par le style sévère qui les caractérise, et par la sage réserve avec laquelle on en a fait usage.

N°ˢ 270, 271, 272. Panneaux sculptés dans diverses églises byzantines.

La sculpture d'ornement employée pour décorer les murailles, les pilastres, et enfin toute autre partie que les moulures ou les chapiteaux, est fort rare en Orient, sans doute par le fait des iconoclastes et des Turcs. Cette sculpture suivit une marche analogue à celle qui vient d'être examinée: elle imita d'abord presque servilement l'art grec, sauf quelques formes emblématiques créées dès l'origine par des artistes chrétiens;

on peut en juger par les pilastres de l'église de Tyr placés aujourd'hui à Venise auprès de l'église de Saint-Marc.

N° 273. Pilastre de l'église de Tyr.

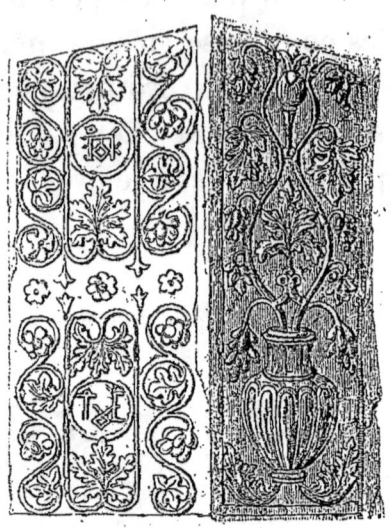

Dès le règne de Justinien, les compositions des sculpteurs, tout en restant, à l'égard de quelques détails, dans la voie tracée par l'antiquité, commencèrent à prendre une physionomie rude et sans souplesse dans l'exécution; du xe au xiie siècle, elles devinrent tout à fait barbares, ce dont on peut se convaincre en examinant les divers panneaux sculptés qui se voient sur la façade du Catholicon d'Athènes. (Voir la planche 180.)

### K. CONSTRUCTION BYZANTINE.

Les premières églises de l'Orient paraissent avoir été généralement construites avec de la brique : le temple de Saint-George à Salonique, fondé par Constantin et de forme circulaire, l'Eski-Djouma, basilique qui se voit dans la même ville et qui est à peu près contemporaine, sont établis avec cette matière sans mélange. Mais sous Justinien, qui avait employé aussi la brique seule à la grande église de Sainte-Sophie de Constantinople, le moellon se mêla à la terre cuite dans les grandes constructions religieuses : c'est ce qu'on observe au Θεοτόκος τοῦ Λίθου, à Μονὴ τῆς χώρας, au Pantocrator, à Constantinople (voir les pl. 176, 177 et 178), aux églises des Saints-Apôtres et de Sainte-Sophie à Salonique, à celle du Sauveur à Mésembria.

N° 274. Partie latérale de l'église de Mésembria.

Sous les successeurs de Justinien le système de maçonnerie changea peu jusqu'aux IX$^e$ et X$^e$ siècles, durant lesquels on voit paraître l'*opus reticulatum* à l'église de Μονὴ τῆς χώρας.

N° 275. Construction réticulée à Μονὴ τῆς χώρας.

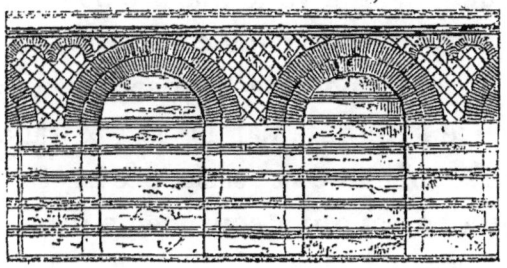

Puis on mêla aux moellons des briques appareillées en losanges, en méandres, ce qui s'observe à la panagia Nicodimo d'Athènes.

N° 276. Détail de construction à la Panagia Nicodimo.

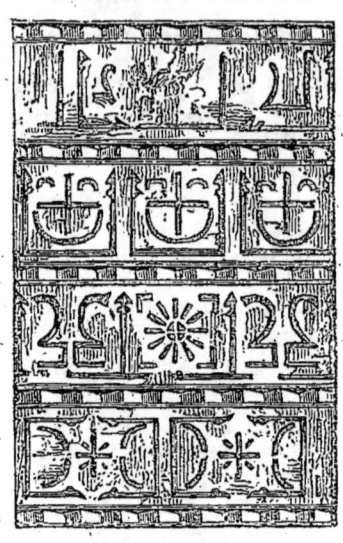

A la même époque aussi on plaçait des tuiles dans les joints verticaux des pierres ou des moellons. Du reste, à cet égard il n'y a rien d'absolu, les systèmes ayant varié en Orient, comme chez nous, selon les lieux et en raison des matériaux présentés par le sol : toutefois, les indications données ici sont établies sur des observations appuyées de dessins.

Plusieurs des églises byzantines de l'Attique et de la Morée sont construites avec de la pierre en grand appareil; à Athènes, on a même employé le marbre pour les revêtements extérieurs du Catholicon, et dans cette ville, ces riches matériaux doivent provenir, pour la plupart, d'édifices antiques; on en a une preuve suffisante par les beaux fragments de l'art grec ancien, qui se mêlent aux assises des quatre façades de ce petit édifice chrétien, et qui y sont même disposés avec goût.

La plupart des clochers qui furent ajoutés aux édifices byzantins, sans doute vers l'époque des conquêtes vénitiennes et françaises, sont construits en grand appareil. On en voit ainsi à l'église de Saint-Taxiarque d'Athènes, aux monastères de Daphni, sur la route d'Éleusis, et de la Vierge à Mistra. Dans la plupart des monuments que nous venons de passer en revue, les arcs des voûtes, des portes ou des fenêtres, présentent de la brique tantôt seule, tantôt alternée avec la pierre ou le moellon, quels que soient d'ailleurs l'âge ou l'importance du monument.

La construction des coupoles, qui jouent un si grand rôle dans l'architecture byzantine qu'elles sont un de ses caractères distinctifs, demanda beaucoup de soin, particulièrement lorsqu'on les établit sur un grand diamètre. Sans doute les premières, comme celle de Saint-George à Salonique, construites sur des murailles d'une grande épaisseur (à l'église de Saint-George elles ont six mètres cinquante-cinq centimètres) pouvaient s'établir, à l'instar de celles des Romains, avec des blocages mêlés à des décharges ou à des arêtiers en briques; mais lorsqu'on voulut les soutenir sur des pendentifs, puis évider leur grand cercle horizontal par de nombreuses fenêtres, il fallut aviser à des moyens de construction offrant simultanément la solidité et la légèreté. On sait quels furent les matériaux employés par les architectes de l'église de Sainte-Sophie : ils firent exécuter à Rhodes des briques si légères, que douze d'entre elles ne pesaient pas plus qu'une brique ordinaire; elles furent disposées par assises régulières. Dix-sept ans après son achèvement, cette voûte fut en partie renversée par un tremblement de terre et rétablie avec des briques de Rhodes : c'est la même qu'on voit aujourd'hui. L'architecte byzantin qui construisit, sous Justinien, l'église de Saint-

Vital à Ravenne, employa pour la grande voûte un système différent du précédent; il fit fabriquer des amphores en terre cuite qui furent placées bout à bout, de manière à faire entrer le col de l'une dans la partie basse de l'autre, la presque totalité du vase restant vide; elles furent posées verticalement depuis la naissance de la coupole jusqu'au niveau du sommet des fenêtres qui éclairent cette voûte; puis, à partir de ce point, on les coucha horizontalement et en spirale l'une dans l'autre jusqu'au sommet de la partie sphérique. Cette coupole légère n'a souffert aucune atteinte du temps depuis le règne de Justinien.

La plupart des voûtes sphériques qui se voient encore aujourd'hui dans les églises monastiques ou autres de l'Orient, sont trop peu étendues pour qu'on ait cherché, pour les construire, des procédés particuliers comme ceux que nous venons d'indiquer; elles sont généralement composées de moellons bloqués dans un mortier solide, comme nous avons pu nous en convaincre à celle de la panagia Nicodimo d'Athènes, qui est cependant une des grandes coupoles qu'on rencontre dans les églises byzantines postérieures au règne de Justinien. Cette voûte, entamée par les boulets, à l'époque du dernier siége d'Athènes, durant la guerre de l'indépendance, pouvait être examinée facilement lors de notre passage dans cette ville.

Le bois était exclu, en général, des constructions des Byzantins; il résulte cependant de la description que fait Clavijo, de l'église de Sainte-Marie de Blacherne, qu'ils employèrent quelquefois cette matière pour exécuter de grandes voûtes; ce voyageur s'exprimait ainsi en 1403 : « Quant au ciel de la grande nef, il était encore plus riche, fait de bois avec de curieux caissons et assemblages, et tout le ciel, caissons et solives, dorés de fin or, etc. »

## INFLUENCE DE L'ARCHITECTURE BYZANTINE DANS TOUTE LA CHRÉTIENTÉ.

#### PLANS.

Toutes les contrées de l'Orient éclairées par le christianisme reçurent de l'empire grec le style d'architecture religieuse que nous venons de faire connaître, avec de légères modifications particulières à chaque peuple.

L'Afrique possède encore de nos jours, sur plus d'un monument de l'Égypte et de la Nubie, des traces de l'architecture byzantine, qui vint se mêler aux édifices antiques lorsque les moines s'y établirent[1]. Les religieux coptes se maintinrent dans cette voie transmise par leurs prédécesseurs. Les derniers voyages exécutés en Abyssinie ont fait connaître des églises circulaires taillées dans le roc. Procope nous apprend que Justinien, maître de Carthage, y fit élever deux églises, l'une dédiée à la Vierge et située dans le palais, l'autre consacrée à sainte Prime[2]. L'empereur, qui avait donné un grand développement à l'art byzantin, ne put que faire adopter ce style pour les églises de la capitale de l'Afrique. Le même Procope, dans son Traité des édifices[3], nous fait connaître que Salomon, général de Justinien, fit bâtir près du port de Carthage un monastère qu'il fortifia au point d'en faire une citadelle inexpugnable, comme ceux du mont Athos.

En Asie, l'architecture des Arméniens fut une imitation à peu près servile de celle des Byzantins; les plans de leurs églises ne présentent guère, avec ceux des Grecs, qu'une différence appréciable sur le périmètre extérieur, qui offre de

---

[1] Ouvrage de la Commission d'Égypte, *Voyage en Nubie*, par M. Gau.
[2] Procop. *Bell. Vand.* II, xiv.
[3] Procope, *Traité des édifices*, VI, v; et *Bell. Vand.* II, xxvi.

nombreuses saillies produites par des absides plus multipliées et des narthex moins étendus. Les Arméniens surmontèrent leurs sanctuaires de coupoles soutenues par de grands arcs et des pendentifs; à l'extérieur, ces voûtes hémisphériques furent couronnées de toits coniques couvrant les dômes. L'église d'Érivan, tracée planche 182, celles qui se voient à Ani et qui ont été publiées par M. Charles Texier, présentent cette particularité; quelquefois les constructeurs de cette nation remplacèrent la coupole intérieure, et le tambour qui doit la supporter, par une voûte de forme conique, s'élevant sur les pendentifs sans aucun intermédiaire : on en voit un exemple à Digour[1].

N° 277. Voûte conique à Digour.

Depuis les bords de la mer Noire jusqu'au fond de la Russie, l'art byzantin pénétra en même temps que le christianisme, et s'y maintint dans toute sa plénitude jusqu'aux siècles les plus voisins de nous. Une seule différence se remarque dans la forme des dômes, qui est bulbeuse; en cela ils ressemblent à ceux des mosquées asiatiques et égyptiennes. Quant aux

[1] Charles Texier, *Voyage en Asie Mineure*.

autres dispositions tant extérieures qu'intérieures, elles furent absolument les mêmes que dans l'empire grec, et l'identité du rite dut contribuer à transmettre dans le Nord la similitude des plans, celle des formes architectoniques, et même des ameublements.

Dans la chrétienté occidentale, l'influence byzantine ne fut pas moindre, puisque Constantin et Justinien y élevèrent des temples imités de ceux de l'empire grec; mais le rite latin et les prescriptions apostoliques luttèrent avantageusement contre la persistance de cet art chez nous; il y laissa peu d'édifices complets, mais de nombreux détails d'architecture, puis des traditions qui se perdirent d'âge en âge, en se mêlant à l'architecture occidentale : nous suivrons ce style dans les principales contrées où il a laissé des souvenirs, en commençant par l'Italie, où les raisons politiques et géographiques devaient l'amener d'abord avant de le laisser pénétrer dans toute autre partie de l'Europe latine.

Constantin, édifiant à Rome l'église des saints Marcellin et Pierre, dans laquelle il plaça la sépulture de sainte Hélène sa mère, lui donna la forme circulaire qui rappelait le temple de l'Ascension, le Saint-Sépulcre et le tombeau de la Vierge à Jérusalem; le plan qui a été conservé par Bosio présente des exèdres et des chapelles établis dans l'épaisseur des murs, comme on en voit au Saint-Sépulcre et à l'église de Saint-George à Salonique. Pour donner plus encore à la sépulture de l'impératrice la physionomie orientale, il fit établir autour une *area* sacrée, entourée de portiques, comme nous en avons fait voir à toutes les églises primitives de la Grèce. Cet édifice dut être un des premiers exemples qu'ait possédés l'Italie, de dispositions chrétiennes de l'Orient aussi complètes. (Voir les plans aux n[os] 278 et 279.)

## ARCHITECTURE MONASTIQUE. 379

N° 278. Plan de l'église des saints Marcellin et Pierre.

N° 279. Plan général de la même église et de son enceinte sacrée.

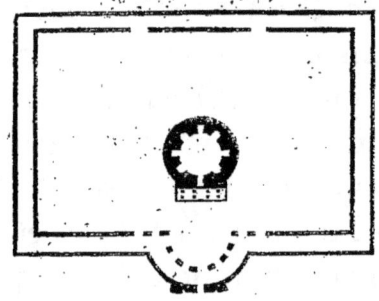

Le même empereur, consacrant plus tard à Rome un édifice à la mémoire de Constance sa fille, lui donna aussi la forme circulaire; des exèdres et des niches ornèrent les contours, une ligne de colonnes accouplées fut disposée à l'intérieur comme au Saint-Sépulcre, pour porter la coupole. Dans cet édifice de Constantin, ainsi que dans le précédent, les voûtes sphériques furent éclairées à l'intérieur par des fenêtres pratiquées auprès de leurs bases, afin de faire voir les mosaïques dont elles étaient décorées : toutes ces dispositions étaient dues à l'Orient, comme on l'a vu dans les précédents chapitres qui concernent les plans, les façades et l'intérieur des basiliques primitives des chrétiens grecs. (Voir le plan à la page suivante, au n° 280.)

N° 280. Plan de l'église de Sainte-Constance, auprès de Rome.

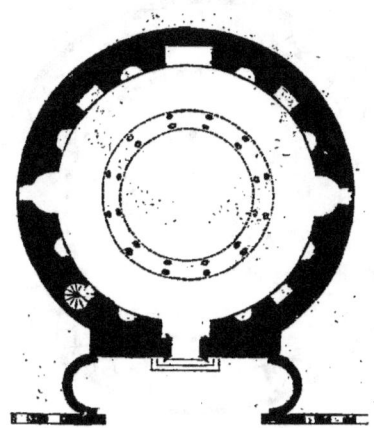

A la même époque, la petite église de Saint-Tiburce, à Rome, était construite sur un plan dont la forme affectait celle d'une croix grecque, comme l'édifice de Sichem, élevé sur le puits de la Samaritaine et dessiné par saint Arculfe. (Pl. 166.)

N° 281. Plan de l'église de Saint-Tiburce, à Rome.

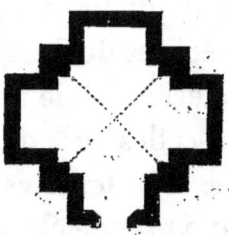

Au v$^e$ siècle, la grande église de Saint-Étienne-le-Rond, sur le mont Cœlius à Rome, fut établie sous la même influence néogrecque, comme on peut s'en convaincre à sa forme, contraire aux usages latins, et à ses chapiteaux, qui sont surmontés, ainsi que ceux de Byzance, d'un lourd couronnement en pyramide renversée.

N° 282. Plan de l'église de Saint-Étienne-le-Rond, à Rome.

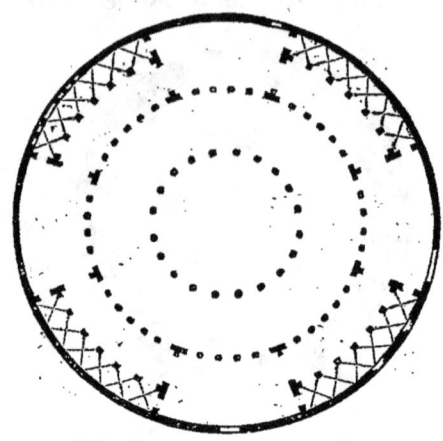

Le règne de Justinien donna à Ravenne l'église de Saint-Vital, qui, en Occident, est le type le plus complet de l'architecture de l'empire grec. Ce monument, dont le plan est un octogone, offre la plus grande analogie avec les descriptions que font Eusèbe[1] et Albupharage[2] du Temple d'or, consacré à la Vierge par Constantin, dans la ville d'Antioche. Des exèdres sont établis sur plusieurs points de son périmètre intérieur et disposés comme ceux des églises de Sergius et de Sainte-Sophie à Constantinople; une galerie établie au premier étage forme des tribunes semblables à celles qui, dans toutes les églises de l'Orient, étaient réservées aux femmes; une coupole hémisphérique, construite à une grande élévation au-dessus du sol, couronne le monument et l'éclaire par des fenêtres percées dans la partie basse de la voûte; enfin tous les détails de l'architecture sont dans le style particulier à l'art byzantin. (Voir le plan au n° 283, page suivante.)

[1] Euseb. lib. III, c. 50. *Vita Const.* Figura octaedri, etc.
[2] Albuphar. *Hist. univ.* p. 85. Templum octogonum, etc.

N° 283. Plan de l'église de Saint-Vital, à Ravenne.

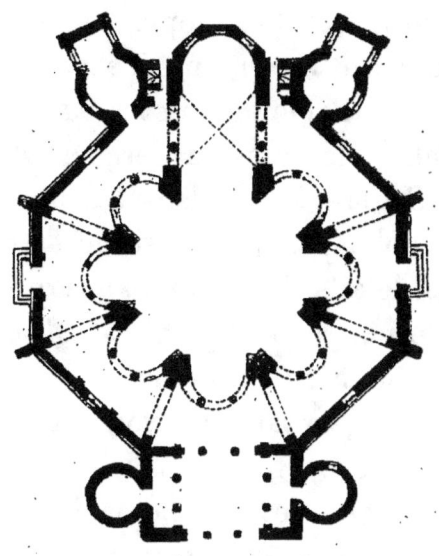

L'Italie du Nord offre aussi quelques exemples d'églises circulaires qu'on attribue aux $x^e$ et $xi^e$ siècles. On en voit à Perugia, à Bergame, à Bologne.

N° 284. Plan de l'église de Saint-Thomas-in-Limine, à Bergame.

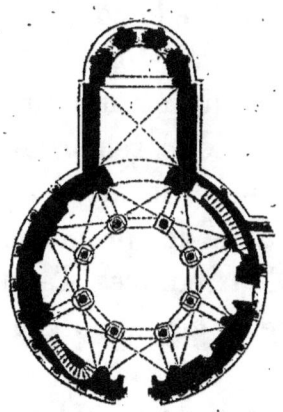

Les conquêtes vénitiennes dans l'empire grec ravivèrent en

Italie l'architecture byzantine. La basilique de Saint-Marc fut conçue complétement dans cette voie, et des églises encore debout aujourd'hui à Constantinople, telles que Sainte-Sophie et le Théotocos, ont certainement servi de modèles. Tout, dans ce temple remarquable, depuis les parties principales du plan jusqu'aux détails les plus inaperçus, est inspiré de l'art grec. L'église de Santa-Fosca, dans les lagunes de Venise, montre par sa coupole, par la disposition de ses absides, par les bases et autres détails de l'ordonnance qui la décore, une influence orientale non équivoque; les églises d'Ancône, de Padoue, de Pise, de Sienne même, toutes surmontées de dômes, ne s'élevèrent pas sans recevoir leur part du mouvement donné par l'Orient.

En Sicile, où la langue, les lois, la magistrature, l'industrie, furent longtemps grecques, on reconnaît sur les édifices chrétiens une physionomie byzantine incontestable. L'église du monastère de la Martorana à Palerme, qui date du règne de Roger Ier, et fut construite par l'amiral George, est un édifice grec en tous points, sauf les nefs allongées, ce qui tient au rétablissement de la puissance pontificale et du rite latin par ce prince. (Voir une partie de la coupe au n° 298.)

On voit sur les édifices postérieurs à cette époque l'influence orientale s'éteindre par la suprématie plus ou moins développée de la cour de Rome. Cette remarque se fait aux églises de Céphalù et du monastère de Monréal, dont les plans ont encore à leur partie orientale des proportions byzantines; partout ailleurs, dans ces deux édifices, l'architecture ogivale du Nord prend au contraire le dessus, à cause de la domination normande.

De l'Italie, le style byzantin passa en France. La première inspiration de cet art qu'on y voit paraître est la grande basilique élevée par Perpetuus auprès de Tours, sur le tombeau de saint Martin; Grégoire de Tours, qui la décrit, nous apprend qu'elle était composée, comme le Saint-Sépulcre, d'une partie circulaire, décorée de nombreuses colonnes isolées et formant le sanctuaire (*altarium*) et d'une partie quadrangulaire (*capsum*), contenant les nefs qui le précédaient[1].

N° 285. Plan de la basilique de Saint-Martin, à Tours.

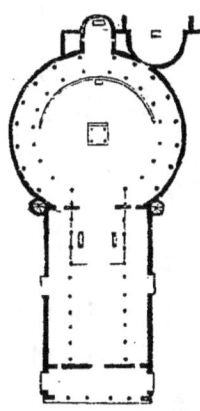

A Paris, Childebert éleva l'église de Saint-Germain-l'Auxerrois sur un plan circulaire; Abbon la nomme Saint-Germain-le-Rond[2]. Au VIII° siècle, Charlemagne, voulant donner à sa ville d'Aix-la-Chapelle une cathédrale, écrivit au pape Adrien I°r de lui envoyer de Ravenne des marbres et des artistes en mosaïque, et l'édifice fut imité, presque servilement, de l'église de Saint-Vital[3].

---

[1] Grégoire de Tours, *Hist. des Francs*, liv. II, p. 177, édit. de 1836.
[2] *Siége de Paris par les Normands*, poëme d'Abbon.
[3] Adrien I°r répondit à Charlemagne : « Palatii Ravennatensis civitatis, musiva atque « marmora, cæteraque exempla tam in strato quam in parietibus sita, vobis concedimus « auferenda. »

# ARCHITECTURE MONASTIQUE.

N° 286. Plans de la cathédrale d'Aix-la-Chapelle.

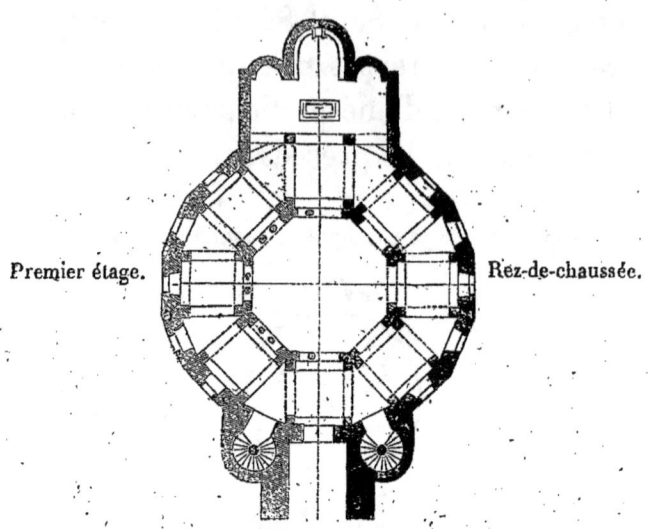

Premier étage.     Rez-de-chaussée.

A Germigny-des-Prés, Théodulphe, abbé de Saint-Benoît-sur-Loire, fit placer en 808, aux extrémités des transsepts de l'église, des absides comme on en voit à un grand nombre de temples de l'Orient, et la précieuse mosaïque dont est décorée l'une d'elles est dans le style byzantin; c'est la seule qui soit en France. Plusieurs de nos provinces présentent des églises circulaires qui rappellent celles des Grecs, et par ces dispositions exceptionnelles méritent une mention particulière; elles sont pour la plupart des $XI^e$ et $XII^e$ siècles : ce sont celles de Sainte-Croix à Quimperlé, de Rieux-Mérinville, de Vénasque, de Saint-Michel, près d'Angoulême. A la même époque la petite église de Planès, dans les Pyrénées-Orientales, fut construite sur un plan triangulaire; une abside s'éleva sur chacun des côtés du triangle, et une coupole surmonta la nef.

Au $XII^e$ siècle, l'abbatiale de Charroux reproduisait les formes du tombeau de Saint-Martin à Tours, imité du Saint-Sépulcre. (Voir le plan, page suivante, n° 287.)

N° 287. Plan de l'église abbatiale de Charroux.

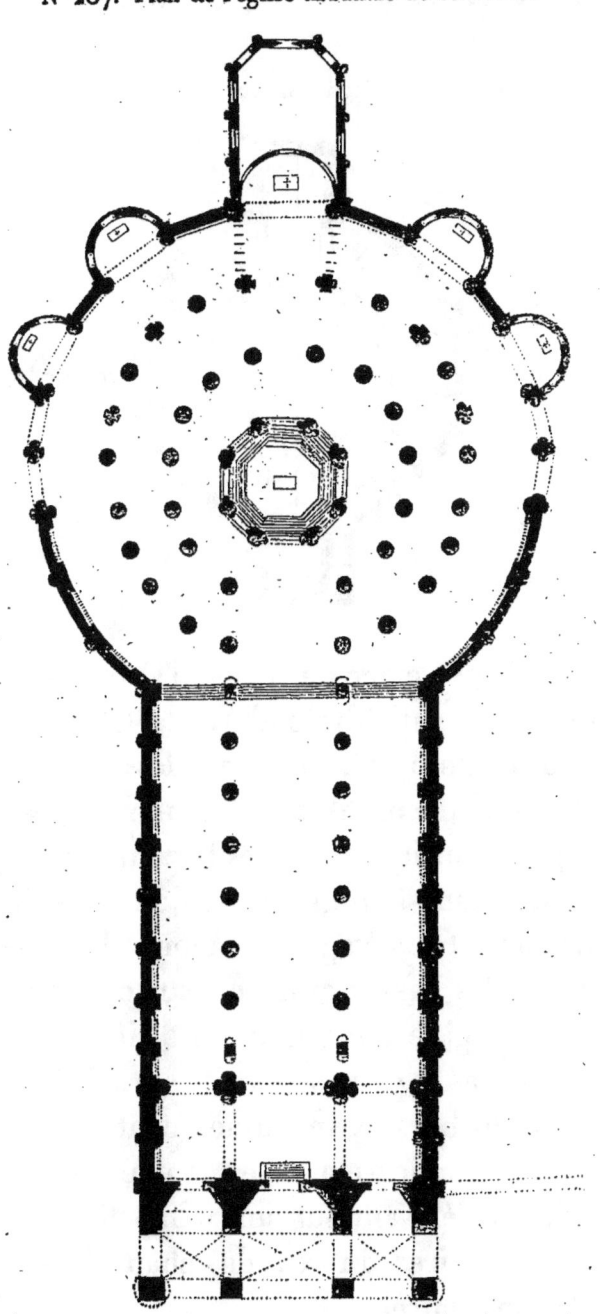

A Ottmarsheim les dispositions de la cathédrale d'Aix-la-Chapelle étaient répétées dans l'église abbatiale.

N° 288. Plan de l'église abbatiale d'Ottmarsheim.

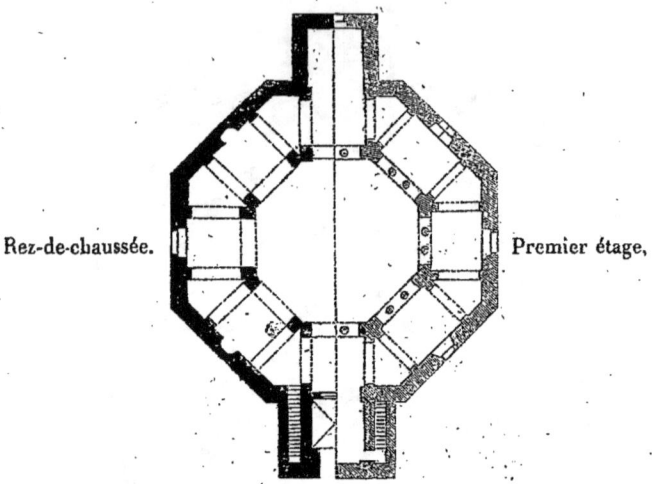

Rez-de-chaussée.  Premier étage.

Le plan du premier étage de l'église d'Ottmarsheim fait voir, comme celui de la cathédrale d'Aix-la-Chapelle, gravé au n° 286, que des colonnes placées au-dessus des grands arcs du rez-de-chaussée décorent une tribune disposée à l'instar de celles du gynéconitis des églises byzantines.

A l'abbaye de Saint-Bénigne de Dijon, une immense rotonde s'élevait avec trois étages de colonnades intérieures au-dessus des chapelles basses et de constructions dont on peut faire remonter l'origine aux VII° ou VIII° siècles. (Voir le plan de cette abbatiale à la page suivante, au n° 289.) On y voit en *a* et *b* deux clochers cylindriques contenant les escaliers pour monter au premier étage, en *c* une demi-rotonde formant le porche et s'élevant sur une chapelle souterraine, en *d*, *e* les nefs circulaires du rez-de-chaussée et du premier étage, en *f* le sanctuaire.

N° 289. Plans de l'abbatiale de Saint-Bénigne de Dijon.

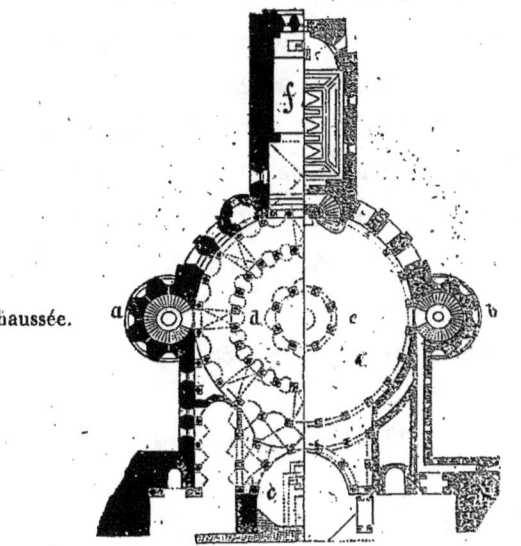

Rez-de-chaussée.  Premier étage.

Les églises de Saint-Front de Périgueux, de Cahors, des abbayes de Souillac, de Fontevraut, qui datent de la même époque, sont surmontées de coupoles apparentes analogues à celles des Byzantins.

Enfin, dans l'antique abbaye de Saint-Médard de Soissons, les moines avaient construit, en 1158, un édifice reproduisant, sur des proportions étendues, le grand temple de Sainte-Sophie de Constantinople [1], et l'église de Saint-Sauveur de Nevers possédait un chapiteau représentant une église byzantine complète [2].

---

[1] Dom Martenne, *Voy. litt.* t. II, p. 17.
[2] *Annales archéologiques*, t. II, p. 114.

# ARCHITECTURE MONASTIQUE.

Un ordre célèbre, celui des Templiers, contribua aussi à reproduire en Occident, jusqu'au XIII᷉ siècle, les formes des premiers édifices chrétiens de l'empire grec : gardiens du Saint-Sépulcre et protecteurs des nombreux pèlerins qui visitaient la Terre sainte, ils imitèrent dans leurs églises, et le plus généralement sur des proportions restreintes[1], la configuration du monument de Jérusalem, qui avait été le motif de leur institution. La plupart de leurs chapelles étaient circulaires, et leur ordre se répandant en Espagne, en France, en Allemagne, en Angleterre, ils y maintinrent les derniers souvenirs de l'architecture byzantine. Les églises du Temple à Londres, à Paris, en Allemagne, étaient rondes.

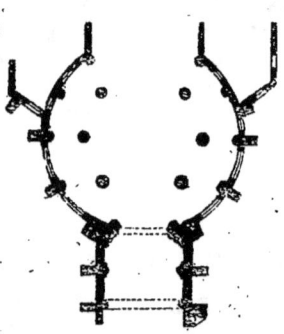

N° 290. Plan du Temple, à Paris.

On en voit aussi quelques-unes qui ont été construites sur des plans en polygone : ce sont celles de Ségovie, de Montmorillon, de Laon, de Metz. Cette dernière forme confirme l'intention qu'avaient les chevaliers du Temple de rappeler quelqu'un des édifices importants de la chrétienté orientale. Nous en avons fait connaître qui étaient disposés de cette manière. (Voir les plans de ces édifices à la page suivante.)

[1] On lit dans le procès des Templiers, qu'à cette question, « Où avez-vous été reçu ? » ils répondaient tous : « dans la *chapelle* de la maison du temple de telle localité. »

390　　　　　　　　INSTRUCTIONS.

N° 291. Plan du Temple, à Ségovie.　　N° 292. Plan du Temple, à Laon.

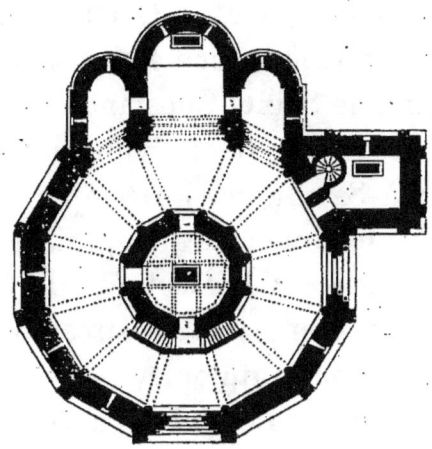
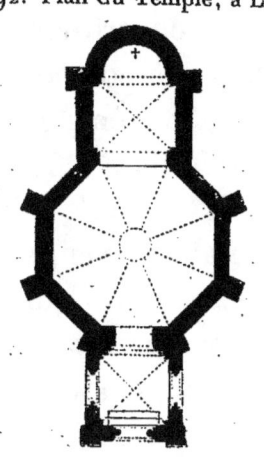

N° 293. Plan du Temple, à Metz.　N° 294. Plan du Temple, à Montmorillon.

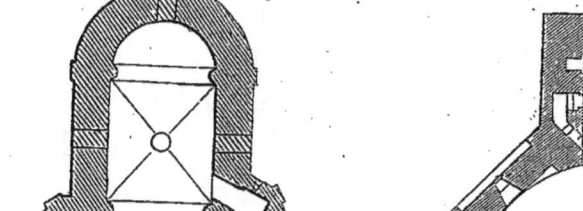
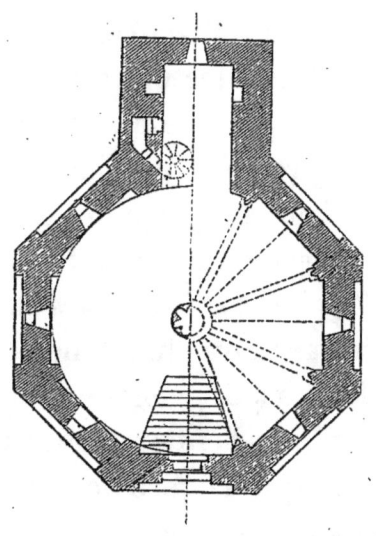

FAÇADES.

L'art byzantin n'eut pas moins d'influence sur les formes architectoniques d'un grand nombre d'édifices de l'Occident que sur la distribution de leurs plans : nous avons montré à la page 291 le dôme surbaissé qu'établit Constantin sur l'église des saints Marcellin et Pierre à Rome, et, vers la base de ce dôme, des ouvertures nouvellement imaginées en Orient pour éclairer la coupole à l'intérieur; le même prince élevait aussi à Rome, à la même époque, l'église de Sainte-Constance, et la surmontait d'un dôme porté par un tambour cylindrique, comme il en avait fait exécuter à Salonique. Le temple de Saint-Vital à Ravenne offrit, sous Justinien, des dispositions analogues à celles qui avaient été prises à la basilique d'Antioche, consacrée par Constantin à la Vierge; les fenêtres s'ouvrirent, comme à Sainte-Sophie de Constantinople, au-dessus du grand cercle horizontal de la coupole. Les églises d'Aix-la-Chapelle, d'Ottmarsheim, et toutes les chapelles des Templiers qui existent encore en Europe présentent des dispositions extérieures qui sont la conséquence de l'imitation de ce premier système d'architecture sacrée des Byzantins.

La plupart des temples circulaires ou en polygone que l'art néogrec produisit en Occident furent couverts par des toits coniques ou en pyramide; toutes les églises qui viennent d'être citées précédemment sont dans ce cas. Les Templiers agirent de même à l'égard de leurs chapelles, et cette disposition, nécessitée par notre climat, ne s'opposait pas à ce que ces édifices, dans leur aspect général, rappelassent les formes primitives des temples orientaux; nous avons en effet remarqué précédemment que l'église de Saint-George, à Salonique, présente un toit au-dessus de sa coupole.

Le second mode de disposition adopté pour les façades, que nous avons développé à la page 264, et qui consistait à les surmonter de corniches ou bandeaux horizontaux, est représenté en Occident par l'église des Ermites, à Palerme, édifice qui porte cinq dômes élevés tous sur des constructions cubiques. (Voir la planche 295, à la page suivante.)

N° 295. Église des Ermites, à Palerme.

Les façades de la basilique de Saint-Marc, à Venise, offrent la plus grande et la plus belle application du troisième système employé par les Byzantins, et qui consistait à surmonter les édifices par les courbes multipliées que nécessitait la construction des voûtes intérieures ; on voit sur la page 393 quel est l'aspect général de l'église de Saint-Marc à Venise ; il est facile, en le comparant aux façades publiées sous les n°s 176, 177, 178, 179, de voir que le système de construction extradossée qui dominait en Orient depuis le VIII° siècle fut imité dans cet édifice ; vers le XIV° siècle on ajouta au-dessus des cintres qui couronnent cette basilique, des ornements gothiques, dans le but d'augmenter la richesse de l'ensemble. L'abside de cette église est aussi une reproduction identique de celles des temples de Constantinople chrétienne, et sur ses faces latérales on retrouve aussi les arcs extradossés qui formaient les parties supérieures des temples orientaux durant la troisième période de l'art néogrec.

# ARCHITECTURE MONASTIQUE.

N° 296. Façade occidentale de l'église de Saint-Marc, à Venise.

Enfin les églises de Santa-Fosca, dans les lagunes, de Saint-Antoine de Padoue, de Saint-Cyriaque d'Ancône, etc. sont autant d'édifices surmontés de coupoles, évidemment construites sous l'influence grecque, et les diverses parties de leurs façades sont couronnées de pignons comme on les a vus paraître dans le quatrième mode de décoration que nous avons indiqué en Orient, à la page 270, et qui paraît avoir été le dernier en application; les monuments de l'Italie que nous venons de signaler immédiatement sont eux-mêmes d'une date postérieure à tous ceux qui ont été classés d'abord. (Voir la pl. 297.)

N° 297. Vue de l'église de Saint-Antoine de Padoue.

En France, et particulièrement dans l'ancien Périgord, où l'influence de l'art néogrec est incontestablement reconnue sur les églises de Saint-Front de Périgueux, de Cahors, de Souillac, etc. le quatrième mode byzantin a été adopté de préférence, sans doute parce que, d'une part, il convenait mieux à notre climat, et de l'autre, parce qu'il parut chez nous à l'époque à laquelle il était florissant dans l'empire grec.

### DISPOSITIONS INTÉRIEURES.

Tous les édifices qui viennent d'être indiqués comme rappelant sur la terre occidentale les temples de l'empire de Byzance offraient avec ceux-ci, à l'intérieur, les mêmes relations que leurs parties externes; l'église circulaire des saints Marcellin et Pierre était une rotonde simple et entourée de niches profondes, comme l'église de Saint-George à Salonique; ainsi que cet édifice, elle avait, à la base de sa coupole, des fenêtres qui en éclairaient la décoration; le temple de Sainte-Constance à Rome offrant, ainsi que le Saint Sépulcre, une colonnade à l'intérieur, montrait, sur toutes les surfaces de ses voûtes, des mosaïques conçues et exécutées dans un style peu différent encore de celui de l'antiquité, comme celles qui se voient à l'église de Saint-George citée plus haut. Le temple de Saint-Vital de Ravenne, disposé à l'instar de l'église d'Or d'Antioche, sur un plan en polygone, présente, comme la grande et la petite Sainte-Sophie de Constantinople, des exèdres à colonnes qui, au premier étage, décorent les tribunes des femmes, et au-dessus portent des voûtes en abside pénétrant dans la nef principale. Des marbres précieux forment les compartiments du pavé et ornent les parois inférieures des murailles partout où ne brille pas la mosaïque à fond d'or, et les détails de la décoration sont tous dans le style byzantin. La cathédrale d'Aix-la-Chapelle fut décorée dans le même esprit que l'église de Saint-Vital, puisque Charlemagne demanda au pape Adrien I$^{er}$ des artistes en mosaïque et des marbres précieux, et qu'ils lui furent envoyés de Ravenne.

Quant aux édifices qui s'élevèrent du XI$^e$ siècle au XIII$^e$, à l'imitation des précédents, tels que les abbatiales de Saint-Bénigne de Dijon, d'Ottmarsheim et les chapelles des Templiers, ils en diffèrent par quelques variétés dans la disposition des voûtes et des baies, puis par une décoration moins riche, le marbre se remplaçant par la pierre, et la mosaïque par la peinture.

En Occident, comme dans l'empire de Byzance, les temples construits suivant les idées orientales qui se développèrent depuis le règne de Justinien, présentent des dispositions assez variées, lorsqu'ils cessent d'être circulaires ou en polygone. Ces variantes dépendaient, en général, du degré d'importance de l'édifice ; ainsi, à la basilique de Saint-Marc à Venise, qui est le plus vaste des temples byzantins en Occident, on imita les plus grands monuments de Constantinople : là, comme au Théotocos, s'élève un exô-narthex enveloppant toute la partie antérieure du temple et décoré par des colonnes et des coupoles; les nefs, divisées entr'elles par de forts piliers carrés et des colonnades, présentent, au premier étage, de larges tribunes rappelant le gynéconitis des Grecs; des coupoles percées à leur base par de nombreuses fenêtres surmontent la nef, le sanctuaire et les transsepts; toute la décoration est exécutée, comme à l'église impériale de Sainte-Sophie, avec des marbres précieux et des mosaïques à fond d'or.

L'imitation produisit autour de Venise, à Padoue, à Ancône, dans les lagunes, etc. des édifices religieux dans lesquels la pensée orientale se montre plus ou moins développée, en raison soit des ressources locales, soit de l'âge qui vit élever ces constructions bâtardes. Ainsi à l'église de Saint-Cyriaque d'Ancône, c'est encore la croix grecque qui forme les dispositions intérieures; à celle de Saint-Antoine de Padoue, les coupoles, éclairées à leurs bases comme celles de Constantinople et de Venise, reposent sur de grands arcs auxquels se mêlent l'ogive, les roses découpées et une infinité de détails qui rappellent les édifices du nord de l'Europe. Les coupoles de Pise, de Sienne s'élevèrent aussi sous l'influence byzantine, mais elles reposent sur des édifices dans lesquels se développèrent, avec l'épuration italique, les styles roman et ogival, nés dans les contrées septentrionales. Ce fut dans la même voie que s'établirent celles qui en France, particulièrement dans le Périgord, formèrent une famille à part, dans laquelle on reconnaît l'influence non équivoque de l'architecture néogrecque.

L'Italie méridionale et la Sicile, qui restèrent longtemps sous l'influence politique des empereurs d'Orient, où la langue et les usages des Grecs se maintinrent jusqu'à l'époque de la puissance normande, virent s'élever des édifices sacrés dans le style byzantin; mais ils furent conçus de préférence sur les dispositions restreintes des édifices secondaires de la Grèce chrétienne, plutôt que sur les vastes distributions qui viennent d'être tracées; les églises déjà mentionnées, des Capucins et de la Martorana, à Palerme, présentent des nefs allongées, indiquant que la pensée latine s'alliait à celle de l'Orient. Le dernier de ces deux édifices offre plus encore que l'autre la physionomie byzantine : son dôme, porté par quatre colonnes, repose sur un tambour cylindrique; les pendentifs y sont disposés dans le système de ceux qui sont gravés à la page 329. Les mosaïques à fond d'or présentent des sujets sacrés expliqués par des inscriptions grecques; elles couvrent toutes les voûtes, et quelques parties des parois, dont la décoration est complétée par des marbres précieux. Le pavé est formé d'entre-lacs de porphyre rouge et vert. Tous ces détails de décoration rappellent ceux que mentionne le voyageur Clavijo dans ses descriptions des églises de Constantinople (Voir la coupe de la Martorana, à la page suivante, n° 298.)

N° 298. Intérieur de l'église abbatiale de la Martorana.

La basilique du monastère de Monréale, auprès de Palerme, présente, comme la précédente, l'alliance des formes latines et grecques, dans son plan, dans sa décoration, dans les détails des portes, etc. Comme à la Martorana, l'ogive y paraît et y exprime l'invasion de l'architecture du Nord sur les contrées méridionales de l'Europe.

## SCULPTURE BYZANTINE EN OCCIDENT.

La sculpture d'ornement adoptée dans l'empire grec devait nécessairement faire invasion dans la chrétienté occidentale avec l'architecture byzantine. Avant le règne de Justinien, on voit déjà quelques éléments de cet art se mêler aux formes antiques imitées par les Latins : ainsi les dosserets qui surmontent les chapiteaux du gynéconitis de la basilique de Saint-Laurent hors les murs de Rome, sont ornés de croix grecques (voir la planche 138). Ceux qui se remarquent au-dessus de l'ordre ionique dont sont encore décorées les parties externes de l'église de Saint-Étienne-le-Rond, dans la même ville, offrent des caractères analogues. Sous le règne de Justinien, lorsque l'évêque Euphrasius construisit à Parenzo, en Istrie, la belle et curieuse basilique aujourd'hui cathédrale de cette ville, les chapiteaux furent conçus suivant les formes néogrecques.

N° 299. Chapiteau à l'église de Parenzo.

L'église de Saint-Vital de Ravenne, introduisant en Italie l'art oriental dans toute son intégrité, la sculpture d'ornement dut suivre la même voie et fut en effet une reproduction identique de celle qui se voit aux temples de Sainte-Sophie, du Théotocos et autres à Constantinople; on suit le même art dans tous les détails d'architecture de la basilique de Saint-Marc à Venise et à l'église de Santa-Fosca, dans les lagunes. Les moines d'Occident, guidés par ces modèles, supprimèrent les feuillages saillants et d'une exécution difficile, qu'ils avaient imités jusque-là des chapiteaux antiques, pour leur donner les formes épaisses que leur indiquait l'Orient.

N° 300. Chapiteau de l'église de Saint-Vital de Ravenne.

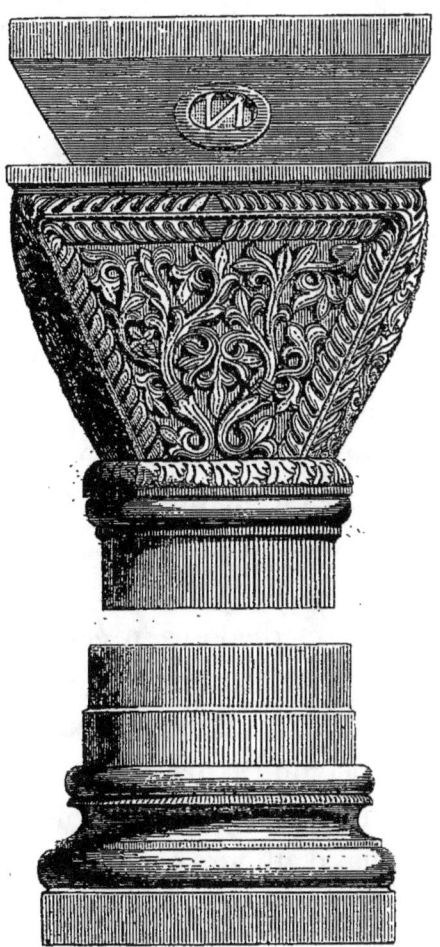

# ARCHITECTURE MONASTIQUE. 401

Le système de simplification du chapiteau ne s'arrêta pas aux contrées méridionales de l'Europe : il se répandit en France, où il se montre à la crypte de l'église de Saint-Laurent de Grenoble, puis en Allemagne et en Angleterre; il devint commun aux XIe et XIIe siècles.

L'Occident cherchant comme Byzance à imiter le chapiteau ionique, on le couronna de lourdes moulures en biseau, ainsi que tous ceux qui viennent d'être reproduits; nous publions ici un exemple curieux qui se voit à la basilique de Saint-Marc, à Venise.

N° 301. Chapiteau à l'église de Saint-Marc, à Venise.

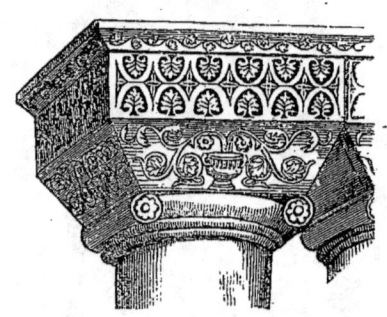

Ce qui vient d'être indiqué pour les chapiteaux simples ou ornés de feuillages sans saillie eut lieu de même pour ceux qui portaient des figures humaines ou allégoriques. Les dessins publiés par MM. Coste et Flandin, sur les rares édifices sassanides qui se voient en Perse, font connaître des chapiteaux ornés de personnages, et disposés précisément comme ils le furent en Occident, du IXe au XIIe siècle. (Voir la planche 251.) Ces modèles asiatiques avaient été imités par les Byzantins, comme le voyageur Clavijo l'exprime dans la description qu'il fait de l'église de Sainte-Marie-de-Blacherne, à Constantinople. « Toutes les trois (nefs) d'ailleurs étaient soutenues de la même manière : c'est à savoir sur des colonnes de jaspe, et d'icelles

les *bases* et les *chapiteaux* étaient taillés avec force figures et toutes manières d'ornements. » La distinction faite par le voyageur entre les figures et les ornements est bien précise. Quand l'évêque Euphrasius construisit la basilique de Parenzo en Istrie, on exécuta, sous ses ordres, des chapiteaux ornés d'aigles et de feuillages groupés sur une masse de forme byzantine. (V. la planche 299.) Les chapiteaux de l'époque carolingienne qui se voient en Italie dans les édifices construits par les Lombards, ceux qui sont figurés dans les manuscrits de la même période, ont été ainsi décorés de personnages ou d'animaux : on sait combien ils devinrent communs en France, en Allemagne, en Angleterre, au XIe siècle. L'élément de ce mode de décoration serait donc aussi oriental, comme celui du système de la simplification des formes examiné précédemment.

L'influence byzantine ne se borna pas en Occident à se produire sur les chapiteaux, elle agit aussi sur d'autres parties importantes des édifices. Les moulures de couronnement se simplifièrent, on supprima, comme en Grèce, les profils élégants de l'art antique pour y substituer de lourds biseaux, imités de ceux qui se voient aux églises du Théotocos et de Sainte-Théodosia de Constantinople, à celles d'Athènes et à Saint-Vital de Ravenne. L'ornementation barbare du Nord décora ces moulures à sa manière; les contrées méridionales y conservèrent encore quelques souvenirs d'une sculpture monumentale de bon goût.

Nos ornemanistes ne furent pas moins que nos architectes religieux ou laïques sous la puissance de cette mode orientale : loin de chercher à rendre les contours gracieux et arrondis de l'acanthe ou de la feuille d'eau, qu'avaient si bien compris les artistes grecs et romains, leur ciseau ne produisit que des formes acerbes et aiguës, d'un modelé aigre et à vives arêtes :

cet effet, qui avait été produit en Orient dès les premiers siècles byzantins, sans doute par la copie maladroite de certains modèles antiques, fut chez nous le principal résultat de l'influence néogrecque sur l'exécution de la sculpture décorative; quant aux nombreuses compositions d'ornement qui enrichirent nos édifices religieux jusqu'au commencement du XIIIe siècle, elles furent quelquefois inspirées par les broderies et l'orfévrerie importées de Constantinople, mais les créations indigènes y dominèrent, et c'est par un abus de nom qui est basé sur le peu de notions que nous avons encore de l'art néogrec, qu'on a qualifié de *byzantins* tous ces détails de sculpture entièrement conçus par des artistes septentrionaux.

Les nombreux dessins, inédits pour la plupart, qui sont joints à ces recherches, permettent d'observer que l'architecture chrétienne de l'Orient présente une synthèse complète, depuis les compositions ingénieuses et variées des plans, des façades, des dispositions intérieures, jusqu'aux moindres détails appliqués à la décoration. Un art aussi original sur toutes ses parties doit prendre une place importante dans l'histoire de l'architecture; beaucoup plus fécond que le style latin, qui inventa peu, il forme bien le second degré de l'échelle progressive sur laquelle se placèrent les artistes chrétiens.

FIN DE LA PREMIÈRE PARTIE.

# CORRECTIONS.

Pages 53, 65, 66, *au lieu de* : Bénissons-Dieu, *lisez* : Benisson-Dieu.
Page 384, note, *au lieu de* : Ravennatensis, *lisez* : Ravennensis.
Page 397, *au lieu de* : des capucins, *lisez* : des ermites.

www.ingramcontent.com/pod-product-compliance
Lightning Source LLC
Chambersburg PA
CBHW050911230426
43666CB00010B/2121